小学漢字

1026字の正しい書き方

四訂版

旺文社

はじめに

みなさんは漢字が好きですか。苦手だな、という人も多いのではないでしょうか。漢字はとても複雑な形をしているし、読み方もいろいろ…。似たような形もいっぱいありますね。そんな、「漢字ってにがて！」と思っている人に使ってもらいたくて、この本をつくりました。

この本には、苦手な漢字を克服するためにたくさんの工夫がしてあります。書き順がなかなか覚えられない人のために、書き順を一画ずつ全てのせました。漢字は覚えたけれど、どう使うのかがわからないという人のために、その漢字が使われることばもたくさんのせました。

そして、みなさんに一番見てもらいたいのは、見出し漢字の下にある「成り立ち・注意点・意味」と、コラムです。漢字には必ず意味があります。漢字ができあがっていく中で、その意味が生まれることがほとんどです。漢字ができる様子や、意味を知ることで、漢字を覚えるのがとても楽しくなるでしょう。難しい説明もありますが、辞書で調べたり、おうちの方や先生に聞いたりすることで、より理解が深まるはずです。

まずは漢字を好きになってください。この本がそのきっかけになればうれしく思います。

旺文社

もくじ

はじめに …… 1
この本の使い方 …… 3
手書き文字の字体について …… 4
音訓さくいん …… 7
総画さくいん …… 30
1年生でならう漢字（80字） …… 37
2年生でならう漢字（160字） …… 69
3年生でならう漢字（200字） …… 117
4年生でならう漢字（202字） …… 181
5年生でならう漢字（193字） …… 237
6年生でならう漢字（191字） …… 289

ふろく

部首のなまえ …… 342
書き順のきまり …… 347
おもな同訓異字 …… 349
おもな同音異義語 …… 352
特別な読み方 …… 356
日本地図・都道府県名 …… 358
学習指導要領改訂に伴う対照表 …… 360

スタッフ

編集　永江愛子、竹内元樹
編集協力　藤江美香、湯川善之（有限会社 マイプラン）
校閲　有限会社 編集室ビーライン、多田祐子
カバーデザイン　木下春圭（株式会社 ウエイド）
カバーイラスト　入江久絵
本文デザイン　大滝奈緒子（ブラン・グラフ）
漢字イラスト　南澤孝男
挿絵　露木 茜

この本の使い方

❶ 食

❷ 9画　部首 食（しょく）

❸ おん ショク・（ジキ）
くん く-う・（く-らう）・た-べる

❹ 成り立ち

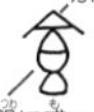

❺ 書き方

ノ 𠆢 今 今 今 今 食 食 食
点の打ちかたに注意
はらう

❻ 使い方

食事・食料・給食・朝食・外食・食欲・断食・食い物・共食い・食べ物

❼ 食

成り立ちの補足

器に盛った食べものにふたをした様子で、「たべもの」の意味を表す。「くう」「たべる」意味にも用いる。

❶ **見出し漢字**　漢字は学年ごとアイウエオ順にならべてあります。

❷ **画数と部首**　見出し漢字の画数と部首を示してあります。部首の分類やなまえは、辞書によって異なることがあります。

❸ **おんとくん**　（　）は中学校以上で習う読み、――がついたものは特別な読み、訓読みの「-」の下は送りがなです。

❹ **成り立ち**　見出し漢字の成り立ちを説明しています。ものの形をかたどって作られた漢字は、イラストで示してあります。成り立ちのほかに、意味や書き方・使い方の注意点を説明している漢字もあります。
内容は『旺文社　漢字典（第三版）』を参考にしています。

❺ **書き方**　すべての画を一画ずつ赤い色で示してあります。教科書の字体をお手本としたときの注意点を、赤い字で説明しています。

❻ **使い方**　その漢字を使ったことばの例をあげてあります。別の読み方があるときは、左側にもふりがなをつけました。また、特別な読みが許されていることばには*印をつけました。

❼ **コラム**　漢字のでき方など、役に立つことがたくさん書いてあります。

手書き文字の字体について

漢字には、標準的な*字体とは異なっていても、表記などを改めなくてもよいとされる場合があります。手書き文字の字体（例 令）と印刷字体（例 令）のように、字体にはいろいろなものがあり、許容される範囲があります。

本書では学習の都合上、学校や教科書で目にするような字体を載せていますが、手書き文字の字体と差異が生じている漢字もあります。

あとに記載されているような手書き文字の字体については、本書記載の漢字と細部に違いがあっても、その漢字の骨組みが同じであるので、誤っているとはみなされません。

れい 「木」や「きへん」の漢字について

漢字の習得の段階では、はねのない*字形が多く示されていますが、手書きでは、はねる形で書くほうが自然という考え方もあります。

○（本書ではこちらを採用）　○

木　木

*字体＝文字を文字として成り立たせている骨組みのこと。書いたり印刷したりするときの基準となる、社会的に一定した文字の形・様式のこと。

*字形＝書かれたり印刷されたりした文字の形のこと。字体は、様々な字形として具現化されている。

【手書き文字の字形の違いによる分類】

① 長短に関する例

ア 複数の横画がある漢字における、横画の長短に関するもの

れい 三／三、天／天、親／親、新／新

イ 上部に「一」、下部に「冂」または「口」のような形がある漢字における、上部の「一」の長短に関するもの

れい 百／百、戸／戸、車／車、雨／雨

ウ 上下の組み立てによって構成される漢字の、上部と下部の幅の長短に関するもの

れい　出／出、岸／岸、署／署

エ　複数の縦画がある漢字における、縦画の長短に関するもの

れい　川／川、州／州、世／世、葉／葉

② 方向に関する例

ア　横画の中央上部にある点画の方向にいろいろな書き方があるもの

れい　京／京、穴／穴、広／広、神／神

イ　右から左にはらって書くことも、横画として左から右に書くこともあるもの

れい　風／風、系／系、印／印、奏／奏

ウ　点の方向にいろいろな書き方があるもの

れい　紅／紅、魚／魚、船／船、羽／羽

エ　横画または縦画で書くことも、点で書くこともあるもの

れい　年／年、降／降、戸／戸、今／今

オ　縦画を垂直に書くことも、斜めに書くこともあるもの

れい　真／真、植／植、徳／徳、直／直

③ つけるか、はなすかに関する例

ア　横画と、その中央上部の点画とを、つけて書くことも、はなして書くこともあるもの

れい　主／主、完／完、店／店、社／社

イ　口、冂などの内部にある横画の終筆を、右側の縦画につけて書くことも、はなして書くこともあるもの

れい　日／日、月／月、田／田、婦／婦

ウ　漢字の下部や狭い部分にある「木」「米」などの左右のはらいの始筆を、つけて書くことも、「ホ」のようにはなして書くこともあるもの

れい　案／案、保／保、歯／歯、迷／迷

エ　「技」の七画目、「文」の三、四画目などのように、

左右のはらいの始筆をつけて書くことも、はなして書くこともあるもの

れい 仮／仮、受／受、済／済、改／改

オ 縦画を、それを挟む上下の横画に、つけて書くことも、はなして書くこともあるもの

れい 立／立、無／無、垂／垂、乗／乗

カ その他、つけて書くことも、はなして書くこともあるもの

れい 登／登、病／病、究／究、右／右

④はらうか、とめるかに関する例

ア はらって書くことも、とめて書くこともあるもの

れい 公／公、器／器、央／央、矢／矢

イ 右上にはらって書く横画をとめて書くこともあるもの

れい 城／城、好／好、耳／耳、罪／罪

ウ 左部分の縦方向の画の終筆をとめて書くことも、はらって書くこともあるもの

れい 育／育、角／角、周／周、胃／胃

エ 最終画または構成要素の最終画となる縦画の終筆をとめて書くことも、はらって（ぬいて）書くこともあるもの

れい 十／十、常／常、都／都、界／界

⑤はねるか、とめるかに関する例

ア 縦画の終筆をはねて書くことも、とめて書くこともあるもの

れい 委／委、特／特、糸／糸、県／県

イ 縦に下ろして右に曲げる点画（乚）の終筆を、とめて書くことも、はねて書くこともあるもの

れい 指／指、起／起、四／四、空／空

⑥その他

点画が交わるように書くことも交わらないように書くこともあるもの、縦画を曲げて書くこともまっすぐ書くこともあるもの、点画の接触の位置に関するもの　など。

音訓さくいん

音読みはカタカナ、訓読みはひらがな。配列は五十音順で、音読み、訓読みの順。同じ読みの場合は画数順にならべ、訓読みの「─」の下は、送りがなを示します。ページ数の上の1〜6は、その漢字を学ぶ学年（配当学年）、赤い数字のない漢字は、中学校以上で習う読み方です。

あ

読み	漢字	学年	ページ
アイ	愛	4	182
あい	相	3	151
あいだ	間	2	75
あ-う	会	2	73
	合	2	85
あお	青	1	55
あお-い	青	1	55
あか	赤	1	56
あか-い	赤	1	56
あ-かす	明	2	112
あか-らむ	赤	1	56
	明	2	112
あか-らめる	赤	1	56
あ-かり	明	2	112
あ-がる	上	1	53
	挙	4	192
あか-るい	明	2	112
あか-るむ	明	2	112
あき	秋	2	91
あきな-う	商		147
あき-らか	明	2	112
アク	悪	3	118
あ-く	明	2	112
	空	1	44
	開	3	124
あ-くる	明	2	112
あ-ける	明	2	112
	空	1	44
	開	3	124
あ-げる	上	1	53
	挙	4	192
あさ	朝	2	101
あざ	字		49
あさ-い	浅	4	211
あし	足	1	58
あじ	味	3	172
あじ-わう	味	3	172
あず-かる	預	6	338
あず-ける	預	6	338
あそ-ぶ	遊	3	175
あたい	価		242
	値		324
あたた-か	温	3	123
	暖	6	323
あたた-かい	温	3	123
	暖	6	323
あたた-まる	温	3	123
	暖	6	323
あたた-める	温	3	123
	暖	6	323
あたま	頭	2	104
あたら-しい	新	2	94
あた-り	辺	4	227
あ-たる	当	2	104
アツ	圧	5	238
あつ-い	厚	5	253
	暑	3	145
	熱	4	222
あつ-まる	集	3	144
あつ-める	集	3	144
あ-てる	当	2	104
あと	後	2	82
あな	穴	6	299
あに	兄	2	79
あね	姉	2	88
あば-く	暴		285
あば-れる	暴	5	285
あ-びせる	浴	4	232
あ-びる	浴	4	232
あぶ-ない	危	6	295
あぶら	油	3	175
あま	天	1	61
	雨	1	38
あま-す	余	5	287
あま-る	余	5	287
あ-む	編	5	283
あめ	天	1	61
	雨	1	38

読み	漢字	学年	ページ
あや-うい	危		295
あや-つ-る	操		320
あや-ぶむ	危		295
あやま-ち	過		243
あやま-つ	過		243
あやま-る	誤	6	302
	謝		262
あゆ-む	歩	2	110
あら-う	洗	6	317
あらそ-う	争	4	212
あら-た	新	2	94
あらた-まる	改	4	186
あらた-める	改	4	186
あらわ-す	表	3	168
	著		324
	現	5	251
あらわ-れる	表	3	168
	現	5	251
あ-る	在	5	257
	有	3	175
ある-く	歩	2	110
あ-わす	合	2	85
あ-わせる	合	2	85
アン	安	3	118
	行		84
	案	4	182
	暗	3	118

い

読み	漢字	学年	ページ
イ	以	4	182
	衣	4	182
	位	4	183
	医	3	118
	囲	5	238
	委	3	119
	易	5	240
	胃	6	290
	異	6	290
	移	5	238
	意	3	119
	遺	6	290
い	井	4	209
い-う	言	2	80
いえ	家	2	72
い-かす	生	1	54
イキ	域	6	291
いき	息	3	152
いきお-い	勢	5	268
い-きる	生	1	54
イク	育	3	119
い-く	行	2	84
いくさ	戦		212
いけ	池	2	99
い-ける	生	1	54
いさぎよ-い	潔		250
いさ-む	勇	4	231
いし	石	1	56
いずみ	泉	6	317
いそ-ぐ	急	3	127
いた	板	3	166
いた-い	痛	6	326
いただき	頂	6	325
いただ-く	頂	6	325
いた-む	痛	6	326
	傷		313
いた-める	痛	6	326
	傷		313
いた-る	至	6	307
イチ	一	1	38
いち	市	2	88
いちじる-しい	著		324
イツ	一	1	38
いつ	五	1	46
いつ-つ	五	1	46
いと	糸	1	49
いとな-む	営	5	239
いな	否		331
いぬ	犬	1	45
いのち	命	3	173
いばら	茨	4	183
いま	今	2	86
いもうと	妹	2	112
い-る	入	1	63
	居	5	248
	要		232
	射	6	308
い-れる	入	1	63
いろ	色	2	93
いわ	岩	2	76
いわ-う	祝	4	206
イン	引	2	70
	印	4	183
	因	5	239
	音		40
	員	3	120
	院	3	120
	飲	3	120

う

読み	漢字	学年	ページ
ウ	右	1	38
	宇	6	291
	有		175
	羽		70
	雨	1	38
うい	初		206
うえ	上	1	53
う-える	植	3	148
うお	魚	2	78
う-かる	受	3	142
うけたまわ-る	承		313
う-ける	受	3	142
うご-かす	動	3	163
うご-く	動	3	163
うし	牛	2	77
うじ	氏		203

読み	漢字	学年	ページ
うしな-う	失	4	205
うし-ろ	後	2	82
うた	歌	2	72
うた-う	歌	2	72
うたが-う	疑	6	296
うち	内	2	106
う-つ	打	3	154
	討		327
うつく-しい	美	3	167
うつ-す	写	3	140
	映	6	291
	移	5	238
うつ-る	写	3	140
	映	6	291
	移	5	238
うつわ	器		191
うぶ	産		202
うま	馬	2	106
う-まれる	生	1	54
	産	4	202
うみ	海	2	73
う-む	生	1	54
	産	4	202
うめ	梅	4	222
うやま-う	敬	6	298
うら	裏	6	340
う-る	売	2	107
	得		277
う-れる	売	2	107
	熟		311
うわ	上	1	53
う-わる	植	3	148
ウン	運	3	121
	雲	2	70

え

読み	漢字	学年	ページ
エ	会		73
	回		73
	絵	2	74
え	重	3	144
エイ	永	5	239
	泳	3	121
	英	4	183
	映	6	291
	栄	4	184
	営	5	239
	衛	5	239
エキ	役		174
	易	5	240
	益	5	240
	液	5	240
	駅	3	121
えだ	枝	5	260
え-む	笑		207
えら-ぶ	選	4	212
え-る	得	5	277
エン	円	1	39
	延	6	291
	沿	6	292
	媛		184
	園	2	70
	塩	4	184
	遠	2	71
	演	5	240

お

読み	漢字	学年	ページ
オ	和		180
	悪		118
お	小	1	52
お-いる	老	4	236
オウ	王	1	39
	央	3	122
	応	5	241
	往	5	241
	皇	6	303
	桜		241
	黄	2	84
	横	3	122
お-う	生		54
	追	3	158
	負	3	170
お-える	終	3	143
おお	大	1	59
おお-い	多	2	98
おお-いに	大	1	59
おお-きい	大	1	59
おおやけ	公		82
おか	岡	4	184
おか-す	犯		279
おが-む	拝	6	330
おき	沖	4	217
おぎな-う	補	6	334
お-きる	起	3	126
オク	屋	3	122
	億	4	185
お-く	置	4	216
おく-る	送	3	152
おく-れる	後		82
お-こす	起	3	126
おこ-す	興		254
おごそ-か	厳		301
おこな-う	行	2	84
お-こる	起	3	126
おこ-る	興		254
おさな-い	幼	6	338
おさ-まる	収	6	310
	治	4	204
	修	5	263
	納	6	329
おさ-める	収	6	310
	治	4	204
	修	5	263
	納	6	329
おし-える	教	2	78
お-す	推		315

読み	漢字	学年	ページ
おそ-わる	教	2	78
お-ちる	落	3	178
おっと	夫	4	225
おと	音	1	40
おとうと	弟	2	102
おとこ	男	1	59
お-とす	落	3	178
おとず-れる	訪		335
おな-じ	同	2	105
おのおの	各		187
おのれ	己		302
おび	帯	4	215
お-びる	帯	4	215
おぼ-える	覚	4	188
おも	主	3	141
	面		173
おも-い	重	3	144
おも-う	思	2	88
おもて	表	3	168
	面		173
おや	親	2	94
およ-ぐ	泳	3	121
おり	折	4	211
お-りる	下	1	40
	降	6	303
お-る	折	4	211
	織	5	267
お-れる	折	4	211
お-ろす	下	1	40
	降	6	303
お-わる	終	3	143
オン	音	1	40
	恩	6	292
	温	3	123
	遠		71
おんな	女	1	52

か

読み	漢字	学年	ページ
カ	下	1	40
	化	3	123
	火	1	40
	加	4	185
	可	5	241
	仮	5	242
	何		71
	花	1	41
	価	5	242
	果	4	185
	河	5	242
	科	2	71
	夏	2	72
	家	2	72
	荷		123
	貨	4	185
	過	5	243
	歌	2	72
	課	4	186
か	日	1	63
	香	4	198
	鹿	4	205
ガ	我		292
	画	2	72
	芽	4	186
	賀	4	186
カイ	会	2	73
	回	2	73
	灰		293
	快	5	243
	改	4	186
	海	2	73
	界	3	124
	械	4	187
	絵	2	74
	街		187
	階	3	124
	開	3	124
	解	5	243
かい	貝	1	41
ガイ	外	2	74
	害	4	187
	街	4	187
かいこ	蚕	6	306
か-う	交		83
	買	2	107
	飼	5	261
かえ-す	返	3	172
	帰	2	77
かえり-みる	省		209
か-える	代	3	154
	変	4	228
かえ-る	返	3	172
	帰	2	77
かお	顔	2	76
かお-り	香	4	198
かお-る	香	4	198
かがみ	鏡	4	194
かかり	係	3	132
かか-る	係	3	132
かか-わる	関	4	189
かぎ-る	限	5	251
カク	各	4	187
	角	2	74
	画	2	72
	拡	6	293
	客		127
	革	6	293
	格	5	243
	覚	4	188
	閣	6	293
	確	5	244
か-く	欠	4	196
	書	2	92
ガク	学	1	42
	楽	2	74
	額	5	244

読み	漢字	学年	ページ
か-ける	欠	4	196
かこ-う	囲	5	238
かこ-む	囲	5	238
かざ	風	2	109
かさ-なる	重	3	144
かさ-ねる	重	3	144
かしら	頭		104
か-す	貸	5	274
かず	数	2	94
かぜ	風	2	109
かぞ-える	数	2	94
かた	方	2	111
	片	6	334
	形	2	79
	潟	4	188
	型	5	250
かた-い	固	4	198
	難		328
かたき	敵		326
かたち	形	2	79
かたな	刀	2	103
かた-まる	固	4	198
かた-める	固	4	198
かた-らう	語	2	82
かた-る	語	2	82
カツ	活	2	75
	割		294
か-つ	勝	3	147
カッ	合	2	85
ガツ	月	1	44
ガッ	合	2	85
かつ-ぐ	担		322
かど	角	2	74
	門		113
かな	金	1	44
かな-しい	悲	3	167
かな-しむ	悲	3	167
かな-でる	奏		319
かなめ	要	4	232
かなら-ず	必	4	224
かね	金	1	44
かぶ	株	6	294
かま-う	構	5	254
かま-える	構	5	254
かみ	上	1	53
	神	3	149
	紙	2	89
かよ-う	通	2	102
から	空	1	44
からだ	体	2	98
かり	仮	5	242
か-りる	借	4	205
かる-い	軽	3	132
かろ-やか	軽		132
かわ	川	1	57
	皮	3	166
	河	5	242
	革		293
がわ	側	4	214
か-わす	交		83
か-わる	代	3	154
	変	4	228
カン	干	6	294
	刊	5	244
	完	4	188
	官	4	188
	巻	6	294
	看	6	295
	寒	3	124
	間	2	75
	幹	5	244
	感	3	125
	漢	3	125
	慣	5	245
	管	4	189
	関	4	189
	館	3	125
	簡	6	295
	観	4	189
かん	神		149
ガン	丸	2	75
	元	2	80
	岸	3	126
	岩	2	76
	眼	5	245
	顔	2	76
	願	4	190
かんが-える	考	2	84

き

読み	漢字	学年	ページ
キ	己		302
	危	6	295
	机		295
	気	1	42
	岐		190
	希	4	190
	汽	2	76
	季	4	190
	紀	5	245
	帰	2	77
	記	2	76
	起	3	126
	基	5	246
	寄	5	246
	規	5	246
	喜	5	246
	揮	6	296
	期	3	126
	貴	6	296
	旗	4	191
	器	4	191
	機	4	191
き	木	1	66
	生		54
	黄	2	84

ギ 技 5 247
義 5 247
疑 6 296
議 4 191
きえる 消 3 146
きく 利 233
効 5 253
聞 2 109
きこえる 聞 2 109
きざし 兆 217
きざす 兆 217
きざむ 刻 6 304
きし 岸 3 126
きず 傷 6 313
きずく 築 5 275
きせる 着 3 156
きそう 競 194
きた 北 2 111
きたす 来 115
きたる 来 115
きぬ 絹 6 300
きびしい 厳 6 301
きまる 決 3 133
きみ 君 3 131
きめる 決 3 133
キャク 客 3 127
ギャク 逆 5 247
キュウ 九 1 42
久 5 247
弓 77
旧 5 248
休 1 43
吸 6 296
求 4 192
究 3 127
泣 192
急 3 127
級 3 128
宮 3 128
救 5 248
球 3 128
給 4 192
ギュウ 牛 2 77
キョ 去 3 129
居 5 248
挙 4 192
許 5 248
ギョ 魚 2 78
漁 4 193
きよい 清 4 210
キョウ 兄 2 79
共 4 193
京 2 78
供 6 297
協 4 193
香 198
胸 6 297
郷 6 297
強 2 78
教 2 78
経 250
境 5 249
興 5 254
橋 3 129
鏡 4 194
競 4 194
ギョウ 行 2 84
形 2 79
業 3 129
キョク 曲 3 130
局 3 130
極 4 194
ギョク 玉 1 43
きよまる 清 4 210
きよめる 清 4 210
きる 切 2 96
着 3 156
きれる 切 2 96
きわ 際 257
きわまる 極 194
きわみ 極 194
きわめる 究 127
極 194
キン 今 86
均 5 249
近 2 79
金 1 44
勤 6 297
筋 6 298
禁 5 249
ギン 銀 3 130
ク 九 1 42
久 247
口 1 46
工 2 82
区 3 130
功 198
句 5 249
供 297
苦 3 131
紅 303
宮 128
庫 134
グ 具 3 131
クウ 空 1 44
くう 食 2 93
グウ 宮 128
くさ 草 1 58
くすり 薬 3 174
くだ 管 4 189
くださる 下 1 40
くだす 下 1 40

く

読み	漢字	学年	ページ
くだ-る	下	1	40
くち	口	1	46
くに	国	2	85
くば-る	配	3	164
くび	首	2	91
くま	熊	4	194
くみ	組	2	97
く-む	組	2	97
くも	雲	2	70
くら	倉	4	213
	蔵		320
くら-い	暗	3	118
くらい	位	4	183
く-らう	食		93
く-らす	暮	6	334
くら-べる	比	5	280
く-る	来	2	115
くる-しい	苦	3	131
くる-しむ	苦	3	131
くる-しめる	苦	3	131
くるま	車	1	50
くれない	紅		303
く-れる	暮	6	334
くろ	黒	2	86
くろ-い	黒	2	86
くわ-える	加	4	185
くわ-わる	加	4	185
クン	君	3	131
	訓	4	195
グン	軍	4	195
	郡	4	195
	群	4	195

け

読み	漢字	学年	ページ
ケ	化		123
	仮		242
	気	1	42
	家	2	72
け	毛	2	113
ゲ	下	1	40
	外		74
	夏		72
	解		243
ケイ	兄		79
	形	2	79
	系	6	298
	京		78
	径	4	196
	係	3	132
	型	5	250
	計	2	80
	経	5	250
	敬	6	298
	景	4	196
	軽	3	132
	境		249
	警	6	298
	競	4	194
ゲイ	芸	4	196
ゲキ	劇	6	299
	激	6	299
け-す	消	3	146
ケツ	欠	4	196
	穴		299
	血	3	132
	決	3	133
	結	4	197
	潔	5	250
ゲツ	月	1	44
けわ-しい	険	5	251
ケン	犬	1	45
	件	5	250
	見	1	45
	券	6	300
	建	4	197
	県	3	133
	研	3	133
	健	4	197
	険	5	251
	検	5	251
	間	2	75
	絹		300
	権	6	301
	憲	6	301
	験	4	197
ゲン	元	2	80
	言	2	80
	限	5	251
	原	2	80
	現	5	251
	眼		245
	減	5	252
	源	6	301
	厳	6	301
	験		197

こ

読み	漢字	学年	ページ
コ	己	6	302
	戸	2	81
	去	3	129
	古	2	81
	呼	6	302
	固	4	198
	故	5	252
	個	5	252
	庫	3	134
	湖	3	134
こ	小	1	52
	子	1	48
	木	1	66
	粉	5	283
	黄		84
ゴ	五	1	46
	午	2	81
	後	2	82

期 126
語 2 82
誤 6 302
護 5 252
コウ 口 1 46
工 2 82
公 2 82
功 4 198
広 2 83
交 2 83
光 2 83
向 3 134
后 6 302
好 4 198
考 2 84
行 2 84
孝 6 303
効 5 253
幸 3 135
厚 253
後 2 82
皇 6 303
紅 6 303
香 198
候 4 199
降 6 303
格 243
校 1 46
耕 5 253
航 5 253
高 2 84
康 4 199
黄 84
港 3 135
鉱 5 254
構 5 254
興 5 254
鋼 6 304
講 5 255
こう 神 149
ゴウ 号 3 135
合 2 85
強 78
郷 297
業 129
こえ 声 2 95
肥 5 280
こ-える 肥 5 280
こおり 氷 3 168
コク 石 56
告 5 255
谷 85
刻 6 304
国 2 85
黒 2 86
穀 6 304
ゴク 極 194
ここの 九 1 42
ここの-つ 九 1 42
こころ 心 2 93
こころざし 志 5 260
こころざ-す 志 5 260
こころ-みる 試 4 203
こころよ-い 快 5 243
こた-え 答 2 104
こた-える 応 5 241
答 2 104
コツ 骨 6 304
こと 言 2 80
事 3 139
異 6 290
ことわ-る 断 5 274
こな 粉 5 283
この-む 好 4 198
こま-か 細 2 86
こま-かい 細 2 86
こま-る 困 6 305
こ-む 混 5 255
こめ 米 2 110
こ-やし 肥 5 280
こ-やす 肥 5 280
ころ-がす 転 3 160
ころ-がる 転 3 160
ころ-げる 転 3 160
ころ-す 殺 5 258
ころ-ぶ 転 3 160
ころも 衣 182
こわ 声 95
コン 今 2 86
困 6 305
金 1 44
建 197
根 3 136
混 5 255
ゴン 言 2 80
勤 297
権 301
厳 301

さ

サ 左 1 47
佐 4 199
再 5 256
作 2 87
茶 100
査 5 256
砂 6 305
差 4 199
ザ 座 6 305
サイ 才 2 86
切 96
再 5 256
西 2 95
災 5 256
妻 5 256

読み	漢字	学年	ページ
	殺		258
	財		257
	菜	4	200
	採	5	257
	済	6	305
	祭	3	136
	細	2	86
	最	4	200
	裁	6	306
	際	5	257
さい	埼	4	200
ザイ	在	5	257
	材	4	200
	財	5	257
	罪	5	258
さいわ-い	幸	3	135
さか	坂	3	166
	逆	5	247
	酒	3	142
さかい	境	5	249
さか-える	栄	4	184
さが-す	探	6	323
さかな	魚	2	78
さか-らう	逆	5	247
さか-る	盛		315
さ-がる	下	1	40
さか-ん	盛		315
さき	先	1	57
	崎	4	201
サク	冊		306
	作	2	87
	昨	4	201
	策	6	306
さ-く	割		294
さくら	桜	5	241
さぐ-る	探		323
さけ	酒	3	142
さ-げる	下	1	40
	提		276
ささ-える	支	5	259
さ-す	指	3	138
	差	4	199
さず-かる	授		263
さず-ける	授		263
さだ-か	定		159
さだ-まる	定	3	159
さだ-める	定	3	159
さち	幸		135
サツ	冊	6	306
	札	4	201
	刷	4	201
	殺	5	258
	察	4	202
サッ	早		57
ザツ	雑	5	258
さと	里	2	116
さば-く	裁	6	306
さま	様	3	177
さ-ます	冷	4	235
	覚	4	188
さむ-い	寒	3	124
さ-める	冷	4	235
	覚	4	188
さら	皿	3	136
さ-る	去	3	129
さわ-る	障		314
サン	三	1	47
	山	1	48
	参	4	202
	蚕	6	306
	産	4	202
	散	4	202
	算	2	87
	酸	5	258
	賛	5	259
ザン	残	4	203

し

読み	漢字	学年	ページ
シ	士	5	259
	子	1	48
	支	5	259
	止	2	87
	氏	4	203
	仕	3	136
	史	5	260
	司	4	203
	四	1	48
	市	2	88
	矢		88
	示		261
	死	3	137
	次		139
	糸	1	49
	自	2	89
	至	6	307
	志	5	260
	私	6	307
	使	3	137
	始	3	137
	姉		88
	枝		260
	姿	6	307
	思	2	88
	指	3	138
	師	5	260
	紙	2	89
	視	6	307
	詞	6	308
	歯	3	138
	詩	3	138
	試	4	203
	資	5	261
	飼	5	261
	誌	6	308
ジ	仕		136

読み	漢字	学年	ページ
	示	5	261
	地	2	99
	字	1	49
	寺	2	89
	次	3	139
	耳		50
	自	2	89
	似		261
	児	4	204
	事	3	139
	治	4	204
	持	3	139
	除		313
	時	2	90
	滋		204
	辞	4	204
	磁	6	308
じ	路	3	180
しあわ-せ	幸	3	135
し-いる	強		78
しお	塩	4	184
	潮	6	325
しか	鹿	4	205
シキ	式	3	140
	色	2	93
	織	5	267
	識	5	262
ジキ	直	2	101
	食		93
しず	静	4	210
しず-か	静	4	210
しず-まる	静	4	210
しず-める	静	4	210
した	下	1	40
	舌	6	316
したが-う	従	6	311
したが-える	従	6	311
した-しい	親	2	94
した-しむ	親	2	94
シチ	七	1	50
	質		262
シツ	失	4	205
	室	2	90
	質	5	262
ジツ	日	1	63
	実	3	140
ジッ	十	1	51
しな	品	3	169
し-ぬ	死	3	137
しま	島	3	161
し-まる	閉	6	334
し-み	染		318
し-みる	染		318
しめ-す	示	5	261
し-める	閉	6	334
しも	下	1	40
シャ	写	3	140
	社	2	90
	車	1	50
	舎	5	262
	者	3	141
	砂		305
	射	6	308
	捨	6	309
	謝	5	262
シャク	尺	6	309
	石	1	56
	赤		56
	昔		151
	借	4	205
ジャク	若		309
	弱	2	90
	着		156
シュ	手	1	51
	主	3	141
	守	3	141
	取	3	142
	首	2	91
	修		263
	酒	3	142
	衆		310
	種	4	205
ジュ	受	3	142
	従		311
	授	5	263
	就		310
	樹	6	309
シュウ	収	6	310
	州	3	142
	周	4	206
	宗	6	310
	拾		143
	祝		206
	秋	2	91
	修	5	263
	週	2	91
	終	3	143
	習	3	143
	就	6	310
	衆	6	310
	集	3	144
ジュウ	十	1	51
	中	1	60
	住	3	144
	拾		143
	重	3	144
	従	6	311
	縦	6	311
シュク	祝	4	206
	宿	3	145
	縮	6	311
ジュク	熟	6	311
シュツ	出	1	51
ジュツ	述	5	263
	術	5	263

シュン 春 2 92
純 6 312
ジュン 純 6 312
順 4 206
準 5 264
ショ 処 6 312
初 4 206
所 3 145
書 2 92
暑 3 145
署 6 312
諸 6 312
ジョ 女 1 52
助 3 146
序 5 264
除 6 313
ショウ 上 53
小 1 52
少 2 92
井 209
正 1 54
生 1 54
声 95
性 268
招 5 264
承 6 313
松 4 207
青 55
政 268
昭 3 146
星 95
省 4 209
相 151
将 6 313
従 311
消 3 146
笑 207
商 3 147
唱 4 207
清 210
章 3 147
勝 3 147
焼 207
証 5 264
装 319
象 5 265
傷 6 313
照 4 208
障 6 314
精 268
賞 5 265
ジョウ 上 1 53
成 209
条 5 266
状 5 266
定 3 159
乗 3 148
城 4 208
常 5 266
情 5 267
盛 315
場 2 92
蒸 6 314
縄 208
静 210
ショク 色 2 93
食 2 93
植 3 148
織 267
職 5 267
しら 白 1 64
しら-べる 調 3 158
しりぞ-く 退 6 321
しりぞ-ける 退 6 321
し-る 知 2 100
しるし 印 4 183
しる-す 記 2 76
しろ 代 154
白 1 64
城 4 208
しろ-い 白 1 64
シン 心 2 93
申 148
身 3 148
臣 4 208
信 4 209
神 3 149
真 3 149
針 6 314
深 3 149
進 3 150
森 1 53
新 2 94
親 2 94
ジン 人 1 53
仁 6 314
臣 4 208
神 3 149

す

ス 子 1 48
主 141
守 3 141
素 271
数 94
す 州 142
巣 4 213
ズ 図 2 94
豆 3 161
事 139
頭 2 104
スイ 水 1 54
出 51
垂 6 315
推 6 315
す-い 酸 258

読み	漢字	学年	ページ
スウ	数	2	94
す-う	吸	6	296
すえ	末	4	229
すがた	姿	6	307
す-ぎる	過	5	243
す-く	好	4	198
すく-う	救	5	248
すく-ない	少	2	92
すぐ-れる	優		338
すけ	助		146
すこ-し	少	2	92
す-ごす	過	5	243
すこ-やか	健		197
すじ	筋	6	298
すす-む	進	3	150
すす-める	進	3	150
す-てる	捨	6	309
すな	砂	6	305
すべ-て	全	3	151
す-べる	統		276
す-まう	住	3	144
す-ます	済	6	305
すみ	炭	3	155
すみ-やか	速		153
す-む	住	3	144
	済	6	305
す-る	刷	4	201
すわ-る	座		305
スン	寸	6	315

せ

読み	漢字	学年	ページ
セ	世	3	150
せ	背	6	330
セイ	井		209
	世	3	150
	正	1	54
	生	1	54
	成	4	209
	西	2	95
	声	2	95
	制	5	267
	性	5	268
	青	1	55
	政	5	268
	星	2	95
	省	4	209
	情		267
	清	4	210
	盛		315
	晴	2	96
	勢	5	268
	聖	6	316
	誠	6	316
	精	5	268
	製	5	269
	静	4	210
	整	3	150
せい	背	6	330
ゼイ	税	5	269
	説		211
セキ	夕		55
	石	1	56
	赤	1	56
	昔		151
	席	4	210
	責	5	269
	積	4	210
	績	5	269
せき	関	4	189
セチ	節		211
セツ	切	2	96
	折	4	211
	殺		258
	接	5	270
	設	5	270
	雪	2	96
	節	4	211
	説	4	211
ゼツ	舌		316
	絶	5	270
ぜに	銭		318
せ-める	責	5	269
せ-る	競		194
セン	千	1	56
	川		57
	先	1	57
	宣	6	317
	専	6	317
	泉	6	317
	浅		211
	洗	6	317
	染		318
	船	2	96
	戦	4	212
	銭	6	318
	選	4	212
	線	2	97
ゼン	全	3	151
	前	2	97
	善	6	318
	然	4	212

そ

読み	漢字	学年	ページ
ソ	祖	5	271
	素	5	271
	組	2	97
	想		152
ソウ	争	4	212
	早	1	57
	走	2	98
	宗		310
	奏	6	319
	相	3	151
	草	1	58
	送	3	152

読み	漢字	学年	ページ
	倉	4	213
	巣		213
	窓	6	319
	創	6	319
	装	6	319
	想	3	152
	層	6	320
	総	5	271
	操	6	320
そ-う	沿	6	292
ゾウ	造	5	272
	象	5	265
	像	5	272
	増	5	272
	雑	5	258
	蔵	6	320
	臓	6	320
そうろう	候		199
ソク	束	4	213
	足	1	58
	則	5	272
	息	3	152
	速	3	153
	側	4	214
	測	5	273
ゾク	族	3	153
	属	5	273
	続	4	214
そこ	底	4	218
そこ-なう	損		273
そこ-ねる	損		273
そそ-ぐ	注	3	157
そだ-つ	育	3	119
そだ-てる	育	3	119
ソツ	卒	4	214
	率		273
そと	外	2	74
そな-える	供	6	297
	備	5	281
そな-わる	備	5	281
その	園		70
そ-まる	染	6	318
そむ-く	背		330
そむ-ける	背		330
そ-める	初		206
	染	6	318
そら	空	1	44
そ-らす	反	3	166
そ-る	反	3	166
ソン	存	6	321
	村	1	59
	孫	4	215
	尊	6	321
	損	5	273
ゾン	存	6	321

た

読み	漢字	学年	ページ
タ	太	2	98
	他	3	153
	多	2	98
た	手		51
	田	1	62
ダ	打	3	154
タイ	大	1	59
	太	2	98
	代	3	154
	台	2	99
	体	2	98
	対	3	154
	待	3	154
	退	6	321
	帯	4	215
	隊	4	215
	貸		274
	態	5	274
ダイ	大	1	59
	内		106
	代	3	154
	台	2	99
	弟	2	102
	第	3	155
	題	3	155
たい-ら	平	3	171
た-える	絶	5	270
たか	高	2	84
たか-い	高	2	84
たか-まる	高	2	84
たか-める	高	2	84
たがや-す	耕	5	253
たから	宝	6	335
タク	宅	6	322
	度		160
たぐ-い	類	4	235
たけ	竹	1	60
たし-か	確	5	244
たし-かめる	確	5	244
た-す	足	1	58
だ-す	出	1	51
たす-かる	助	3	146
たす-ける	助	3	146
たず-ねる	訪	6	335
たたか-う	戦	4	212
ただ-しい	正	1	54
ただ-す	正	1	54
ただ-ちに	直	2	101
タツ	達	4	216
た-つ	立	1	67
	建	4	197
	断		274
	絶	5	270
	裁		306
たっと-い	尊	6	321
	貴		296
たっと-ぶ	尊	6	321
	貴		296

読み	漢字	学年	ページ
たて	縦	6	311
た-てる	立	1	67
	建	4	197
たと-える	例	4	235
たに	谷	2	85
たね	種	4	205
たの-しい	楽	2	74
たの-しむ	楽	2	74
たば	束	4	213
たび	度		160
	旅	3	178
た-べる	食	2	93
たま	玉	1	43
	球	3	128
たまご	卵	6	340
たみ	民		230
ため-す	試		203
たも-つ	保	5	284
た-やす	絶	5	270
たよ-り	便	4	228
た-らす	垂	6	315
た-りる	足	1	58
た-る	足	1	58
た-れる	垂	6	315
たわら	俵	6	332
タン	反		166
	担	6	322
	単	4	216
	炭	3	155
	探	6	323
	短	3	156
	誕	6	323
ダン	団	5	274
	男	1	59
	段	6	323
	断	5	274
	暖	6	323
	談	3	156

ち

読み	漢字	学年	ページ
チ	地	2	99
	池	2	99
	治	4	204
	知	2	100
	値	6	324
	置	4	216
	質		262
ち	千	1	56
	血	3	132
	乳		328
ちい-さい	小	1	52
ちか-い	近	2	79
ちから	力	1	67
チク	竹	1	60
	築	5	275
ちち	父	2	108
	乳	6	328
ちぢ-まる	縮	6	311
ちぢ-む	縮	6	311
ちぢ-める	縮	6	311
ちぢ-らす	縮	6	311
ちぢ-れる	縮	6	311
チャ	茶	2	100
チャク	着	3	156
チュウ	中	1	60
	仲		217
	虫	1	61
	沖		217
	宙	6	324
	忠	6	324
	注	3	157
	柱	3	157
	昼	2	100
チョ	著	6	324
	貯	5	275
チョウ	丁	3	157
	庁	6	325
	兆	4	217
	町	1	61
	長	2	100
	重	3	144
	帳	3	158
	張	5	275
	頂	6	325
	鳥	2	101
	朝	2	101
	腸	6	325
	潮	6	325
	調	3	158
チョク	直	2	101
ち-らかす	散	4	202
ち-らかる	散	4	202
ち-らす	散	4	202
ち-る	散	4	202
チン	賃	6	326

つ

読み	漢字	学年	ページ
ツ	通		102
	都	3	160
ツイ	対		154
	追	3	158
つい-える	費		281
つい-やす	費		281
ツウ	通	2	102
	痛	6	326
つか-う	使	3	137
つか-える	仕	3	136
つき	月	1	44
つぎ	次	3	139
つ-く	付	4	225
	就		310
	着	3	156
つ-ぐ	次	3	139
	接		270
つくえ	机	6	295

読み	漢字	学年	ページ
つ-くる	作	2	87
	造	5	272
	創	6	319
つ-ける	付	4	225
	就		310
	着	3	156
つ-げる	告	5	255
つた-う	伝	4	219
つた-える	伝	4	219
つた-わる	伝	4	219
つち	土	1	62
つづ-く	続	4	214
つづ-ける	続	4	214
つつ-む	包	4	228
つど-う	集		144
つと-まる	務	5	286
	勤	6	297
つと-める	努	4	219
	務	5	286
	勤	6	297
つね	常	5	266
つの	角	2	74
つま	妻	5	256
つみ	罪	5	258
つ-む	積	4	210
つめ-たい	冷	4	235
つ-もる	積	4	210
つよ-い	強	2	78
つよ-まる	強	2	78
つよ-める	強	2	78
つら	面		173
つら-なる	連	4	236
つら-ねる	連	4	236
つ-れる	連	4	236

て

読み	漢字	学年	ページ
て	手	1	51
デ	弟		102
テイ	丁		157
	体		98
	低	4	218
	弟		102
	定	3	159
	底	4	218
	庭	3	159
	停	5	275
	提	5	276
	程	5	276
テキ	的	4	218
	笛	3	159
	適	5	276
	敵	6	326
テツ	鉄	3	160
てら	寺	2	89
て-らす	照	4	208
て-る	照	4	208
で-る	出	1	51
て-れる	照	4	208
テン	天	1	61
	典	4	218
	店	2	102
	点	2	102
	展	6	327
	転	3	160
デン	田	1	62
	伝	4	219
	電	2	103

と

読み	漢字	学年	ページ
ト	土	1	62
	図	2	94
	度		160
	徒	4	219
	都	3	160
	登	3	162
	頭		104
と	十	1	51
	戸	2	81
ド	土	1	62
	努	4	219
	度	3	160
と-い	問	3	173
トウ	刀	2	103
	冬	2	103
	当	2	104
	灯	4	220
	投	3	161
	豆	3	161
	東	2	104
	島	3	161
	討	6	327
	党	6	327
	納		329
	道		105
	湯	3	162
	登	3	162
	答	2	104
	等	3	162
	統	5	276
	読	2	105
	糖	6	328
	頭	2	104
と-う	問	3	173
ドウ	同	2	105
	動	3	163
	堂	5	277
	道	2	105
	童	3	163
	働	4	220
	銅	5	277
	導	5	277
とうと-い	尊	6	321
	貴		296
とうと-ぶ	尊	6	321
	貴		296

読み	漢字	学年	ページ
とお	十	1	51
とお-い	遠	2	71
とお-す	通	2	102
とお-る	通	2	102
と-かす	解	5	243
とき	時	2	90
トク	特	4	220
	得	5	277
	徳	4	221
	読	2	105
と-く	解	5	243
	説	4	211
と-ぐ	研		133
ドク	毒	5	278
	独	5	278
	読	2	105
と-ける	解	5	243
とこ	常		266
ところ	所	3	145
と-ざす	閉		334
とし	年	1	64
と-じる	閉	6	334
とち	栃	4	221
とど-く	届	6	328
とど-ける	届	6	328
ととの-う	調		158
	整	3	150
ととの-える	調		158
	整	3	150
とな-える	唱	4	207
と-ばす	飛	4	223
と-ぶ	飛	4	223
と-まる	止	2	87
	留	5	288
とみ	富	4	226
と-む	富	4	226
と-める	止	2	87
	留	5	288
とも	友	2	114
	共	4	193
	供	6	297
とり	鳥	2	101
と-る	取	3	142
	採	5	257
トン	団		274
とん	問	3	173

な

読み	漢字	学年	ページ
ナ	奈	4	221
	南		106
	納		329
な	名	1	66
	菜	4	200
ナイ	内	2	106
な-い	亡		335
	無	4	231
なお-す	治	4	204
	直	2	101
なお-る	治	4	204
	直	2	101
なか	中	1	60
	仲	4	217
なが-い	永	5	239
	長	2	100
なが-す	流	3	178
なか-ば	半	2	108
なが-れる	流	3	178
な-く	泣	4	192
	鳴	2	113
な-げる	投	3	161
なご-む	和		180
なご-やか	和		180
なさ-け	情	5	267
なし	梨	4	221
な-す	成	4	209
なつ	夏	2	72
ナッ	納		329
なな	七	1	50
なな-つ	七	1	50
なに	何	2	71
なの	七	1	50
なま	生	1	54
なみ	波	3	164
	並	6	333
なら-う	習	3	143
な-らす	鳴	2	113
	慣	5	245
なら-びに	並	6	333
なら-ぶ	並	6	333
なら-べる	並	6	333
な-る	成	4	209
	鳴	2	113
な-れる	慣	5	245
なわ	縄	4	208
ナン	男	1	59
	南	2	106
	納		329
	難	6	328
なん	何	2	71

に

読み	漢字	学年	ページ
ニ	二	1	63
	仁		314
	児		204
に	荷	3	123
にい	新	2	94
にが-い	苦	3	131
にが-る	苦	3	131
ニク	肉	2	106
にし	西	2	95
ニチ	日	1	63
にな-う	担		322
ニャク	若		309
ニュウ	入	1	63
	乳	6	328

読み	漢字	学年	ページ
ニョ	女		52
ニョウ	女		52
に-る	似	5	261
にわ	庭	3	159
ニン	人	1	53
	任	5	278
	認		329

ぬ

読み	漢字	学年	ページ
ぬし	主	3	141
ぬの	布	5	282

ね

読み	漢字	学年	ページ
ね	音	1	40
	値	6	324
	根	3	136
ねが-う	願	4	190
ネツ	熱	4	222
ね-る	練	3	180
ネン	年	1	64
	念	4	222
	然	4	212
	燃	5	278

の

読み	漢字	学年	ページ
の	野	2	114
ノウ	納	6	329
	能	5	279
	脳	6	329
	農	3	163
のこ-す	残	4	203
のこ-る	残	4	203
の-せる	乗	3	148
のぞ-く	除	6	313
のぞ-む	望	4	229
	臨		341
のち	後	2	82
の-ばす	延	6	291
の-びる	延	6	291
の-べる	述	5	263
	延	6	291
のぼ-す	上		53
のぼ-せる	上		53
のぼ-る	上	1	53
	登	3	162
の-む	飲	3	120
の-る	乗	3	148

は

読み	漢字	学年	ページ
ハ	波	3	164
	派	6	330
	破	5	279
は	羽	2	70
	葉	3	177
	歯	3	138
バ	馬	2	106
ば	場	2	92
ハイ	拝	6	330
	背	6	330
	肺	6	330
	俳	6	331
	配	3	164
	敗	4	222
はい	灰	6	293
バイ	売	2	107
	倍	3	164
	梅	4	222
	買	2	107
はい-る	入	1	63
は-え	栄		184
は-える	生	1	54
	映		291
	栄		184
はか	墓	5	284
ば-かす	化	3	123
はがね	鋼		304
はか-らう	計	2	80
はか-る	図		94
	計	2	80
	測	5	273
	量	4	234
ハク	白	1	64
	博	4	223
バク	麦		107
	博		223
	幕	6	336
	暴		285
はぐく-む	育	3	119
はげ-しい	激	6	299
ば-ける	化	3	123
はこ	箱	3	165
はこ-ぶ	運	3	121
はし	橋	3	129
はじ-まる	始	3	137
はじ-め	初	4	206
はじ-めて	初	4	206
はじ-める	始	3	137
はしら	柱	3	157
はし-る	走	2	98
はず-す	外	2	74
はず-れる	外	2	74
はた	畑	3	165
	旗	4	191
	機		191
はたけ	畑	3	165
は-たす	果	4	185
はたら-く	働	4	220
ハチ	八	1	65
ハツ	発	3	165
はつ	初	4	206
ハッ	法		229
バツ	末		229
は-て	果	4	185
は-てる	果	4	185
はな	花	1	41

読み	漢字	学年	ページ
	鼻	3	167
はなし	話	2	116
はな-す	放	3	172
	話	2	116
はな-つ	放	3	172
はな-れる	放	3	172
はね	羽	2	70
はは	母	2	110
はぶ-く	省	4	209
はや-い	早	1	57
	速	3	153
はやし	林	1	68
は-やす	生	1	54
はや-まる	早	1	57
	速	3	153
はや-める	早	1	57
	速	3	153
はら	原	2	80
	腹	6	332
は-らす	晴	2	96
はり	針	6	314
は-る	張	5	275
はる	春	2	92
は-れる	晴	2	96
ハン	反	3	166
	半	2	108
	犯	5	279
	判	5	279
	坂		166
	阪		223
	板	3	166
	版	5	280
	班	6	331
	飯	4	223
バン	万		112
	判	5	279
	板	3	166
	晩	6	331
	番	2	108

ひ

読み	漢字	学年	ページ
ヒ	比	5	280
	皮	3	166
	否	6	331
	批	6	332
	肥	5	280
	非	5	280
	飛	4	223
	秘	6	332
	悲	3	167
	費	5	281
ひ	日	1	63
	火	1	40
	氷		168
	灯		220
ビ	美	3	167
	備	5	281
	鼻		167
ひ-える	冷	4	235
ひがし	東	2	104
ひかり	光	2	83
ひか-る	光	2	83
ひき-いる	率	5	273
ひ-く	引	2	70
ひく-い	低	4	218
ひく-まる	低	4	218
ひく-める	低	4	218
ひ-ける	引	2	70
ひさ-しい	久	5	247
ひたい	額	5	244
ひだり	左	1	47
ヒツ	必	4	224
	筆	3	168
ひつじ	羊	3	176
ひと	一	1	38
	人	1	53
ひと-しい	等	3	162
ひと-つ	一	1	38
ひと-り	独	5	278
ひ-める	秘		332
ひ-や	冷	4	235
ひ-やかす	冷	4	235
ヒャク	百	1	65
ビャク	白		64
ひ-やす	冷	4	235
ヒョウ	氷	3	168
	兵	4	227
	表	3	168
	俵	6	332
	票	4	224
	評	5	281
	標	4	224
ビョウ	平	3	171
	秒	3	169
	病	3	169
ひら	平	3	171
ひら-く	開	3	124
ひら-ける	開	3	124
ひ-る	干		294
ひる	昼	2	100
ひろ-い	広	2	83
ひろ-う	拾	3	143
ひろ-がる	広	2	83
ひろ-げる	広	2	83
ひろ-まる	広	2	83
ひろ-める	広	2	83
ヒン	品	3	169
	貧		281
ビン	便	4	228
	貧	5	281

ふ

読み	漢字	学年	ページ
フ	不	4	225
	夫	4	225
	父	2	108

読み	漢字	学年	ページ
	付	4	225
	布	5	282
	府	4	226
	阜	4	226
	歩		110
	負	3	170
	風		109
	婦	5	282
	富	4	226
ブ	不	4	225
	分	2	109
	武	5	282
	歩		110
	部	3	170
	無	4	231
フウ	夫		225
	風	2	109
	富		226
ふえ	笛	3	159
ふ-える	増	5	272
ふか-い	深	3	149
ふか-まる	深	3	149
ふか-める	深	3	149
フク	服	3	170
	副	4	226
	復	5	282
	福	3	171
	腹	6	332
	複	5	283
ふ-ける	老		236
ふし	節	4	211
ふせ-ぐ	防	5	285
ふた	二	1	63
ふだ	札	4	201
ふたた-び	再	5	256
ふた-つ	二	1	63
ブツ	仏	5	283
	物	3	171
ふで	筆	3	168
ふと-い	太	2	98
ふと-る	太	2	98
ふな	船	2	96
ふね	船	2	96
ふみ	文		65
ふ-やす	増	5	272
ふゆ	冬	2	103
ふ-る	降	6	303
ふる-い	古	2	81
ふる-う	奮	6	333
ふる-す	古	2	81
フン	分	2	109
	粉	5	283
	奮	6	333
ブン	文	1	65
	分	2	109
	聞	2	109

へ

読み	漢字	学年	ページ
ベ	辺	4	227
ヘイ	平	3	171
	兵	4	227
	並		333
	病		169
	陛	6	333
	閉	6	334
ベイ	米	2	110
ベツ	別	4	227
べに	紅	6	303
へ-らす	減	5	252
へ-る	経	5	250
	減	5	252
ヘン	片		334
	辺	4	227
	返	3	172
	変	4	228
	編	5	283
ベン	弁	5	284
	便	4	228
	勉	3	172

ほ

読み	漢字	学年	ページ
ホ	歩	2	110
	保	5	284
	補	6	334
ほ	火		40
ボ	母	2	110
	墓	5	284
	模	6	337
	暮		334
ホウ	方	2	111
	包	4	228
	宝	6	335
	放	3	172
	法	4	229
	訪	6	335
	報	5	284
	豊	5	285
ボウ	亡	6	335
	防	5	285
	忘		336
	望	4	229
	棒	6	336
	貿	5	285
	暴	5	285
ほう-る	放	3	172
ほか	外	2	74
	他	3	153
ほが-らか	朗		341
ホク	北	2	111
ボク	木	1	66
	目		67
	牧	4	229
ほし	星	2	95
ほ-しい	欲		339
ほ-す	干	6	294

読み	漢字	学年	ページ
ほそ-い	細	2	86
ほそ-る	細	2	86
ホツ	発		165
ホッ	法		229
ほっ-する	欲		339
ほど	程		276
ほとけ	仏	5	283
ほね	骨	6	304
ホン	反		166
	本	1	66
ま			
ま	目		67
	真	3	149
	馬	2	106
	間	2	75
マイ	米	2	110
	毎	2	111
	妹		112
	枚	6	336
まい-る	参	4	202
まえ	前	2	97
ま-かす	負	3	170
まか-す	任	5	278
まか-せる	任	5	278
ま-がる	曲	3	130
まき	牧		229
	巻	6	294
マク	幕	6	336
ま-く	巻	6	294
ま-ける	負	3	170
ま-げる	曲	3	130
まご	孫	4	215
まこと	誠		316
まさ	正	1	54
まさ-る	勝		147
ま-ざる	交	2	83
	混	5	255
まじ-える	交	2	83
ま-じる	交	2	83
	混	5	255
まじ-わる	交	2	83
ま-す	増	5	272
まず-しい	貧	5	281
ま-ぜる	交	2	83
	混	5	255
まち	町	1	61
	街	4	187
マツ	末	4	229
ま-つ	待	3	154
まつ	松	4	207
まった-く	全	3	151
まつ-り	祭	3	136
まつりごと	政		268
まつ-る	祭	3	136
まと	的	4	218
まど	窓	6	319
まなこ	眼		245
まな-ぶ	学	1	42
まね-く	招	5	264
まめ	豆	3	161
まも-る	守	3	141
まよ-う	迷	5	286
まる	丸	2	75
まる-い	丸	2	75
	円	1	39
まる-める	丸	2	75
まわ-す	回	2	73
まわ-り	周	4	206
まわ-る	回	2	73
マン	万	2	112
	満	4	230
み			
ミ	未	4	230
	味	3	172
み	三	1	47
	身	3	148
	実	3	140
み-える	見	1	45
みき	幹	5	244
みぎ	右	1	38
みさお	操		320
みじか-い	短	3	156
みず	水	1	54
みずうみ	湖	3	134
みずか-ら	自	2	89
みせ	店	2	102
み-せる	見	1	45
み-たす	満	4	230
みだ-す	乱	6	339
みだ-れる	乱	6	339
みち	道	2	105
みちび-く	導	5	277
み-ちる	満	4	230
ミツ	密	6	337
み-つ	三	1	47
みっ-つ	三	1	47
みと-める	認	6	329
みどり	緑	3	179
みなと	港	3	135
みなみ	南	2	106
みなもと	源	6	301
みの-る	実	3	140
みみ	耳	1	50
みや	宮	3	128
ミャク	脈	5	286
みやこ	都	3	160
ミョウ	名	1	66
	命		173
	明	2	112
み-る	見	1	45
ミン	民	4	230
む			

読み	漢字	学年	ページ
ム	武	5	282
	務	5	286
	無	4	231
	夢	5	286
む	六	1	68
むい	六	1	68
む-かう	向	3	134
むかし	昔	3	151
むぎ	麦	2	107
む-く	向	3	134
むく-いる	報		284
む-ける	向	3	134
む-こう	向	3	134
むし	虫	1	61
む-す	蒸		314
むずか-しい	難	6	328
むす-ぶ	結	4	197
む-つ	六	1	68
むっ-つ	六	1	68
むな	胸		297
むね	胸	6	297
むら	村	1	59
	群	4	195
む-らす	蒸		314
む-れ	群	4	195
む-れる	群	4	195
	蒸		314
むろ	室		90

め

読み	漢字	学年	ページ
め	女		52
	目	1	67
	芽	4	186
メイ	名	1	66
	命	3	173
	明	2	112
	迷		286
	盟	6	337
	鳴	2	113
めし	飯	4	223
メン	面	3	173
	綿	5	287

も

読み	漢字	学年	ページ
モ	模	6	337
モウ	亡		335
	毛	2	113
	望		229
もう-ける	設	5	270
もう-す	申	3	148
も-える	燃	5	278
モク	木	1	66
	目	1	67
もしくは	若		309
も-す	燃	5	278
もち-いる	用	2	115
モツ	物	3	171
も-つ	持	3	139
もっと-も	最	4	200
もっぱ-ら	専		317
もと	下		40
	元	2	80
	本	1	66
	基		246
もとい	基		246
もと-める	求	4	192
もの	物	3	171
	者	3	141
も-やす	燃	5	278
もり	守		141
	森	1	53
も-る	盛	6	315
モン	文	1	65
	門	2	113
	問	3	173
	聞		109

や

読み	漢字	学年	ページ
ヤ	夜	2	114
	野	2	114
や	八	1	65
	矢	2	88
	屋	3	122
	家	2	72
やかた	館	3	125
ヤク	役	3	174
	約	4	231
	益		240
	訳	6	337
	薬	3	174
や-く	焼	4	207
や-ける	焼	4	207
やさ-しい	易	5	240
	優		338
やしな-う	養	4	232
やしろ	社	2	90
やす-い	安	3	118
やす-まる	休	1	43
やす-む	休	1	43
やす-める	休	1	43
や-つ	八	1	65
やっ-つ	八	1	65
やど	宿	3	145
やど-す	宿	3	145
やど-る	宿	3	145
やぶ-る	破	5	279
やぶ-れる	破	5	279
	敗	4	222
やま	山	1	48
やまい	病	3	169
や-む	病		169
や-める	辞		204
やわ-らぐ	和		180
やわ-らげる	和		180

ゆ

読み	漢字	学年	ページ
ユ	由	3	174
	油	3	175
	遊		175
	輸	5	287
ゆ	湯	3	162
ユイ	由		174
	遺		290
ユウ	友	2	114
	右	1	38
	由	3	174
	有	3	175
	勇	4	231
	郵	6	338
	遊	3	175
	優	6	338
ゆ-う	結		197
ゆう	夕	1	55
ゆえ	故		252
ゆき	雪	2	96
ゆ-く	行	2	84
ゆた-か	豊	5	285
ゆだ-ねる	委	3	119
ゆび	指	3	138
ゆみ	弓	2	77
ゆめ	夢	5	286
ゆる-す	許	5	248
ゆ-わえる	結		197

よ

読み	漢字	学年	ページ
ヨ	予	3	176
	余	5	287
	預	6	338
よ	世	3	150
	代	3	154
	四	1	48
	夜	2	114
よ-い	良	4	233
	善	6	318
ヨウ	幼	6	338
	用	2	115
	羊	3	176
	洋	3	176
	要	4	232
	容	5	287
	葉	3	177
	陽	3	177
	様	3	177
	養	4	232
	曜	2	115
よう	八	1	65
ヨク	浴	4	232
	欲	6	339
	翌	6	339
よこ	横	3	122
よし	由		174
よ-せる	寄	5	246
よそお-う	装		319
よ-つ	四	1	48
よっ-つ	四	1	48
よ-ぶ	呼	6	302
よ-む	読	2	105
よ-る	因		239
	寄	5	246
よる	夜	2	114
よろこ-ぶ	喜	5	246
よわ-い	弱	2	90
よわ-まる	弱	2	90
よわ-める	弱	2	90
よわ-る	弱	2	90
よん	四	1	48

ら

読み	漢字	学年	ページ
ライ	礼		179
	来	2	115
ラク	落	3	178
	楽	2	74
ラン	乱	6	339
	卵		340
	覧	6	340

り

読み	漢字	学年	ページ
リ	利	4	233
	里	2	116
	理	2	116
	裏		340
リキ	力	1	67
リク	陸	4	233
リチ	律		340
リツ	立	1	67
	律	6	340
	率	5	273
リャク	略	5	288
リュウ	立		67
	流	3	178
	留	5	288
リョ	旅	3	178
リョウ	両	3	178
	良	4	233
	料	4	234
	量	4	234
	漁	4	193
	領	5	288
リョク	力	1	67
	緑	3	179
リン	林	1	68
	輪	4	234
	臨	6	341

る

読み	漢字	学年	ページ
ル	流		178
	留	5	288
ルイ	類	4	235

れ

レイ 令 4 235
礼 3 179
冷 4 235
例 4 235
レキ 歴 5 288
レツ 列 3 179
レン 連 4 236
練 3 180

ろ

ロ 路 3 180
ロウ 老 4 236
労 4 236
朗 6 341
ロク 六 1 68
緑 3 179
録 4 236
ロン 論 6 341

わ

ワ 和 3 180
わ 話 2 116
我 292
輪 4 234
わか-い 若 6 309
わ-かつ 分 2 109
わ-かる 分 2 109
わ-かれる 分 2 109
わか-れる 別 4 227
わけ 訳 6 337
わ-ける 分 2 109
わざ 技 247
業 129
わざわ-い 災 256
わす-れる 忘 6 336
わた 綿 5 287
わたくし 私 6 307
わたし 私 6 307
わら-う 笑 4 207
わらべ 童 163
わり 割 6 294
わ-る 割 6 294
わる-い 悪 3 118
われ 我 6 292
わ-れる 割 6 294

総画さくいん

配列は画数順、同じ画数内では音読みの五十音順。数字はページを示します。

【一画】
一 38

【二画】
九 42
七 50
十 51
人 53
丁 157
刀 103
二 63
入 63
八 65
力 67

【三画】
下 40
干 294
丸 75
久 247
弓 77
己 302
口 46
工 82
才 86
三 47
山 48
士 259
子 48
女 52
小 52
上 53
寸 315
夕 55
千 56
川 57
大 59
土 62
亡 335
万 112

【四画】
引 70
円 39
王 39
化 123
火 40
牛 77
区 130
欠 196
月 44
犬 45
元 80
戸 81
五 46
午 81
公 82
今 86
支 259
止 87
氏 203
尺 309
手 51
収 310
少 92
心 93
仁 314
水 54
井 209
切 96
太 98
中 60
天 61
内 106
日 63
反 166
比 280
不 225
夫 225
父 108
仏 283
分 109
文 65
片 334
方 111
木 66
毛 113
友 114
予 176
六 68

【五画】
圧 238
以 182
右 38
永 239
央 122
加 185
可 241
外 74
刊 244
旧 248
去 129
玉 43
句 249
兄 79
穴 299
古 81
功 198
広 83
号 135
左 47
札 201
冊 306
皿 136
仕 136
史 260
司 203
四 48
市 88
矢 88
示 261
失 205
写 140
主 141
出 51
処 312
申 148
世 150
正 54
生 54
石 56
他 153

弁	辺	平	布	付	氷	必	皮	犯	半	白	冬	田	庁	台	代	打
284	227	171	282	225	168	224	166	279	108	64	103	62	325	99	154	154
衣	安	【六画】	令	礼	立	幼	用	由	目	民	未	末	本	北	包	母
182	118		235	179	67	338	115	174	67	230	230	229	66	111	228	110
血	曲	共	吸	休	気	机	危	各	会	灰	回	仮	羽	宇	因	印
132	130	193	296	43	42	295	295	187	73	293	73	242	70	291	239	183
次	寺	字	至	糸	死	在	再	合	行	考	好	后	向	光	交	件
139	89	49	307	49	137	257	256	85	84	84	198	302	134	83	83	250
団	宅	多	存	争	早	全	先	舌	西	成	色	州	守	式	自	耳
274	322	98	321	212	57	151	57	316	95	209	93	142	141	140	89	50
名	毎	米	百	年	任	肉	同	灯	当	伝	兆	虫	仲	竹	池	地
66	111	110	65	64	278	106	105	220	104	219	217	61	217	60	99	99
角	貝	改	快	我	花	何	応	医	囲	位	【七画】	老	列	両	羊	有
74	41	186	243	292	41	71	241	118	238	183		236	179	178	176	175
言	見	決	芸	系	形	君	近	均	局	究	求	技	汽	希	岐	完
80	45	133	196	298	79	131	79	249	130	127	192	247	76	190	190	188
助	初	住	車	社	児	似	私	志	作	材	災	佐	困	谷	告	孝
146	206	144	50	90	204	261	307	260	87	200	256	199	305	85	255	303

序 264
条 266
状 266
臣 208
身 148
図 94
声 95
赤 56
折 211
走 98
束 213
足 58
村 59
対 154
体 98
男 59
沖 217
町 61
低 218
弟 102
努 219
投 161
豆 161
売 107
麦 107
判 279
坂 166
阪 223
否 331
批 332
兵 227
別 227
返 172
防 285
忘 336
役 174
余 287
来 115
乱 339
卵 340
利 233
里 116
良 233
冷 235
労 236

【八画】

委 119
育 119
雨 38
泳 121
英 183
易 240
延 291
沿 292
往 241
岡 184
果 185
価 242
河 242
画 72
芽 186
拡 293
学 42
官 188
岸 126
岩 76
季 190
泣 192
居 248
京 78
供 297
協 193
金 44
苦 131
具 131
空 44
径 196
券 300
呼 302
固 198
効 253
幸 135
刻 304
国 85
妻 256
刷 201
参 202
使 137
始 137
姉 88
枝 260
事 139
治 204
実 140
舎 262
者 141
若 309
取 142
受 142
周 206
宗 310
述 263
所 145
招 264
承 313
松 207
垂 315
制 267
性 268
青 55
昔 151
卒 214
担 322
知 100
宙 324
忠 324
注 157
長 100
直 101
定 159
底 218
的 218
典 218
店 102
東 104
毒 278
届 328
奈 221
乳 328
念 222
波 164
拝 330
板 166
版 280
肥 280
非 280
表 168
府 226
阜 226
武 282
服 170
物 171
並 333
歩 110
宝 335
放 172
法 229
牧 229
妹 112
枚 336
味 172
命 173
明 112

革	界	海	科	音	屋	栄	映	茨	冒	【九画】	和	例	林	油	夜	門
293	124	73	71	40	122	184	291	183	290		180	235	68	175	114	113
故	限	県	研	建	計	型	係	軍	級	急	逆	客	紀	看	巻	活
252	251	133	133	197	80	250	132	195	128	127	247	127	245	295	294	75
重	秋	拾	首	室	持	姿	指	思	昨	砂	査	香	紅	皇	厚	後
144	91	143	91	90	139	307	138	88	201	305	256	198	303	303	253	82
染	洗	浅	泉	専	宣	省	星	政	神	信	食	城	乗	昭	春	祝
318	317	211	317	317	317	209	95	268	149	209	93	208	148	146	92	206
点	追	柱	昼	茶	段	炭	単	退	待	則	送	草	相	奏	祖	前
102	158	157	100	100	323	155	216	321	154	272	152	58	151	319	271	97
便	変	風	負	品	秒	美	飛	発	畑	肺	背	派	南	栃	独	度
228	228	109	170	169	169	167	223	165	165	330	330	330	106	221	278	160
家	夏	恩	桜	益	院	員	案	【十画】	律	要	洋	勇	約	面	迷	保
72	72	292	241	240	120	120	182		340	232	176	231	231	173	286	284
校	候	庫	個	原	郡	訓	胸	挙	宮	帰	起	記	株	格	害	荷
46	199	134	252	80	195	195	297	192	128	77	126	76	294	243	187	123
借	射	時	紙	師	残	蚕	殺	財	座	差	根	骨	高	降	航	耕
205	308	90	89	260	203	306	258	257	305	199	136	304	84	303	253	253

息	造	倉	素	席	針	真	笑	消	将	除	書	純	従	修	酒	弱
152	272	213	271	210	314	149	207	146	313	313	92	312	311	263	142	90
俳	馬	破	能	納	特	党	討	島	徒	展	庭	通	値	帯	孫	速
331	106	279	279	329	220	327	327	161	219	327	159	102	324	215	215	153
料	旅	留	流	浴	容	脈	勉	陛	粉	病	俵	秘	班	梅	倍	配
234	178	288	178	232	287	286	172	333	283	169	332	332	331	222	164	164
許	球	救	規	寄	基	眼	械	貨	液	域	異	移	悪	【十一画】	朗	連
248	128	248	246	246	246	245	187	185	240	291	290	238	118		341	236
菜	細	祭	済	採	混	黒	黄	康	現	険	健	経	郷	教	強	魚
200	86	136	305	257	255	86	84	199	251	251	197	250	297	78	78	78
情	常	章	商	唱	術	宿	週	習	終	授	捨	鹿	視	産	崎	埼
267	266	147	147	207	263	145	91	143	143	263	309	205	307	202	201	200
第	率	族	側	窓	巣	組	船	雪	設	接	責	盛	清	推	進	深
155	273	153	214	319	213	97	96	96	270	270	269	315	210	315	150	149
敗	脳	梨	得	堂	動	都	転	笛	停	鳥	頂	張	帳	著	断	探
222	329	221	277	277	163	160	160	159	275	101	325	275	158	324	274	323
理	翌	欲	郵	訳	野	問	務	密	望	訪	閉	副	部	婦	貧	票
116	339	339	338	337	114	173	286	337	229	335	334	226	170	282	281	224

割	覚	街	階	開	絵	賀	過	温	営	媛	運	雲	飲	【十二画】	略	陸
294	188	187	124	124	74	186	243	123	239	184	121	70	120		288	233
湖	減	検	結	軽	景	敬	筋	勤	極	給	貴	期	揮	喜	間	寒
134	252	251	197	132	196	298	298	297	194	192	296	126	296	246	75	124
象	証	焼	勝	暑	順	集	衆	就	滋	歯	詞	散	策	裁	最	港
265	264	207	147	145	206	144	310	310	204	138	308	202	306	306	200	135
短	達	貸	隊	尊	属	測	装	創	然	善	絶	税	晴	森	植	場
156	216	274	215	321	273	273	319	319	212	318	270	269	96	53	148	92
晩	飯	博	買	道	童	統	等	答	登	湯	程	提	痛	朝	貯	着
331	223	223	107	105	163	276	162	104	162	162	276	276	326	101	275	156
陽	葉	遊	無	満	貿	棒	報	補	復	富	評	筆	備	費	悲	番
177	177	175	231	230	285	336	284	334	282	226	281	168	281	281	167	108
禁	業	義	漢	感	幹	楽	解	塩	遠	園	意	暗	愛	【十三画】	量	落
249	129	247	125	125	244	74	243	184	71	70	119	118	182		234	178
数	新	蒸	照	傷	署	準	辞	飼	資	詩	試	罪	鉱	源	絹	群
94	94	314	208	313	312	264	204	261	261	138	203	258	254	301	300	195
福	農	働	電	鉄	賃	腸	置	暖	損	続	想	戦	節	誠	勢	聖
171	163	220	103	160	326	325	216	323	273	214	152	212	211	316	268	316

腹 332
墓 284
豊 285
幕 336
夢 286
盟 337
預 338
裏 340
路 180
話 116

【十四画】
駅 121
演 240
歌 72
閣 293
慣 245
管 189
関 189
旗 191
疑 296
漁 193
境 249
銀 130
熊 194
語 82
誤 302
構 254
穀 304
際 257
察 202
雑 258
算 87
酸 258
誌 308
磁 308
種 205
障 314
精 268
製 269
静 210
説 211
銭 318
層 320
総 271
像 272
増 272
態 274
適 276
銅 277
徳 221
読 105
認 329
鼻 167
複 283
聞 109
暮 334
鳴 113
綿 287
模 337
様 177
領 288
緑 179
歴 288
練 180

【十五画】
遺 290
横 122
億 185
課 186
確 244
潟 188
器 191
劇 299
潔 250
権 301
賛 259
質 262
熟 311
諸 312
賞 265
縄 208
選 212
線 97
蔵 320
誕 323
談 156
潮 325
調 158
敵 326
導 277
熱 222
箱 165
標 224
編 283
暴 285
養 232
輪 234
論 341

【十六画】
衛 239
館 125
機 191
橋 129
激 299
憲 301
興 254
鋼 304
樹 309
縦 311
親 94
整 150
積 210
操 320
築 275
糖 328
頭 104
燃 278
奮 333
薬 174
輸 287
録 236

【十七画】
厳 301
講 255
謝 262
縮 311
績 269
優 338
覧 340

【十八画】
額 244
簡 295
観 189
顔 76
験 197
織 267
職 267
題 155
難 328
曜 115
臨 341
類 235

【十九画】
願 190
鏡 194
警 298
識 262
臓 320

【二十画】
議 191
競 194
護 252

1年生でならう漢字

80字

一

1画

部首 一（いち）

おん イチ・イツ
くん ひと・ひと-つ

成り立ち

一

横線一本で、「ひとつ」を表した字。

書き方

初めと終わりをしっかりと

使い方

一度・一座・同一・一息・一筋・一年生・画一・＊一人・一口・一人前

一

成り立ちの補足

「一」は数のはじめを表すだけでなく、文字を組み立てる出発点。「一」をもとにして、「二・三・百・千」など数を表す字ができた。また、「上」「下」も「一」を基準とした字。

右

5画

部首 口（くち）

おん ウ・ユウ
くん みぎ

注意点

「ナ」の書き順が「左」とちがうことに注意する。

書き方

ノ ナ 右 右 右

あまり長くしない

使い方

右岸・右折・左右・右側・右手・右大臣・右往左往・右どなり

雨

8画

部首 雨（あめ）

おん ウ
くん あめ・あま

成り立ち

雲でおおわれた天からしずくが落ちる様子からできた字。

書き方

一 一 冂 帀 雨 雨 雨 雨

はねる

点の向きに注意

使い方

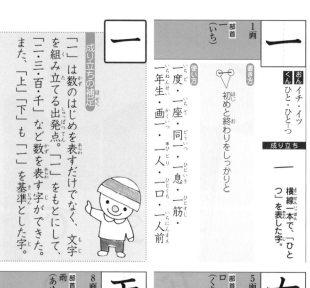

雨量・降雨・大雨・雨雲・雨戸・雨具・雨季・雨天・雨宿り・春雨

円

4画

部首 冂（けいがまえ・まきがまえ）

おん エン

くん まる-い

成り立ち

もとの字は「圓」。囲む意味の「囗」とまるい意味の「員」とで、まるい囲いを表す。

書き方

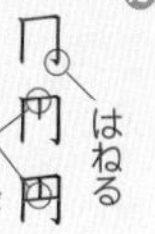

使い方

円熟・一円・円さ・円み・半円・円周・円柱・円形・五円玉・円ばん

円

使い方

「丸い」とのちがいに注意する。「円い」は、平面的にまるいものを表すときに使い、「丸い」は、立体的にまるいものを表すときに使う。

王

4画

部首 玉（たま）

おん オウ

くん —

成り立ち

書き方

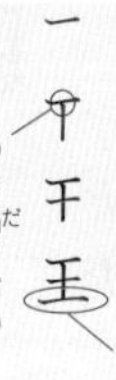

使い方

王子・王女・王様・女王・王者・王朝・王宮・国王・海王星

王

成り立ちの補足

大きいおのの形からできた字。大きいおのは力の象ちょうとされ、最高の力があるものの、「王様」の意味を表す。

まちがえないように気をつけてね。

「親王」などは、特別に「のう」と読むので注意する。

音

9画

部首 音（おと）

おん オン・（イン）
くん おと・ね

注意点
書くときは、「立」と「日」の大きさに注意する。

書き方
亠 亠 立 立 产 音 音 音 音
まっすぐ下につける

使い方
音楽・発音・福音・物音・音読み・
雑音・羽音・音声・効果音・音色

音

成り立ち

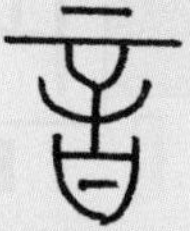

言（言）の下の口（口）の中に一点を加えて、節をつけた音色などの「ね」を表し、広く「おと」の意味に用いる。

まちがえないように気をつけてね。

「観音」などは、特別に「のん」と読むので注意する。

下

3画

部首 一（いち）

おん カ・ゲ
くん した・しも・（もと）・さ-げる・さ-がる・くだ-る・くだ-す・くだ-さる・お-ろす・お-りる

成り立ち

基準を示す横線の下に短い横線を加え、「した」の意味を表す。

書き方
一 丅 下
とめる
とめる

使い方
下流・下水・下見・川下・足下・
下り坂・下車・地下・下手（したて しもて *へた）

火

4画

部首 火（ひ）

おん カ
くん ひ・（ほ）

成り立ち

書き方
丶 丷 少 火
点に人をくっつけないように

使い方
火災・火事・引火・点火・灯火・
火花・炭火・火の元・火の気・火かげ

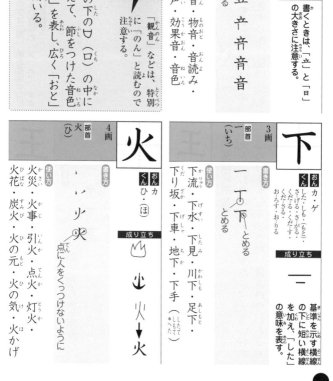

花

おん カ
くん はな

成り立ち

＋化（美しい）＝花

7画

部首 艹（くさかんむり・そうこう）

書き方

一 十 廾 艹 芀 芲 花

上（うえ）にはねる

使い方

花弁（かべん）・花（か）だん・落花（らっか）・開花（かいか）・造花（ぞうか）・花火（はなび）・草花（くさばな）・花見（はなみ）・菜（な）の花（はな）・花輪（はなわ）

貝

おん ―
くん かい

成り立ち

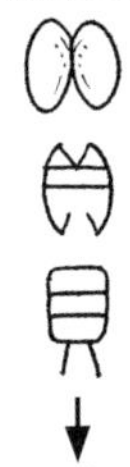

↓貝

7画

部首 貝（かい）

書き方

丨 冂 冃 月 目 貝 貝

とめる

使い方

貝（かい）がら・貝細工（かいざいく）・貝柱（かいばしら）・ほら貝（がい）・貝拾（かいひろ）い・桜貝（さくらがい）・巻（ま）き貝（がい）・二枚貝（にまいがい）

貝

成り立ちの補足（ほそく）

昔（むかし）は、たから貝（がい）という貝（かい）のからがお金（かね）の役（やく）目（め）をしていたので、貝（かい）はお金（かね）やたからの意（い）味（み）にも用（もち）い、「かいへん」の漢字（かんじ）はお金（かね）に関（かか）わる漢字（かんじ）が多（おお）い。

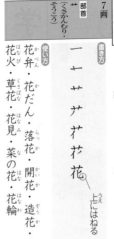

学

8画

部首 子（こ）

おん ガク
くん まな-ぶ

注意点

書き順と形に注意。左から右へ順に書く。「⺍」は「⺍」とならないように。

書き方

、 丷 ⺍ ⺍ 学 学 学

点の向きに注意。⺍としない

あまり短くしない

使い方

学年・学習・科学・大学・学校・学生・学芸会・新学期・勉学・博学

学

成り立ち

もとの字は「學」。両手を意味する𦥑(臼)と、家の省略形の「冖」と、ならう意味の「爻」に、「子」を加えて、子が学ぶまなびやの意味から「まなぶ」の意味。

気

6画

部首 气（きがまえ）

おん キ・ケ
くん ——

成り立ち

もとの字は「氣」。「米」と、立ち上る湯気を表す「气」を合わせた字。米をたくときの湯気の意味を表す。

書き方

ノ 𠂉 𠂉 气 気 気

とめる

使い方

気体・気候・元気・一気・気の毒・生意気・不気味・気配・火の気・湯気

九

2画

部首 乙（おつ）

おん キュウ・ク
くん ここの・ここの-つ

成り立ち

ひじがまがった形

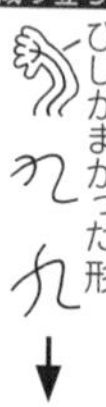

九

書き方

ノ 九

レとしない

角をつけずにまげて上にはねる

使い方

九百・九州・九人・九月・九九・九分通り・九日・九重・三拝九拝

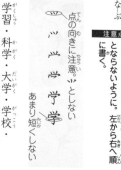

休

6画

部首 イ（にんべん）

おん キュウ

くん やす-む・やす-まる・やす-める

注意点

「体」と形が似ているので注意する。

書き方

ノ イ 仁 什 休 休

とめる

使い方

休止・定休・休養・連休・休息・休日・気休め・夏休み・中休み

休

成り立ち

「イ」（人）と、愛護する意味と音を表す「キュウ」を合わせた字。人の受けるさいわいの意味を表し、転じて「やすむ」意味に用いる。また、木かげで人がやすむ様子からできた字とも言われる。

玉

5画

部首 玉（たま）

おん ギョク

くん たま

注意点

書き方に注意。「、」を打つ場所をまちがえないようにする。

書き方

一 T 干 王 玉

やや長く

点の向き、位置に注意

使い方

玉座・玉石・宝玉・目玉・水玉・五円玉・玉入れ・お年玉・お手玉

玉

成り立ち

もとの形は「王」。「玉」と「王」が同じ形だったので、「、」をつけて、「王」の字と区別した。

金

8画

部首 金（かね）

おん キン・コン

くん かね・かな

意味

土の中にふくまれている黄金、「きん」の意味を表し、金属、「かね」の意味に用いる。

書き方

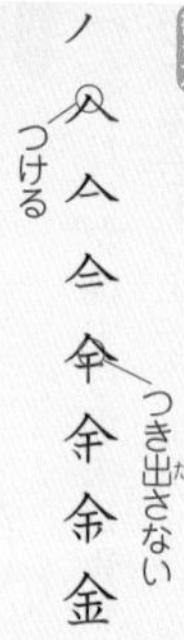

使い方

金属・金銭・貯金・金曜日・代金・金魚・金色・黄金・金持ち・金物

月

4画

部首 月（つき）

おん ゲツ・ガツ

くん つき

成り立ち

書き方

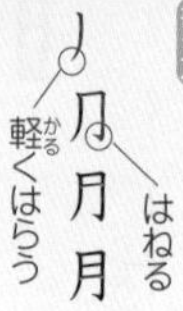

使い方

満月・正月・月給・月曜日・明月・毎月・九月・月見・三日月・月明かり

空

8画

部首 穴（あなかんむり）

おん クウ

くん そら・あ-く・あ-ける・から

成り立ち

「穴」と、つき通した穴の意味と音を表す「工」で、「から」、「むなしい」、転じて「そら」の意味を表す。

書き方

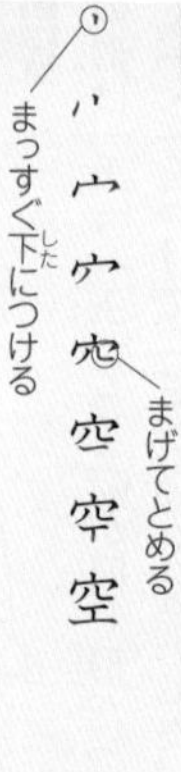

使い方

空想・空港・真空・空腹・航空機・空色・青空・星空・空回り・空き家

月

成り立ちの補足

常に丸く見える「日」（太陽）に対して、「月」は満ち欠けするので、その欠けた形からできた字。

犬

4画

部首 犬（いぬ）

おん ケン
くん いぬ

成り立ち

犬

書き方

一 ナ 大 犬

点の位置に注意

使い方

犬歯・愛犬・野犬・名犬・番犬・かい助犬・犬小屋・子犬・飼い犬

犬

成り立ちの補足

しっぽを立てて、口を開いてほえる動物を立てた形から、「いぬ」の意味を表す。

まちがえないように気をつけてね。

「丶」が重要。ないと「大」になり、下におくと「太」になる。

見

7画

部首 見（みる）

おん ケン
くん み-る・み-える・み-せる

成り立ち

見

書き方

丨 冂 冂 月 目 目 見

角をつけずにまげて上にはねる

使い方

見学・見地・意見・見当・見物人・下見・顔見せ・形見・見晴らし・見習う

見

成り立ちの補足

「人」に、見開いている「目」をつけて、「みる」、「みえる」意味を表す。

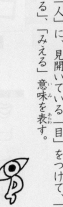

五

4画
部首 二（に）

おん ゴ
くん いつ・いつ-つ

成り立ち

両(りょう)はしを示(しめ)す二線(にせん)の間(あいだ)で交差(こうさ)する様子(ようす)で、指(ゆび)で数(かぞ)えるときの「五(ご)」を表(あらわ)した字(じ)。

書き方

一 丅 五 五

つき出(だ)さない
ななめ下(した)の方向(ほうこう)に

使い方

五穀(ごこく)・五色(ごしき)・五目飯(ごもくめし)・七五三(しちごさん)・十五夜(じゅうごや)・五十音順(ごじゅうおんじゅん)・四捨五入(ししゃごにゅう)・五日(いつか)

口

3画
部首 口（くち）

おん コウ・ク
くん くち

成り立ち

書き方

丨 冂 口

ま四角(しかく)にしない

使い方

口論(こうろん)・人口(じんこう)・口実(こうじつ)・口頭(こうとう)・口調(くちょう)・異口同音(いくどうおん)・出口(でぐち)・早口(はやくち)・無口(むくち)・告(つ)げ口(ぐち)

校

10画
部首 木（きへん）

おん コウ
くん ——

注意点

書(か)くときは、はらいの方向(ほうこう)に注意(ちゅうい)する。

書き方

一 十 才 木 木 杧 杧 校 校

まっすぐ下(した)につける
とめる
とめる
はらう

使い方

校長(こうちょう)・校庭(こうてい)・校門(こうもん)・学校(がっこう)・校内(こうない)・母校(ぼこう)・転校(てんこう)・校歌(こうか)・在校生(ざいこうせい)・将校(しょうこう)

左

5画

部首 工（こう）

おん サ
くん ひだり

注意点

形の似ている「右」とは部首がちがうことに注意する。

書き方

一 ナ 左 左 左

やや長めに

使い方

左右・左折・右往左往・左手・左目・左足・左回り・左側

成り立ち

左

ひだり手の意味と音を表す「ナ」に「工」を加えて、工具を持つ手を表し、「ひだり」の意味に用いる。

三

3画

部首 一（いち）

おん サン
くん み・み-つ・みっ-つ

成り立ち

三

横線三本で、「みっつ」を表した字。

書き方

一 二 三

やや短く

やや長く

使い方

三角・三流・三重苦・三輪車・三面鏡・*三味線・三日月・三日

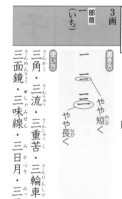

山

3画

部首　山（やま）

おん　サン
くん　やま

成り立ち

書き方

丨 山 山

ややつき出(だ)してとめる

使い方

山脈(さんみゃく)・登山(とざん)・高山(こうざん)・氷山(ひょうざん)・山林(さんりん)・山登(やまのぼ)り・山開(やまびら)き・山里(やまざと)・野山(のやま)・山寺(やまでら)

四

5画

部首　囗（くにがまえ）

おん　シ
くん　よ・よっ・よっつ・よん

注意点

下(した)につく語(ご)によって、「よ」「よっ」「よん」と、読(よ)み分(わ)けが多(おお)いので注意(ちゅうい)する。

書き方

丨 冂 冂 四 四

角(かど)をつけずにまげる

使い方

四方(しほう)・四季(しき)・四国(しこく)・四苦八苦(しくはっく)・四角(しかく)・四人(よにん)・四日(よっか)・四(よ)つ角(かど)・四回(よんかい)

子

3画

部首　子（こ）

おん　シ・ス
くん　こ

成り立ち

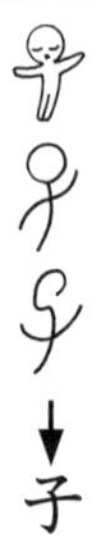

書き方

ㇷ 了 子

やや丸(まる)みをもたせてはねる

使い方

子孫(しそん)・女子(じょし)・調子(ちょうし)・種子(しゅし)・様子(ようす)・親子(おやこ)・年子(としご)・子牛(こうし)・子育(こそだ)て・子供(こども)

子

成り立ちの補足(ほそく)

頭(あたま)が大(おお)きい幼児(ようじ)の形(かたち)からできた字(じ)。乳幼児(にゅうようじ)の意味(いみ)を表(あらわ)し、若者(わかもの)の意味(いみ)にも用(もち)いる。

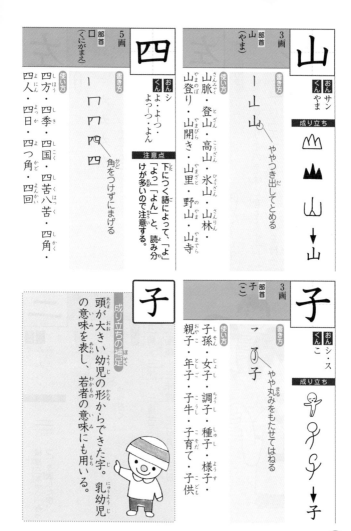

糸

6画

部首 糸（いと）

おん シ
くん いと

成り立ち

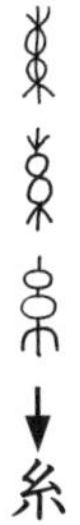

書き方

いとへんおよび糸を部分にしているものはすべてこうなる

幺 幺 糸 糸 糸

使い方

綿糸・製糸・糸目・一糸・金糸・つり糸・糸車・毛糸・針と糸

成り立ちの補足

まゆから引き出したものをより合わせた形から、細い「生糸」の意味を表す。

字

6画

部首 子（こ）

おん ジ
くん （あざ）

注意点

「学」と形が似ているので注意する。

書き方

中へはねる
とめる
はねる

使い方

字画・漢字・活字・習字・数字・点字・赤字・誤字・真一文字・大字

耳

6画

部首 耳（みみ）

おん (ジ)
くん みみ

成り立ち

耳

書き方

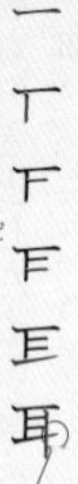

つき出す。ただし、みみへんおよび耳を部分にしているものはつき出さない

使い方

耳鼻科・耳打ち・耳鳴り・早耳・耳たぶ・初耳・空耳

七

2画

部首 一（いち）

おん シチ
くん なな・なな-つ・なの

成り立ち

横線を中断する様子からできた字。

書き方

ななめ右上の方向に

角をつけずにまげる

使い方

七五三・七福神・七月目・七草・七色・七日・*七夕

車

7画

部首 車（くるま）

おん シャ
くん くるま

成り立ち

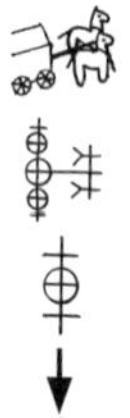

車

書き方

上の横棒より長く

使い方

車輪・車庫・電車・水車・自動車・汽車・乗車・乗用車・歯車・風車

車

成り立ちの補足

人やものを乗せ、馬に引かせる二輪車を上から見た形からできた字。人が乗る車を表し、「輪の形をしたもの」の意味にも用いる。

手

4画

部首 手（て）

おん シュ

くん て・(た)

成り立ち

↓

手

書き方

一 二 三 手　やや丸みをもたせてはねる

使い方

手段・選手・手話・手芸・苦手・手紙・手間・*手伝う・素手・手づな

出

5画

部首 凵（かんにょう・うけばこ）

おん シュツ・(スイ)

くん でる・だす

成り立ち

くぼみから足がでるさま

↓

出

書き方

丨 屮 屮 出 出　上の凵よりやや大きく

使い方

出現・出発・提出・放出・出身地・出頭・出納・出窓・初日の出・遠出

十

2画

部首 十（じゅう）

おん ジュウ・ジッ

くん とお・と

注意点

「ジュッ」とも読む。

書き方

一 十　横棒のまん中に

使い方

十文字・何十年・赤十字・十五夜・十回・十日・十色・*十重二十重

十

成り立ち

針の形からできた字。糸を通す穴が「一」と書かれて「十」となり、数の「とお」の意味を表す。

まちがえないように気をつけてね。

訓読みを「とう」としないように注意。

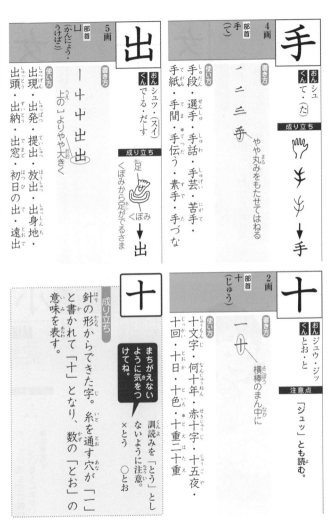

×とう　○とお

女

3画

部首 女（おんな）

おん ジョ・（ニョ）・（ニョウ）

くん おんな・（め）

成り立ち

↓女

書き方

く 女 女

ややつき出す。おんなへんおよび女を部分にしているものはすべてこうなる

使い方

女子・女流・女王・童女・長女・少女・天女・女心・女神

女

成り立ちの補足

ひざまずいて両手を組み合わせた女性の姿から、「おんな」の意味を表す。

小

3画

部首 小（ちいさい）

おん ショウ

くん ちい-さい・こ・お

成り立ち

ちいさい点を三つ書いて、「ちいさくこまかい」意味を表す。

書き方

亅 小 小

はねる

使い方

小心・大小・小康・小数点・小型・小鳥・小言・小降り・小川

上

3画

部首 一（いち）

おん ジョウ・（ショウ）

くん うえ・うわ・かみ・あ-げる・あ-がる・のぼ-る・（のぼ-せる）・（のぼ-す）

成り立ち

基準を示す横線の上に短い横線を加え、「うえ」の意味を表す。

書き方

丨 ト 上

書き順に注意

使い方

地上・頭上・上人・身の上・上着・川上・上り・値上げ・上手（うわて・かみて・じょうず）

人

2画

部首 人（ひと）

おん ジン・ニン

くん ひと

成り立ち

書き方

ノ 人

そろえる

使い方

人員・成人・主人公・人間・人形・人魚・十人十色・人手・旅人・人里

森

12画

部首 木（き）

おん シン

くん もり

成り立ち

木を三つ書いて、「たくさんの木が生えているところ」の意味を表す。

書き方

使い方

森林・森林浴・森林地帯・森厳・森の中

人

まちがえないように気をつけてね。

「入」と形が似ているので注意する。

成り立ちの補足

立って上体を前にかたむけたときの人の様子を横から見た形から、「ひと」の意味を表す。部首になるときは、「亻（にんべん）」「𠆢（ひとがしら）」と書く。

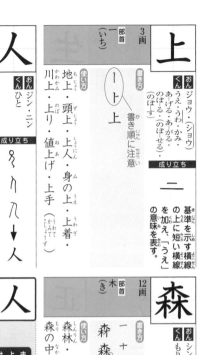

水

4画

部首 水（みず）

おん スイ
くん みず

成り立ち

書き方

はねる　あける　水

使い方

水分・水陸・海水・水面・水車・水色・水浴び・湯水・水着

生

5画

部首 生（うまれる）

おん セイ・ショウ
くん い-きる・い-かす・い-ける・う-まれる・う-む・（お-う）・は-える・は-やす・（き）・なま

成り立ち

書き方

ノ 𠂉 𠂉 牛 生　短く　長く

使い方

生活・先生・生命・誕生日・一生・長生き・生き物・生意気・生野菜

正

5画

部首 止（とめる）

おん セイ・ショウ
くん ただ-しい・ただ-す・まさ

注意点

送りがなに注意。「ーシイ」は「ーしい」と送る。
例：「正しい」「新しい」「親しい」

書き方

一 丅 下 正 正　とめない

使い方

正義・改正・正門・正直・正月・正面・正体・正味・正しさ・正夢

正

成り立ち

口は目的地を示し、「一」に変化した部分。口と、行く意味を表す「止」を合わせた字。目標にまっすぐ進むことから、「ただしい」の意味に用いる。

青

8画

部首 青（あお）

おん セイ・（ショウ）
くん あお・あお-い

注意点

特別な読みのことば「真っ青」に注意する。

書き方

一 十 キ 主 青 青 青 青

やや長めに

とめる。「月」とはちがう

使い方

青天・青年・青春・青果物・群青・青葉・青ざめる・青空

夕

3画

部首 夕（ゆう・ゆうべ）

おん （セキ）
くん ゆう

成り立ち

欠けた月の形

書き方

ク 夕

短く

出さない

使い方

夕方・夕立・夕日・夕べ・夕焼け・夕飯・夕刊・夕暮れ・一朝一夕

まちがえないように気をつけてね。

対語は「朝」。

夕

成り立ちの補足

「夕」は「月」から分かれた字。「月」が「つき」を表し、「夕」で「よる（夜）」を表したが、「夜」の字ができたので、「よる」と区別して、「ゆうべ」の意味を表すようになった。

石

5画

部首 石（いし）

おん セキ・シャク・（コク）

くん いし

成り立ち

「厂（がけ）」の下に小さなかたまりが転がっている様子からできた字。

書き方

一 ア 不 石 石

書きはじめの位置に注意

使い方

石材・岩石・玉石・石器・一石二鳥・磁石・石高・小石・石庭・石橋

千

3画

部首 十（じゅう）

おん セン

くん ち

注意点

書くときは、はらいの向きに注意する。

書き方

ノ 二 千

ななめ左下にはらう

使い方

千円・千人力・千羽づる・千里眼・千差万別・千草・千代紙

赤

7画

部首 赤（あか）

おん セキ・（シャク）

くん あか・あか-い・あか-らむ・あか-らめる

成り立ち

「大」と「火」を合わせた字。燃え上がる火の色を表し、「あかい」の意味に用いる。

書き方

一 十 土 𡗗 赤 赤 赤

はねる

軽くはらう

使い方

赤道・赤十字・赤面・赤飯・赤銅色・赤字・赤とんぼ・赤組・赤子・＊真っ赤

川

3画

部首 川（かわ）

おん （セン）
くん かわ

成り立ち

書き方

両側の棒より短めにとめる
軽くはらう

使い方

河川・川岸・川上・川下・川向こう・谷川・川底・天の川・小川・＊川原

早

6画

部首 日（ひ）

おん ソウ・（サッ）
くん はやーい・はやーまる・はやーめる

成り立ち

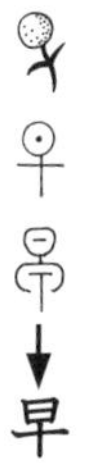

書き方

やや下すぼまりに

使い方

早期・早晩・早退・早春・早熟・早起き・早計・早速・早口・素早い・早起き

先

6画

部首 儿（にんにょう・ひとあし）

おん セン
くん さき

意味

人の頭の前に足あとがある様子から、人に先立つ意味を表す。

書き方

角をつけずにまげて上にはねる
いとしない

使い方

先方・先生・率先・先頭・先祖・指先・旅先・真っ先・店先・行き先

早

まちがえないように気をつけてね。

「早い」は時刻や時期などがはやいことに用いることが多い。

成り立ちの補足

むくろじ、または、はんの木の実の形からできた字。黒いことを表し、暗いという意味を表し、転じて、夜明け方の意味に用いる。

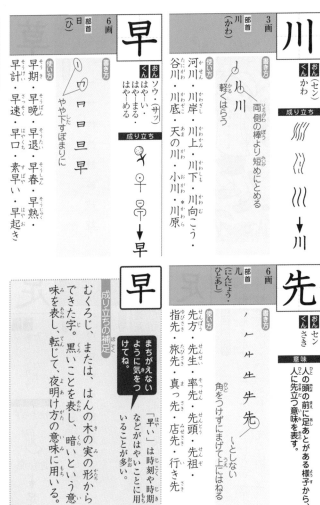

草

おん　ソウ
くん　くさ

成り立ち

＋ 早（音「ソウ」を表す）＝ 草

9画

部首　艹（くさかんむり・そうこう）

書き方

一　十　艹　艹　芇　苩　苩　荁　草（長く）

使い方

草案（そうあん）・雑草（ざっそう）・牧草（ぼくそう）・野草（やそう）・薬草（やくそう）・除草（じょそう）・草花（くさばな）・七草（ななくさ）・草原（くさはら・そうげん）

足

おん　ソク
くん　あし・た-りる・た-る・た-す

成り立ち

ひざから下

足先の形

↓
足

7画

部首　足（あし）

書き方

丨　冂　口　口　早　足　足（ななめ右下に引いてはらう）

使い方

遠足（えんそく）・補足（ほそく）・満足（まんぞく）・自給自足（じきゅうじそく）・足音（あしおと）・足元（あしもと）・足場（あしば）・足し算（たしざん）・舌足らず（したたらず）

足　成り立ちの補足

足先の形を示す「止（⺊）」に、ひざから下の形を表す口とで、足首から先と区別して、ひざから下のあしを示す。

村

7画

部首 木（きへん）

おん ソン
くん むら

成り立ち

＋寸（音を表す）＝村

書き方

一 十 才 木 村 村 村

短くとめる　はねる

使い方

村長・村落・農村・市町村・村里・村役場・村人・村祭り・村外れ

成り立ちの補足

「木」と、音を表す「寸（スン・ソン）」とで、木の名前を表したが、「むら」の意味に用いる。

大

3画

部首 大（だい）

おん ダイ・タイ
くん おお・おお-きい・おお-いに

成り立ち

人が両手両足を広げたさま
▼大

書き方

一 ナ 大

おさえてからはらう

使い方

大小・拡大・大地・大工・大好き・大切・大した・大通り・大きな

男

7画

部首 田（た）

おん ダン・ナン
くん おとこ

成り立ち

「田」と「力」で、耕作で力仕事をする人を表す。

書き方

丨 冂 田 田 田 男 男

つき出す

使い方

男性・男子・男女・長男・美男・大男・山男・男らしい・男気

竹

おん チク
くん たけ

成り立ち

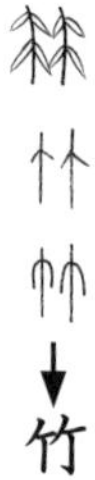

6画

部首 竹（たけ）

書き方

ノ ⺊ ケ ⺮ ⺮ 竹

とめる　はねる

使い方

竹林・松竹梅・竹やぶ・さお竹・竹細工・竹馬・竹とんぼ・竹馬の友

中

おん チュウ・ジュウ
くん なか

成り立ち

もののまん中をたて棒でつらぬいて、「なか」の意味を表す。

4画

部首 丨（たてぼう・ぼう）

書き方

丨 口 口 中

ややななめ内側に

使い方

中央・中心・最中・中学生・中止・眼中・夢中・中身・真ん中・背中

竹

成り立ちの補足

たけの小枝が並ぶ様子から、「たけ」の意味を表す。

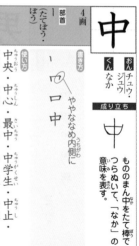

虫

6画

部首 虫（むし）

おん チュウ
くん むし

成り立ち

書き方

丶 口 口 中 虫 虫

ややななめ上に
とめる

使い方

幼虫・害虫・益虫・寄生虫・成虫・虫歯・毛虫・弱虫

虫 成り立ちの補足

大きな頭を持つへびの形からできた字。どくへび（まむし）の意味を表す。

町

7画

部首 田（たへん）

おん チョウ
くん まち

成り立ち

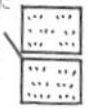

田 ＋ 丁 ＝ 町

書き方

丨 冂 冂 用 田 田 町

田より長く引いてはねる

使い方

町会・市町村・町長・横町・町議会・町外れ・港町・宿場町・城下町

天

4画

部首 大（だい）

おん テン
くん （あめ）・あま

成り立ち

人が手足を広げた上に線を加えて、「頭の頂」の意味を表す。

書き方

一 二 チ 天

上の横棒より短く

使い方

天地・天然・天気・天才・天災・晴天・雨天・天の川・天下り

田

5画

部首 田（た）

おん デン
くん た

成り立ち

↓

田

書き方

丨 冂 冂 冂 田 田

やや下すぼまりに

使い方

田地(でんち)・水田(すいでん)・油田(ゆでん)・炭田(たんでん)・田園(でんえん)・塩田(えんでん)・田畑(たはた)・田植え(たう)・田んぼ(た)

田

成り立ちの補足(ほそく)

あぜ道(みち)で区切(くぎ)られた土地(とち)の形(かたち)からできた字(じ)。「た」や畑(はたけ)の意味(いみ)を表(あらわ)す。

土

3画

部首 土（つち）

おん ド・ト
くん つち

成り立ち

↓

土

書き方

一 十 土

上(うえ)の横棒(よこぼう)より長(なが)く

使い方

土足(どそく)・土木(どぼく)・国土(こくど)・風土(ふうど)・郷土(きょうど)・土器(どき)・土手(どて)・土地(とち)・土遊び(つちあそ)・黒土(くろつち)・赤土(あかつち)

土

成り立ちの補足(ほそく)

土地(とち)の神(かみ)をまつるために盛(も)り上(あ)げた土(つち)の柱(はしら)の形(かたち)からできた字(じ)。もともとは「土地(とち)の神様(かみさま)」の意味(いみ)を表(あらわ)し、「つち」の意味(いみ)に用(もち)いる。

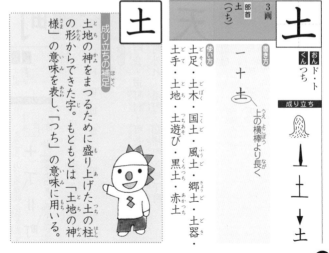

二

2画

部首 二（に）

おん ニ

くん ふた・ふた-つ

成り立ち

＝

横線二本で、「ふたつ」を表した字。

書き方

一 二 上の横棒より長く

使い方

二番目・二輪車・一石二鳥・二毛作・十二月・二言目・二重まぶた

入

2画

部首 入（いる）

おん ニュウ

くん い-る・い-れる・はい-る

注意点

「人」と形が似ているので注意する。「入」は左向き、「人」は右向き。

書き方

ノ 入 おさえてはらう

使い方

入学・入場・入浴・入門・収入・納入・大入り・入り口・手入れ・入れ物

日

4画

部首 日（ひ）

おん ニチ・ジツ

くん ひ・か

成り立ち

常にかがやく太陽の形

書き方

丨 冂 日 日 同じかんかく

使い方

日時・日記・日光・連日・休日・落日・火曜日・十日・日当たり

入

まちがえないように気をつけてね。

対語は「出」。

成り立ち

進み入る様子から、中に「はいる」意味を表す。または、入り口の形からできた字とも言われる。

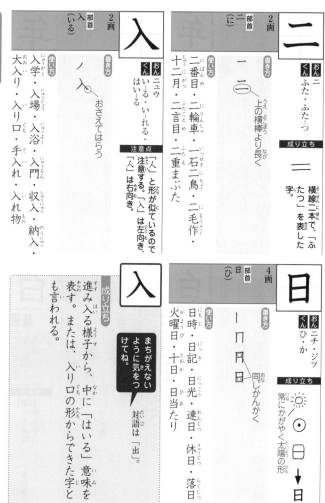

年

6画

部首 干（かん・いちじゅう）

おん ネン
くん とし

注意点
特別な読みのことば「今年」に注意する。

書き方
上の一にくっつける

使い方
年代・少年・豊年・来年・去年・年子・年寄り・同い年・お年玉

年

成り立ち
もとの字は「季」。「禾（いね）」と、ふくらむ意味と音を表す「人」（「ネン」は変化した音）とで、稲の実がふくらむ、「実り」を表し、稲が実る周期、「とし」の意味に用いる。

白

5画

部首 白（しろ）

おん ハク・（ビャク）
くん しろ・しら・しろ-い

注意点
書くときは、「ノ」の位置に注意しよう。

書き方
ノのはしにつける

使い方
紅白・明白・白米・白紙・白状・真っ白・白ける・白雪・白波

白

成り立ち
「白」の成り立ちは諸説あり、どんぐりなど、台座付きの木の実（中身が白い）の形、親指のつめの形、半月の白くかがやく形などからできた字と言われる。

八

2画

部首 八（はち）

おん ハチ

くん や・や-つ・やっ-つ・よう

成り立ち

)(

背き合う二つの線で、わかれる意味を表す。借りて、数の「八」の意味に用いる。

書き方

ノ 八

左より高い位置からはじめる

使い方

八月・八十八夜・尺八・四苦八苦・八重桜・八つ当たり・八日・＊八百屋

文

4画

部首 文（ぶん）

おん ブン・モン

くん （ふみ）

成り立ち

↓文

書き方

① 亠 ナ 文

まっすぐ下につける

使い方

文学・文化・作文・文章・文集・感想文・文字・天文学・注文・文句

百

6画

部首 白（しろ）

おん ヒャク

くん —

成り立ち

一 ＋ 白（音を表す／大きい）＝ 百

書き方

一 丆 丆 丙 百 百

下よりやや長めに

使い方

百貨店・五十歩百歩・百科事典・数百・百円玉・百聞・百分率

文

成り立ちの補足

胸の前で合わせたえりの形からできた字。衣服のあやもようの意味を表し、「あや」の意味に用いる。

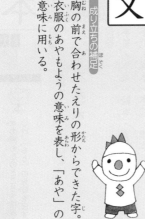

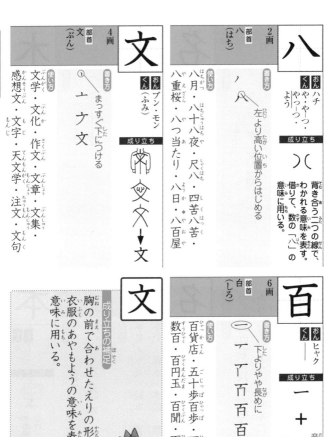

木

4画
部首 木（き）

おん ボク・モク
くん き・こ

成り立ち

書き方
一　十　才　木
とめる

使い方
木石・大木・木刀・木造・材木・木炭・木魚・並木・植木・庭木・木立

名

6画
部首 口（くち）

おん メイ・ミョウ
くん な

意味
名前を言って自分を相手に知らせることを表し、「な」の意味に用いる。

書き方
ノ　ク　夕　夕　名　名
出さない

使い方
名人・氏名・有名・名作・名物・名勝・名字・大名・名前・名指し・名札

本

5画
部首 木（き）

おん ホン
くん もと

成り立ち

木の根もとのところへ横線をつけ、「もと」の意味を表す。

書き方
一　十　才　木　本
とめる
くっつけない

使い方
本質・本来・絵本・資本・見本・本気・標本・本能・旗本

名

成り立ち
「夕」と「口」を合わせた字。夕方の暗がりで、自分の名前を言って相手に「なのる」ことを表し、「名前」の意味とした。

目

5画

部首 目（め）

おん モク・（ボク）
くん め・（ま）

成り立ち

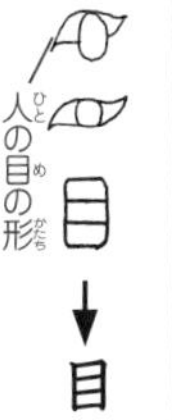

書き方

使い方

目的・目前・注目・目標・目立つ・目玉・役目・目覚め・面目・目深

力

2画

部首 力（ちから）

おん リョク・リキ
くん ちから

成り立ち

書き方

使い方

権力・努力・風力・引力・能力・力量・力作・力仕事・底力・力任せ

立

5画

部首 立（たつ）

おん リツ・（リュウ）
くん た-つ・た-てる

成り立ち

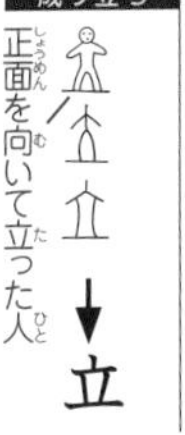

書き方

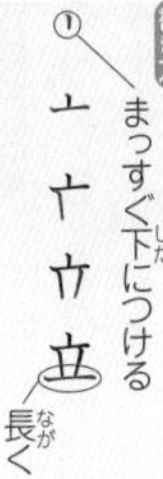

使い方

立案・起立・両立・自立・独立・建立・立場・木立・立て札

力

成り立ちの補足

うでを曲げ、筋肉を盛り上げて力をこめる様子から、「ちから」「つとめる」の意味を表す。

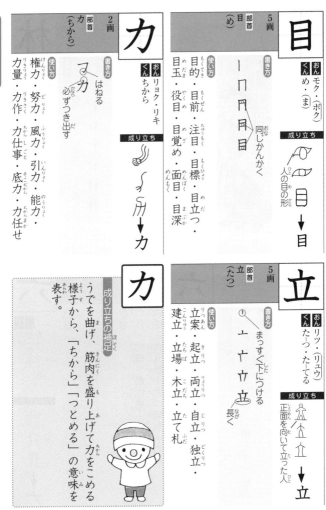

林

おん　リン
くん　はやし

成り立ち

木を二つ並べて、たくさんの木が生えている「はやし」の意味を表す。

8画
部首　木（きへん）

書き方

一　十　才　木　木一　朾　村　林
（とめる・短くとめる・とめる）

使い方

植林・国有林・森林・竹林・林業・林立・山林・密林・松林・雑木林

六

おん　ロク
くん　む・むっ・むっつ・むい

成り立ち

4画
部首　八（はち）

書き方

丶　亠　六　六
（とめる）

使い方

六月・六冊・第六感・六本・六法・六月目・六つ切り・六日

六

成り立ちの補足

家屋の形からできた字で、借りて、数の「六」の意味に用いる。

2年生でならう漢字

160字

引

4画

部首 弓（ゆみへん）

おん イン
くん ひ-く・ひ-ける

成り立ち

「弓」と、のばす意味と音を表す「丨」を合わせた字。弓を引く様子から、「ひく」意味を表す。

書き方

㇆ ㇆ 弓 引

ななめに引いてはねる

使い方

引力・引退・引火・吸引・値引き・引き算・字引・孫引き・引っこし

雲

12画

部首 雨（あめかんむり）

おん ウン
くん くも

成り立ち

云

雲の意味と音を表す「云」に「雨」を加えた字。

書き方

一 ｢ 冖 币 币 雨 雨 雨 雫 雫 雲 雲

点の向きに注意
長く

使い方

雲海・風雲・積乱雲・星雲・層雲・雨雲・入道雲・綿雲・羊雲

羽

6画

部首 羽（はね）

おん （ウ）
くん は・はね

成り立ち

二枚のはねが並ぶ形

羽

書き方

㇆ 习 习 羽 羽 羽

はねる
とめとしない
はねる
とめとしない

使い方

羽毛・羽織・羽衣・羽音・羽子板・羽根・千羽づる・羽ばたく

園

13画

部首 囗（くにがまえ）

おん エン
くん （その）

成り立ち

囲いを表す「囗」と、とりまく意味と音を表す「袁」を合わせた字。垣をめぐらした「その」の意味を表す。

書き方

丨 冂 冂 冂 円 冂 冂 冂 冂 園 園 園 園

長く
はねない

使い方

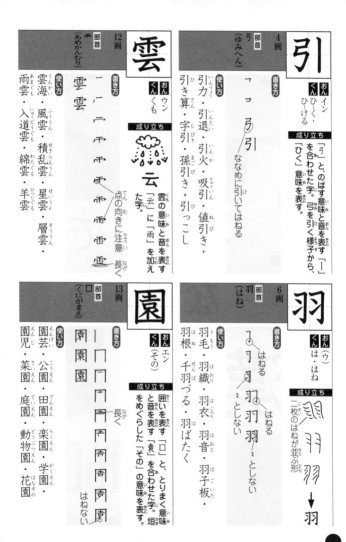

園芸・公園・田園・楽園・学園・園児・菜園・庭園・動物園・花園

遠

13画

部首 辶（しんにょう・しんにゅう）

おん エン・（オン）
くん とお-い

書き方

一 十 土 土 去 吉 吉 声 声 袁 袁 遠 遠

はねない　とめる

成り立ち

辶（道をゆく）＋袁（「長い」の意味と音を表す）＝遠

使い方

遠近・遠足・永遠・敬遠・遠泳・遠景・望遠鏡・久遠・遠出・待ち遠しい

何

7画

部首 亻（にんべん）

おん （カ）
くん なに・なん

書き方

ノ イ 仁 仃 何 何 何

はなす　はっきり出す　はねる

注意点

「何」がつくと、おもに疑問を表すことばになる。

使い方

何物・何事・何本・何十・何点・何人・何年・何か

科

9画

部首 禾（のぎへん）

おん カ
くん ―

書き方

ノ 二 千 禾 禾 禾 禾 科 科

とめる　点の向きに注意　まっすぐに引く

成り立ち

禾（穀物）＋斗（ます）＝科（区分）

使い方

学科・教科・罪科・理科・内科・眼科・歯科・科学・科目・百科事典

科

成り立ちの補足

穀物とますとで、穀物をはかって税を納める意味。転じて、等級づけ、「区分」の意味を表す。

夏

10画

部首 夊（すいにょう）

おん カ・（ゲ）

くん なつ

成り立ち

大きな面をかぶり、舞を舞う様子

↓

夏

書き方

一 丆 丅 丙 百 百 頁 夏 夏 夏

長く

又としない

使い方

夏季・初夏・夏至・夏服・真夏・夏休み・夏草・夏祭り・夏負け

歌

14画

部首 欠（あくび・けんづくり）

おん カ

くん うた・うた-う

成り立ち

哥（音を表す）（うたう） ＋ 欠（口をあける） ＝ 歌

書き方

一 丁 可 可 可 哥 哥 哥 哥 哥 哥 哥 歌 歌

つき出す

つき出す

はねる

使い方

歌曲・唱歌・短歌・歌手・校歌・愛唱歌・歌声・子守歌・鼻歌

家

10画

部首 宀（うかんむり）

おん カ・ケ

くん いえ・や

注意点

「カ」「ケ」「や」と様々な読み方があるので、注意しよう。

書き方

丶 丷 宀 宀 宀 宇 家 家 家 家

丸みをもたせてはねる

使い方

家庭・作家・家族・家来・王家・家元・家主・空き家・借家・大家

画

8画

部首 凵（かんにょう・うけばこ）

おん ガ・カク

くん ―

意味

たくさんの意味に注意する。①絵 ②絵をかく ③区切る ④考えをめぐらす ⑤漢字の点や線

書き方

一 丆 冂 冊 両 画 画 画

つき出さない

使い方

絵画・画用紙・画面・画家・図画・映画・画期的・計画・区画・画策・画数

回

6画

部首 囗（くにがまえ）

おん カイ・（エ）
くん まわ-る・まわ-す

成り立ち

水がうずまく様子

↓回

書き方

丨 冂 冂 冋 回 回

やや下すぼまりに

使い方

回答・転回・回復・回想・回収・回向・回り道・手回し・見回す

海

9画

部首 氵（さんずい）

おん カイ
くん うみ

成り立ち

水を表す「氵」と、暗い意味と音を表す「毎」を合わせた字。黒ずんで見える深い「うみ」を表す。

書き方

丶 氵 氵 氵 氵 汇 海 海 海

とめる　つき出してはねる　とめる　としない

使い方

海岸・海水浴・航海・大海・海外・海底・東海道・海鳴り・海辺・*海原

会

6画

部首 人（ひとがしら）

おん カイ・（エ）
くん あ-う

注意点

使い方に注意する。
・人に会う。
・答えが合う。

書き方

ノ 人 亼 会 会 会

つける　下の横棒をやや長く　とめる

使い方

会話・会社・会場・機会・社会・集会・面会・委員会・会心・会得

会

成り立ち

もとの字は「會」。曾（こしき。食物を蒸す道具）にふた（亼）をした様子から、ふたの意味を表す。転じて、「あう」意味を表す。

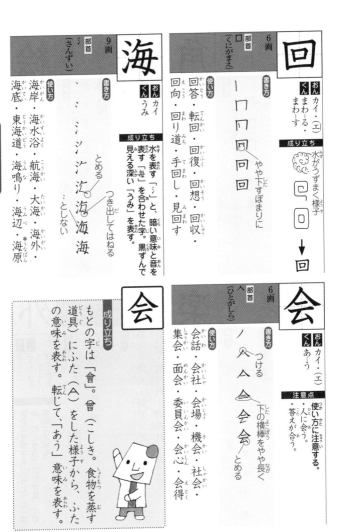

絵

12画

部首 糸（いとへん）

おん カイ・エ

くん ——

注意点

「絵」の読み「エ」は訓読み（くんよ）ではなく、音読み（おんよ）であることに注意（ちゅうい）する。

書き方

つき出（だ）さない

とめる

絵 絵

使い方

絵画（かいが）・絵本（えほん）・絵図（えず）・絵日記（えにっき）・口絵（くちえ）・絵皿（えざら）・絵の具（ぐ）・似顔絵（にがおえ）・油絵（あぶらえ）

角

7画

部首 角（つの）

おん カク

くん かど・つの

成り立ち

↓角

書き方

々としない

はねる

つき出（だ）さない

使い方

角度（かくど）・三角（さんかく）・頭角（とうかく）・直角（ちょっかく）・四角い（しかくい）・方角（ほうがく）・街角（まちかど）・四つ角（よつかど）・角笛（つのぶえ）

外

5画

部首 夕（ゆう・ゆうべ）

おん ガイ・(ゲ)

くん そと・ほか・はず-す・はず-れる

注意点

読（よ）みに注意（ちゅうい）する。「そと」と「ほか」のどちらで読（よ）むかは、文（ぶん）の意味（いみ）で決（き）める。

書き方

はねない

長（なが）い点（てん）

使い方

外出（がいしゅつ）・海外（かいがい）・野外（やがい）・外食（がいしょく）・屋外（おくがい）・外科（げか）・町外れ（まちはずれ）・的外れ（まとはずれ）・外（そと）ぼり

楽

13画

部首 木（き）

おん ガク・ラク

くん たの-しい・たの-しむ

成り立ち

楽器（がっき）のげんをはじく様子（ようす）から、「たのしむ」意味（いみ）を表（あらわ）す。

書き方

点（てん）の向（む）きに注意（ちゅうい）

とめる

楽 楽 楽

使い方

楽器（がっき）・音楽（おんがく）・器楽（きがく）・声楽（せいがく）・楽園（らくえん）・快楽（かいらく）・気楽（きらく）・苦楽（くらく）・行楽地（こうらくち）・楽しさ（たの）

活

9画

部首 氵（さんずい）

おん カツ

くん ——

意味

流れが集まって勢いよく流れる様子から、「いきる」意味に用いる。

書き方

、 ⺀ 氵 氵 汇 汘 汘 活 活

ななめ上にはねる

ナとしない

使い方

活動・活力・活気・活字・活発・活用・復活・課外活動・生活・食生活

間

12画

部首 門（もんがまえ・かどがまえ）

おん カン・ケン

くん あいだ・ま

成り立ち

もとの字は「閒」。門のすきまから月が見える様子を表し、「あいだ」の意味を表す。

書き方

丨 冂 冂 冂 門 門 門 門 門 門 間 間

とめる

はねる

使い方

中間・時間・期間・夜間・間接・世間・人間・間近・仲間・手間・客間

丸

3画

部首 丶（てん）

おん ガン

くん まる・まるい・まるめる

意味

体をまるくして転がる様子から、「まるい」の意味を表す。

書き方

ノ 九 丸

角をつけずにまげて上にはねる

使い方

丸薬・一丸・丸飲み・丸木橋・丸顔・丸太・丸一年

岩

8画

部首　山（やま）

おん　ガン
くん　いわ

意味

山（やま）にある大（おお）きい石（いし）を表（あらわ）す。

書き方

一画目から順に書き加えていく筆順図（8段階）。注記：つき出（だ）さない

使い方

岩石（がんせき）・岩塩（がんえん）・火成岩（かせいがん）・火山岩（かざんがん）・岩山（いわやま）・岩場（いわば）・岩（いわ）かげ

汽

7画

部首　氵（さんずい）

おん　キ
くん　——

注意点

書（か）くときに「氿」としないように注意（ちゅうい）する。

書き方

一画目から順に書き加えていく筆順図（7段階）。注記：上（うえ）にはねる。しとしない

使い方

汽車（きしゃ）・夜汽車（よぎしゃ）・汽船（きせん）・汽笛（きてき）

顔

18画

部首　頁（おおがい）

おん　ガン
くん　かお

成り立ち

彦（音（おん）を表（あらわ）す・美（うつく）しい）＋頁（かお）＝顔

書き方

一画目から順に書き加えていく筆順図（18段階）。注記：まっすぐ下（した）につける／ななめ左下（ひだりした）にはらう／とめる

使い方

顔面（がんめん）・温顔（おんがん）・洗顔（せんがん）・顔役（かおやく）・顔（かお）つき・顔色（かおいろ・がんしょく）・朝顔（あさがお）・素顔（すがお）・似顔絵（にがおえ）・顔見知（かおみし）り

記

10画

部首　言（ごんべん）

おん　キ
くん　しる-す

成り立ち

「言」と、きちんと筋（すじ）を立てる意味（いみ）と音（おん）を表（あらわ）す「己」を合（あ）わせた字（じ）。ことばを分類（ぶんるい）することから、「しるす」意味（いみ）に用（もち）いる。

書き方

一画目から順に書き加えていく筆順図（10段階）。注記：ななめに点（てん）を打（う）つ／上（うえ）にはねる

使い方

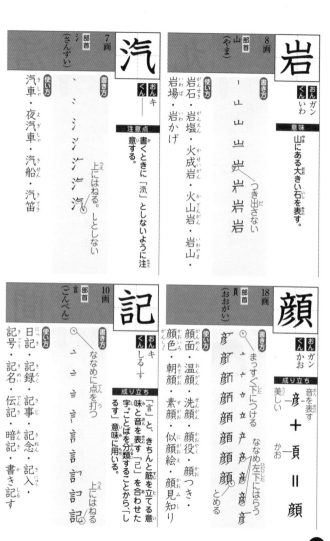

日記（にっき）・記録（きろく）・記事（きじ）・記念（きねん）・記入（きにゅう）・記号（きごう）・記名（きめい）・伝記（でんき）・暗記（あんき）・書（か）き記（しる）す

帰

10画

部首 巾（はば）

おん キ

くん かえ-る・かえ-す

注意点

「返す」とのちがいに注意する。
×本を帰す。
○本を返す。

書き方

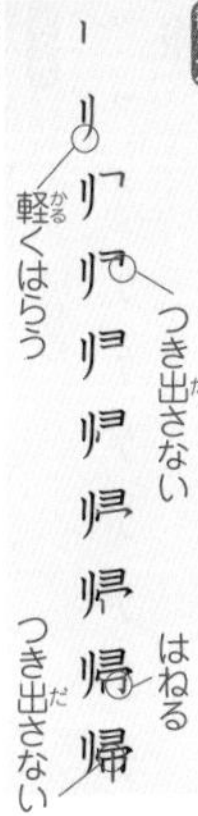

使い方

帰国・帰宅・復帰・帰港・帰省・帰化植物・帰り道・里帰り

牛

4画

部首 牛（うし）

おん ギュウ

くん うし

成り立ち

書き方

使い方

牛馬・牛肉・牛乳・肉牛・乳牛・牛舎・牧牛・水牛・野牛・子牛・牛小屋

弓

3画

部首 弓（ゆみ）

おん （キュウ）

くん ゆみ

成り立ち

書き方

使い方

弓術・弓道・強弓・洋弓・弓矢・弓張り月・弓なり

弓

成り立ちの補足

木や竹をそらせて作った「ゆみ」の形からできた字。

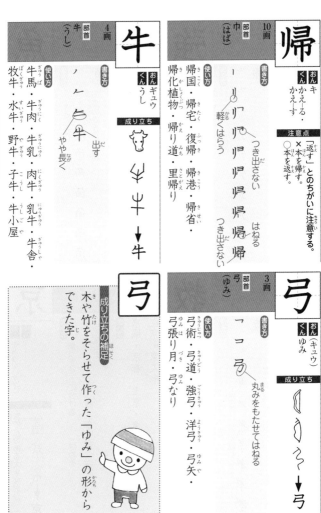

魚

11画

部首　魚（うお）

おん　ギョ
くん　うお・さかな

成り立ち

書き方

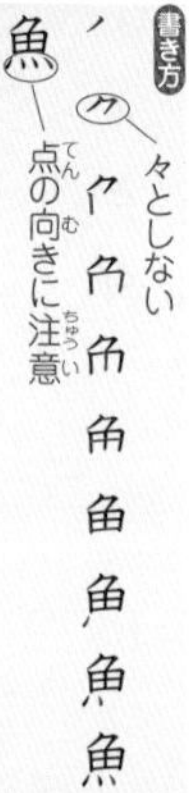

使い方

魚類（ぎょるい）・金魚（きんぎょ）・人魚（にんぎょ）・深海魚（しんかいぎょ）・回遊魚（かいゆうぎょ）・魚市場（うおいちば）・魚つり（さかなつり）・小魚（こざかな）・青魚（あおざかな）

強

11画

部首　弓（ゆみへん）

おん　キョウ・（ゴウ）
くん　つよ-い・つよ-まる・つよ-める・（し-いる）

注意点

対語（たいご）は「弱」。

書き方

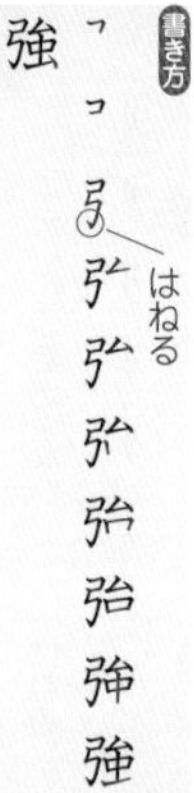

使い方

強弱（きょうじゃく）・勉強（べんきょう）・強風（きょうふう）・強敵（きょうてき）・強調（きょうちょう）・補強（ほきょう）・強引（ごういん）・強気（つよき）・無理強い（むりじい）

京

8画

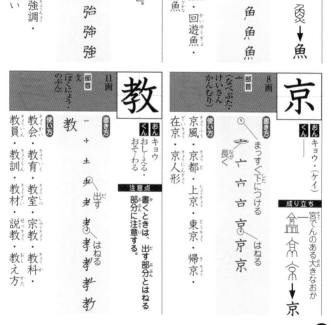

部首　亠（なべぶた・けいさんかんむり）

おん　キョウ・（ケイ）
くん　—

成り立ち

宮（きゅう）でんのある大（おお）きなおか

書き方

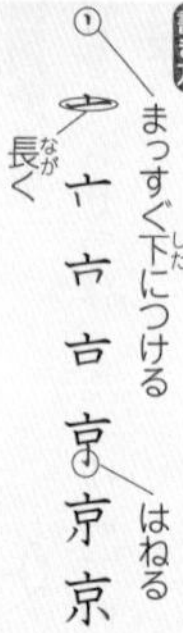

使い方

京風（きょうふう）・京都（きょうと）・上京（じょうきょう）・東京（とうきょう）・帰京（ききょう）・在京（ざいきょう）・京人形（きょうにんぎょう）

教

11画

部首　攵（ぼくにょう・のぶん）

おん　キョウ
くん　おし-える・おそ-わる

注意点

書（か）くときは、出（だ）す部分（ぶぶん）とはねる部分（ぶぶん）に注意（ちゅうい）する。

書き方

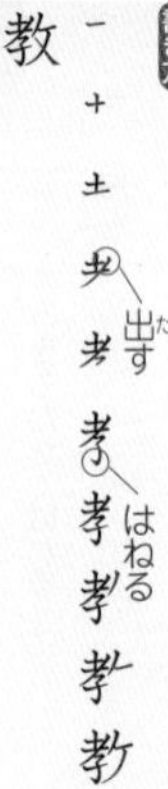

使い方

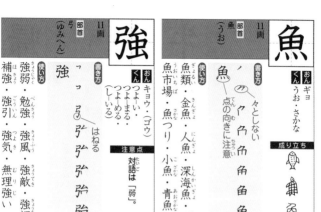

教会（きょうかい）・教育（きょういく）・教室（きょうしつ）・宗教（しゅうきょう）・教科（きょうか）・教員（きょういん）・教訓（きょうくん）・教材（きょうざい）・説教（せっきょう）・教え方（おしえかた）

近

7画

部首 辶（しんにょう・しんにゅう）

おん キン
くん ちか-い

成り立ち

道をゆく 辶 ＋ 斤（音を表す・わずか） ＝ 近

書き方

ノ 厂 斤 斤 沂 沂 近

続けて書かない　とめる　としない

使い方

近所・近代・最近・付近・近辺・近海・近道・近寄る・手近・間近

兄

5画

部首 儿（にんにょう・ひとあし）

おん （ケイ）・キョウ
くん あに

成り立ち

人の頭の骨の固まった様子からできた字。

書き方

丨 口 口 尸 兄

角をつけずにまげて上にはねる

使い方

父兄・兄弟・兄と姉・*兄さん

形

7画

部首 彡（さんづくり・けかざり）

おん ケイ・ギョウ
くん かた・かたち

注意点

書くときは、「彡」を「ミ」としないように注意する。

書き方

一 二 チ 开 开 形 形

はらう向きに注意

使い方

形式・図形・三角形・地形・固形・円形・形相・人形・形見・手形・花形

計

9画

部首　言（ごんべん）

おん　ケイ

くん　はか-る・はか-らう

成り立ち

「言」と、ひとまとめの数の意味「十」とで、数をひとまとめにして言う、「数える」様子を表し、「はかる」「はかりごと」の意味に用いる。

書き方

ななめに打つ

丶 亠 亠 亖 言 言 言 言一 計

使い方

計算・計画・合計・計略・設計・余計・寒暖計・*時計・見計らう

言

7画

部首　言（げん）

おん　ゲン・ゴン

くん　い-う・こと

成り立ち

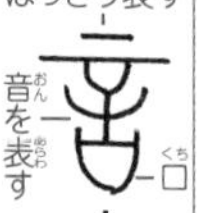

↓ 言

書き方

点の向きと打ちかたに注意

丶 亠 亠 亖 言 言 言

使い方

言論・宣言・方言・助言・伝言・無言・言い切る・言葉・小言・独り言

元

4画

部首　儿（にんにょう・ひとあし）

おん　ゲン・ガン

くん　もと

成り立ち

「人（儿）」と、その頭部の意味を示す「二」からできた字。「もと」「はじめ」の意味を表す。

書き方

上よりやや長く

上にはねる

一 二 テ 元

使い方

元素・元気・復元・単元・元祖・元日・火の元・地元・手元・足元・家元

原

10画

部首　厂（がんだれ）

おん　ゲン

くん　はら

成り立ち

もとの字は「原」。「厂（がけ）」から泉がわき出る様子からできた字。

書き方

つき出さない

はねる

一 厂 𠂆 𠂆 厅 戸 盾 原 原 原

使い方

原因・原理・原作・原色・原則・原料・高原・草原・*川原・野原

戸

4画
部首 戸（と）

おん コ
くん と

成り立ち

書き方

一 ㇆ ㇋ 戸
（一）戸・戸としない

使い方

戸外（こがい）・戸数（こすう）・戸別（こべつ）・一戸（いっこ）・雨戸（あまど）・木戸（きど）・戸口（とぐち）・開き戸（ひらきど）・戸だな（とだな）

午

4画
部首 十（じゅう）

おん ゴ
くん ―

成り立ち

書き方

ノ ㇒ 㐄 午
つき出さない

使い方

午前（ごぜん）・午前中（ごぜんちゅう）・午後（ごご）・正午（しょうご）・子午線（しごせん）

古

5画
部首 口（くち）

おん コ
くん ふる-い・ふる-す

注意点

「吉」（音読み「キチ」「キツ」）と形が似ているので注意する。

書き方

一 十 十 古 古
まっすぐ下につける

使い方

古代（こだい）・古典（こてん）・太古（たいこ）・考古学（こうこがく）・中古車（ちゅうこしゃ）・古風（こふう）・古都（こと）・古株（ふるかぶ）・使い古す（つかいふるす）

古 成り立ち

神（かみ）を表（あらわ）すかぶり物（もの）の形（かたち）で、神（かみ）を表（あらわ）し、「いにしえ」の意味（いみ）に用（もち）いる。または、「十」と「口」とで、十代（じゅうだい）も語（かた）り伝（つた）えた昔（むかし）の意味（いみ）を表（あらわ）すとも言（い）われる。

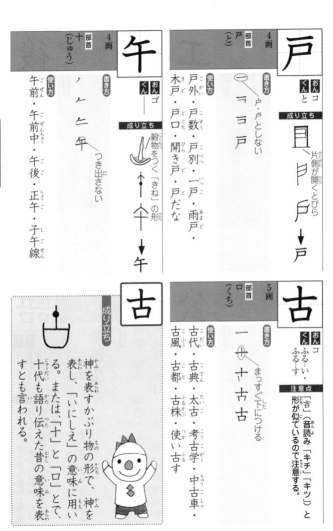

後

9画

部首 彳（ぎょうにんべん）

おん ゴ・コウ
くん のち・うし-ろ・あと・（おく-れる）

成り立ち
足をひいてゆく意味の「夂」と、少しの意味の「幺」を合わせた字。あとにおくれることから、「あと」「のち」の意味を表す。

書き方
ノ ㇀ 彳 彳 彸 彸 後 後 後
つき出さない

使い方
後日・前後・最後・放課後・後退・後続・後の世・後始末・後回し

語

14画

部首 言（ごんべん）

おん ゴ
くん かた-る・かた-らう

成り立ち
「言」と、かみ合う意味と音を表す「吾」を合わせた字。たがいにことばをかわす、「かたる」意味を表す。

書き方
ななめに点を打つ
丶 亠 亠 言 言 言 訂 訂 語 語 語 語 語 語
上より長く

使い方
語学・英語・国語・主語・私語・共通語・季語・物語・語らい・語り手

工

3画

部首 工（こう）

おん コウ・ク
くん —

成り立ち
にぎりがついた、あなをあける道具の形からできた字。

書き方
一 丅 工
上の横棒より長く

使い方
加工・人工・図工・工作・工事・工夫・工面・細工・大工・工場

公

4画

部首 八（はちがしら）

おん コウ
くん （おおやけ）

成り立ち
開く　囲み
私有地の囲みを開いて自由に出入りする公共の場所という意味。

書き方
ノ 八 公 公
おさえてからはらう。ハとしない
とめる

使い方
公平・公私・公園・公開・公立・公正・公害・主人公・公式・公衆

広

5画

部首 广（まだれ）

おん コウ

くん ひろ-い・ひろ-まる・ひろ-める・ひろ-がる・ひろ-げる

注意点

使い方に注意する。
・広告…商品などを宣伝する。
・公告…役所などが知らせる。

書き方

① まっすぐ下につける
亠 广 広 広
とめる

使い方

広大・広言・広義・広告・広報・広葉樹・広場・広野・広がり

光

6画

部首 儿（にんにょう・ひとあし）

おん コウ

くん ひか-る・ひかり

成り立ち

人が頭に火をのせた様子で、「ひかり」を表す。

書き方

丨 ⺀ ⺌ 业 业 光
③ ツとしない
角をつけずにまげて上にはねる

使い方

光景・光線・栄光・日光・月光・陽光・採光・観光・風光る・青光り

交

6画

部首 亠（なべぶた・けいさんかんむり）

おん コウ

くん まじ-わる・まじ-える・ま-じる・ま-ざる・ま-ぜる・（か-う）・（か-わす）

成り立ち

書き方

① まっすぐ下につける
亠 亣 六 亦 交
とめる

使い方

交通・交番・交差点・交代・交流・交際・交ぜ書き・飛び交う

交

成り立ちの補足

人がすねを交差させている様子から、「まじわる」意味を表す。

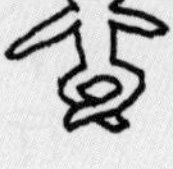

考

6画

部首 耂（おいかんむり）

おん コウ

くん かんが-える

注意点

「孝」と形が似ているので注意する。

書き方

一 十 土 耂 耂 考

つき出す

ななめ下向きに引いてはねる

使い方

考証（こうしょう）・思考（しこう）・参考（さんこう）・考察（こうさつ）・再考（さいこう）・考案（こうあん）・考古学（こうこがく）・考え事（かんがえごと）

行

6画

部首 行（ゆきがまえ・ぎょうがまえ）

おん コウ・ギョウ・（アン）

くん い-く・ゆ-く・おこな-う

成り立ち

→ 行

書き方

ノ 彡 彳 彳 行 行

とめる

上の横棒より長く

はねる

使い方

行進（こうしん）・旅行（りょこう）・紀行（きこう）・銀行（ぎんこう）・流行（りゅうこう）・行司（ぎょうじ）・行列（ぎょうれつ）・行政（ぎょうせい）・行く末（ゆくすえ）・行き先（いきさき）・行い（おこない）

高

10画

部首 高（たかい）

おん コウ

くん たか-い・たか・たか-まる・たか-める

成り立ち

高い重層の建物の形

→ 高

書き方

亠 亠 亠 古 古 亯 高 高 高 高

まっすぐ下につける

やや内側に向けてはねる

使い方

高低（こうてい）・最高（さいこう）・高原（こうげん）・高級（こうきゅう）・高温（こうおん）・高台（たかだい）・売上高（うりあげだか）・円高（えんだか）・高笑い（たかわらい）・高まり（たかまり）

黄

11画

部首 黄（き）

おん （コウ）・オウ

くん き・（こ）

注意点

書くときは、「龷」を「艹」や「廿」としないように注意する。

書き方

一 十 廾 龷 共 茾 黄 黄 黄 黄 黄

つき出す

上の横棒より長く

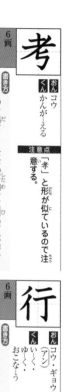

使い方

黄身（きみ）・黄銅（おうどう）・黄熱病（おうねつびょう）・卵黄（らんおう）・黄鉄鉱（おうてっこう）・黄葉（こうよう）・黄色い（きいろい）・黄緑（きみどり）・黄金（おうごん／こがね）

合

6画

部首 口（くち）

おん ゴウ・ガッ・カッ

くん あ-う・あ-わす・あ-わせる

成り立ち

器の口を表す「口」とふたを表す「亼」を合わせた字。器の口にふたを「あわせる」意味を表す。

書き方

ノ 𠆢 亼 亼 合 合（つける）

使い方

合同（ごうどう）・合計（ごうけい）・都合（つごう）・合格（ごうかく）・合宿（がっしゅく）・合作（がっさく）・合奏（がっそう）・合点（がってん／がてん）・合戦（かっせん）・試合（しあい）・合図（あいず）・場合（ばあい）

国

8画

部首 口（くにがまえ）

おん コク

くん くに

注意点

書くときは、「王」に「丶」を打つことを忘れないように注意する。

書き方

丨 冂 冂 冂 冃 国 国 国（短く・長く）

使い方

国際（こくさい）・国家（こっか）・全国（ぜんこく）・外国（がいこく）・国語（こくご）・帰国（きこく）・国王（こくおう）・国旗（こっき）・雪国（ゆきぐに）・島国（しまぐに）

谷

7画

部首 谷（たに）

おん （コク）

くん たに

成り立ち

「八」（わかれる）を二つ重ねて、間が開け通じる意味の「八八」と、くちをあける意味と音を表す「口」を合わせた字。

書き方

ノ ハ ハ 仌 仌 谷 谷（とめる・あける）

使い方

けい谷（こく）・谷川（たにがわ）・谷間（たにま）・谷底（たにそこ）

谷

意味

水源の穴から水が流れ出て、山あいに開けた「たに」の意味を表す。

黒

11画

部首 黒（くろ）

おん コク
くん くろ・くろ-い

成り立ち

すすのついたえんとつ

↓黒

書き方

丨 冂 冂 冃 甲 甲 里 里 里 黒 黒

黒 点（てん）の向（む）きに注意（ちゅうい）

使い方

黒板（こくばん）・暗黒（あんこく）・黒点（こくてん）・大黒柱（だいこくばしら）・真（ま）っ黒（くろ）・白黒（しろくろ）・黒土（くろつち／こくど）・黒雲（くろくも／こくうん）・黒潮（くろしお）・腹黒（はらぐろ）い

才

3画

部首 扌（て・てへん）

おん サイ
くん —

成り立ち

↓才

書き方

一 十 才

少（すこ）し出（だ）す
はねる

使い方

才能（さいのう）・才覚（さいかく）・天才（てんさい）・英才教育（えいさいきょういく）・青二才（あおにさい）

今

4画

部首 人（ひとがしら）

おん コン・（キン）
くん いま

注意点

特別（とくべつ）な読（よ）みのことば「今日（きょう）」「今朝（けさ）」「今年（ことし）」に注意（ちゅうい）する。

書き方

ノ 人 今 今

つける
、としない

使い方

今後（こんご）・今夜（こんや）・今晩（こんばん）・今度（こんど）・今回（こんかい）・今日（こんにち）（*きょう）・今朝（こんちょう）（*けさ）・今年（こんねん）（*ことし）・昨今（さっこん）・今（いま）さら

細

11画

部首 糸（いとへん）

おん サイ
くん ほそ-い・ほそ-る・こま-か・こま-かい

成り立ち

↓細

書き方

𠃋 幺 幺 糸 糸 糸 糸 糸 紅 細 細 細

つき出（だ）さない
とめる

使い方

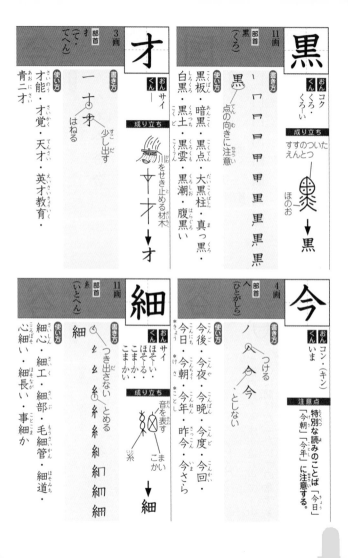

細心（さいしん）・細工（さいく）・細部（さいぶ）・毛細管（もうさいかん）・細道（ほそみち）・心細（こころぼそ）い・細長（ほそなが）い・事細（ことこま）か

作

7画

部首 亻（にんべん）

おん サク・サ
くん つく-る

注意点

使い方に注意する。
・歌を作る。
・飛行機を造る。

書き方

ノ　亻　亻′　作　作　作　作

（「𠂉」としない）

使い方

作品（さくひん）・著作（ちょさく）・豊作（ほうさく）・作文（さくぶん）・作家（さっか）・作業（さぎょう）・作用（さよう）・動作（どうさ）・作法（さほう）・操作（そうさ）・手作り（てづくり）

作

成り立ち

つくる、たちまちの意味と音を表す「乍」に「人」を加えて、おもに「つくる」意味を表す。

算

14画

部首 ⺮（たけかんむり）

おん サン
くん ―

成り立ち

「竹」に、そろえる意味の「具」の形を変化させて合わせた字。竹をそろえて「かぞえる」という意味を表す。

書き方

ノ　𠂉　⺮　⺮　⺮　⺮　竹　竹　竹　笪　笪　笪　算　算

（つき出す・はらう）

使い方

算数（さんすう）・計算（けいさん）・予算（よさん）・暗算（あんざん）・算用数字（さんようすうじ）・算出（さんしゅつ）・精算（せいさん）・誤算（ごさん）・打算的（ださんてき）・足し算（たしざん）

止

4画

部首 止（とめる）

おん シ
くん と-まる・と-める

成り立ち

足あとの形

書き方

丨　⺊　⺊　止

（つき出す。「㇗」としない）

使い方

静止（せいし）・中止（ちゅうし）・禁止（きんし）・止血（しけつ）・防止（ぼうし）・休止（きゅうし）・歯止め（はどめ）・行き止まり（ゆきどまり）・通行止め（つうこうどめ）

市

5画
部首 巾（はば）

おん シ
くん いち

注意点
書くときは、はねる部分を忘れないようにする。

書き方
（はねる）（まっすぐ下につける）

使い方
市民・市立・都市・市長・市街・市営・市役所・市・朝市・魚市場

姉

8画
部首 女（おんなへん）

おん （シ）
くん あね

成り立ち
「女」と、積む意味と音を表す「市」を合わせた字。「年を積み重ねた年長の女性」の意味を表す。

書き方
（ややつき出す）（はねる）

使い方
姉妹・姉妹校・姉・姉上・*姉さん

矢

5画
部首 矢（や）

おん （シ）
くん や

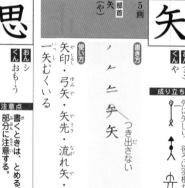

成り立ち
先に矢じり、後ろに羽根がついた矢

書き方
（つき出さない）

使い方
矢印・弓矢・矢先・流れ矢・一矢むくいる

思

9画
部首 心（こころ）

おん シ
くん おも-う

注意点
書くときは、とめる部分とはねる部分に注意する。

書き方
（とめる）（はねる）

使い方
思考・思想・意思・思案・熟思・不思議・思い出・思いがけない

紙

10画
部首 糸（いとへん）

おん シ
くん かみ

成り立ち
「糸」と、平らにのびる意味と音を表す「氏」を合わせた字。糸（せんい）を平らにのばして作った「かみ」を表す。

書き方
く 幺 幺 糸 糸 糸 紅 紅 紙 紙
（とめる／はねる／上にはねる）

使い方
紙面・用紙・新聞紙・表紙・白紙・和紙・色紙（いろがみ）・紙くず・厚紙・折り紙

自

6画
部首 自（みずから）

おん ジ・シ
くん みずか-ら

成り立ち

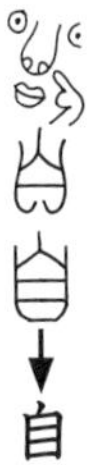

書き方
′ 亻 冂 白 自 自
（点の向きに注意）

使い方
自分・自動・自由・各自・自信・自己・自習・独自・自問自答・自負心・自ら

寺

6画
部首 寸（すん）

おん ジ
くん てら

注意点
書くときは、横棒の長短に注意する。

書き方
一 十 土 圭 寺 寺
（やや長く／はねる）

使い方
寺院・寺社・社寺・古寺・末寺・山寺・あま寺・寺子屋

自

まちがえないように気をつけてね。

「白」と形が似ているので注意する。

成り立ちの補足
もとは「鼻」の形からできた字。自分の鼻を指して自分を示すことから、「みずから、自分」の意味を表す。さらに、「おのずから、自然に」の意味に用いる。

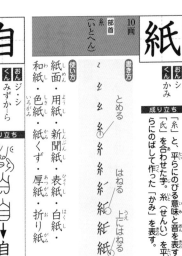

時

10画

部首 日（ひへん・にちへん）

おん ジ

くん とき

成り立ち

「日」と、行く意味と音を表す「寺」を合わせた字。太陽の移り行き、「とき」の意味を表す。

書き方

丨 冂 日 日 日一 日十 日土 日寺 時 時（はねる）

使い方

時間・時候・時刻・当時・時代・時報・時差・臨時・*時計・時めく・時々

社

7画

部首 ネ（しめすへん）

おん シャ

くん やしろ

意味

土地の神様の意味を表す字。転じて、土地の神様のやしろを表し、その氏子の集まりから、共同体や組合の意味に用いる。

書き方

丶 ラ ネ ネ ネ一 ネ十 社（ななめにはなして打つ）（長く）

使い方

社会・社長・会社・神社・商社・社説・社員・出版社・社交的・社

室

9画

部首 宀（うかんむり）

おん シツ

くん （むろ）

成り立ち

家を表す「宀」と、行き止まりの意味と音を表す「至」を合わせた字。家のおくの「へや」を表す。

書き方

丶 丷 宀 宀 宀 宀 宀 室 室（まっすぐ下につける）（長く）

使い方

室内・客室・教室・和室・病室・温室・図書室・地下室・石室

弱

10画

部首 弓（ゆみ・ゆみへん）

おん ジャク

くん よわ-い・よわ-る・よわ-まる・よわ-める

意味

弓をたわめる様子から、「しなやか」の意味となり、「よわい」の意味を表す。

書き方

¬ コ 弓 弓 弓 弓 弓 弱 弱 弱（向きに注意）

使い方

弱点・弱小・強弱・病弱・弱者・貧弱・弱肉強食・弱虫・気弱

首

おん シュ
くん くび

成り立ち

↓首

9画
部首 首（くび）

書き方

、 ソ 䒑（横棒やや長めに） 䒑 产 方 首 首 首

使い方

首席・首相・自首・首都・部首・船首・首位・足首・首かざり・首輪

週

おん シュウ
くん ―

成り立ち

辶（歩行）＋周（めぐる）＝週
めぐり歩く→「めぐる」の意味となる

11画
部首 辶（しんにょう・しんにゅう）

書き方

丿 冂（はねる） 冂 円 円 円 周 周 周 凋 週

使い方

一週間・愛鳥週間・週刊・週末・週休・毎週・来週・今週・先週

秋

おん シュウ
くん あき

注意点

書くときは、はらう部分ととめる部分に注意する。

9画
部首 禾（のぎへん）

書き方

ノ 二 千（とめる） 千 禾（短くとめる） 禾 禾 秒 秋

使い方

秋季・秋分・晩秋・秋風・秋晴れ・秋空・秋祭り・麦の秋・秋雨

成り立ち

「禾（いね）」と、あつめる意味と音を表す「火」（省略した形）を合わせて、実った穀物を収かくする意味。収かくの時期、「あき」の意味を表す。

春

9画
部首　日（ひ）

おん　シュン
くん　はる

成り立ち
もとの字は「萅」。「日」と、音を表す「芚」（草がもえ出る）を合わせて、草が生えはじめる季節の「はる」の意味を表す。

書き方
やや長く
書きはじめの位置に注意

使い方
春季（しゅんき）・春分（しゅんぶん）・立春（りっしゅん）・新春（しんしゅん）・早春（そうしゅん）・晩春（ばんしゅん）・青春（せいしゅん）・春先（はるさき）・春一番（はるいちばん）・春めく

書

10画
部首　日（いわく・ひらび）

おん　ショ
くん　か-く

注意点
使い方に注意する。
×絵を書く。
○絵を描く。

書き方
つき出す
やや長く
つき出す

使い方
書店（しょてん）・書道（しょどう）・図書（としょ）・読書（どくしょ）・書名（しょめい）・辞書（じしょ）・書写（しょしゃ）・書き言葉（かきことば）・前書き（まえがき）・横書き（よこがき）

少

4画
部首　小（ちいさい）

おん　ショウ
くん　すく-ない・すこ-し

成り立ち
「小」に線を加えて、「小」と区別して「すくない」意味に用いる。

書き方
とめる
はねる

使い方
少年（しょうねん）・少女（しょうじょ）・多少（たしょう）・減少（げんしょう）・年少（ねんしょう）・少量（しょうりょう）・幼少（ようしょう）・希少（きしょう）・少数（しょうすう）・青少年（せいしょうねん）

場

12画
部首　土（つちへん・どへん）

おん　ジョウ
くん　ば

注意点
書くときは、「昜」の部分を「易」としないように注意する。

書き方
やや長めに
はねる

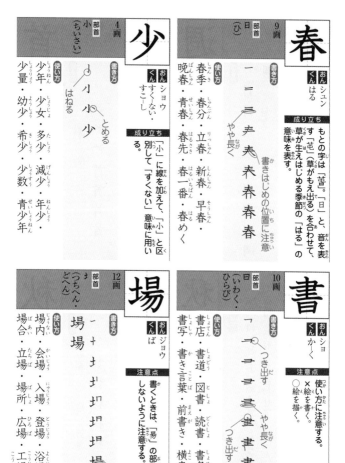

使い方
場内（じょうない）・会場（かいじょう）・入場（にゅうじょう）・登場（とうじょう）・浴場（よくじょう）・場面（ばめん）・場合（ばあい）・立場（たちば）・場所（ばしょ）・広場（ひろば）・工場（こうじょう／こうば）・市場（いちば／しじょう）

色

6画

部首 色（いろ）

おん ショク・シキ
くん いろ

注意点

「いろいろ」と書く場合は、ふつう、ひらがなで書く。×色色な色。○いろいろな色。

書き方

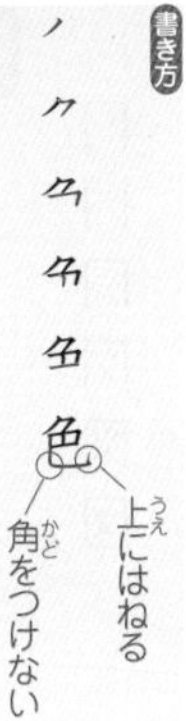

使い方

原色（げんしょく）・特色（とくしょく）・変色（へんしょく）・暖色（だんしょく）・配色（はいしょく）・色調（しきちょう）・*景色（けしき）・色紙（しきし・いろがみ）・顔色（かおいろ・がんしょく）・色刷り（いろずり）

心

4画

部首 心（こころ）

おん シン
くん こころ

成り立ち

書き方

使い方

心身（しんしん）・心臓（しんぞう）・感心（かんしん）・中心（ちゅうしん）・苦心（くしん）・熱心（ねっしん）・用心（ようじん）・心得る（こころえる）・親心（おやごころ）・心細い（こころぼそい）・心がけ（こころがけ）

食

9画

部首 食（しょく）

おん ショク・（ジキ）
くん く-う・（く-らう）・た-べる

成り立ち

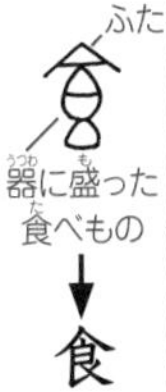

書き方

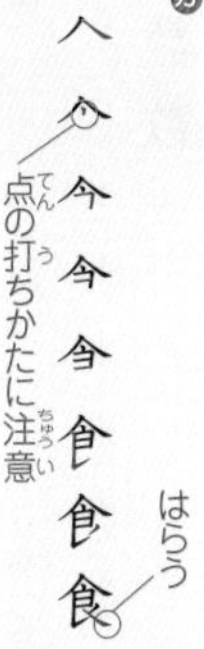

使い方

食事（しょくじ）・食料（しょくりょう）・給食（きゅうしょく）・朝食（ちょうしょく）・外食（がいしょく）・食欲（しょくよく）・断食（だんじき）・食い物（くいもの）・共食い（ともぐい）・食べ物（たべもの）

食

成り立ちの補足

器に盛った食べものにふたをした様子で、「たべもの」の意味を表す。「くう」「たべる」の意味にも用いる。

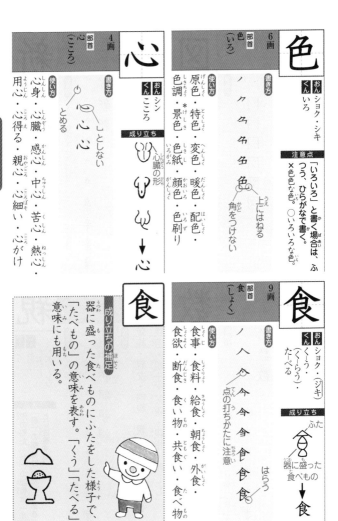

新

13画

部首 斤（おのづくり）

おん シン

くん あたら-しい・あら-た・にい

注意点 送りがなに注意。「-シイ」は「-しい」と送る。例：「新しい」「楽しい」「親しい」

書き方

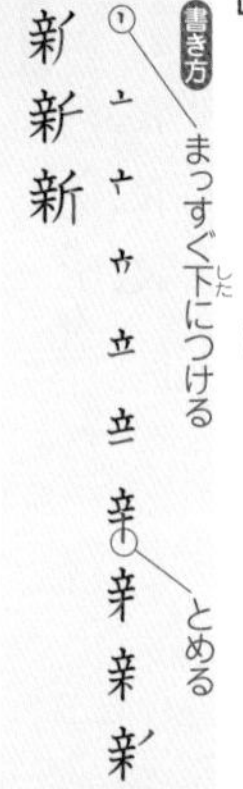

使い方

新旧・新年・新聞・革新・新米・新任・新刊・刷新・新たに・新潟

図

7画

部首 囗（くにがまえ）

おん ズ・ト

くん（はか-る）

注意点 書くときは、はらう部分ととめる部分に注意する。

書き方

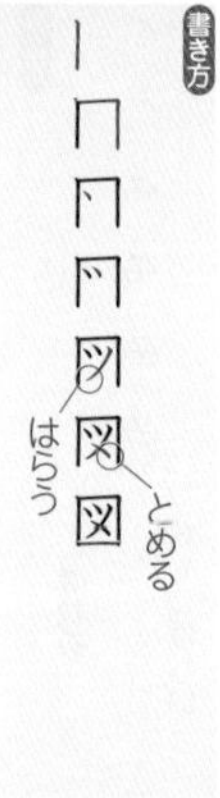

使い方

図画・図表・地図・図工・図面・指図・図案・図形・図書・意図

親

16画

部首 見（みる）

おん シン

くん おや・した-しい・した-しむ

注意点 形の似た「新」の部首は「斤」、「親」の部首は「見」であることに注意する。

書き方

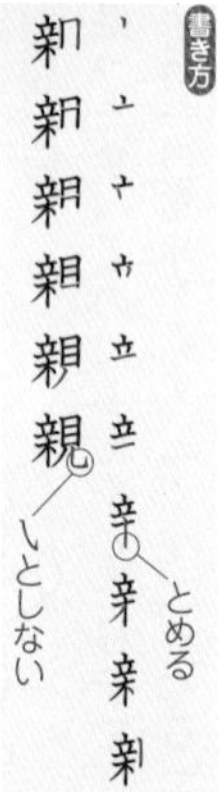

使い方

親族・親友・肉親・親切・親愛・親善・親密・親子・父親・親指・親しむ

数

13画

部首 攵（ぼくにょう・のぶん）

おん スウ・（ス）

くん かず・かぞ-える

注意点 部首は「攵」。「米」や「女」とまちがえないように注意する。

書き方

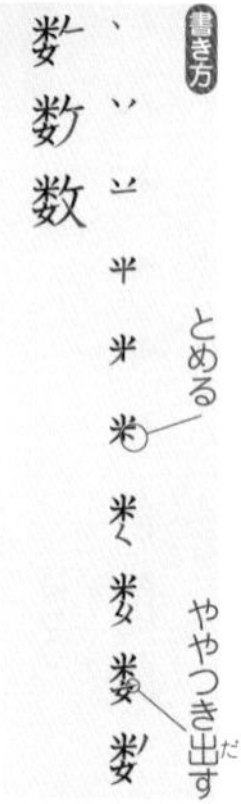

使い方

数字・数量・年数・算数・小数・人数・点数・分数・数値・数え年・数多い

西

6画
部首 西（にし）

おん セイ・サイ
くん にし

成り立ち

↓
西

書き方

一 丆 冂 丙 两 西

角をつけずにまげる

使い方

西部・西洋・大西洋・北西・西国・関西・東西・西日・西風・西向き

西

成り立ちの補足

酒をしぼるのに用いるかごの形からできた字。酒をしぼるかごの意味を表し、「にし」の意味に用いる。

声

7画
部首 士（さむらいかんむり）

おん セイ・（ショウ）
くん こえ・（こわ）

注意点

書くときは、よこ棒の長短に注意する。

書き方

一 十 士 声 声 声 声

上の横棒よりやや短く

はらう

使い方

声楽・名声・音声・発声・大音声・歌声・鳴き声・大声・鼻声・声色

星

9画
部首 日（ひ）

おん セイ・（ショウ）
くん ほし

成り立ち

↓
星

書き方

丨 冂 日 日 旦 早 星 星 星

やや長く

使い方

星座・流星・衛星・火星・金星・明星・星空・白星・図星・星くず

晴

12画

部首 日（ひへん・にちへん）

おん セイ

くん は-れる・は-らす

成り立ち

「日」と、澄(す)む意味(いみ)と音(おん)を表(あらわ)す「青」を合(あ)わせた字(じ)。空(そら)がきれいに「はれる」意味(いみ)を表(あらわ)す。

書き方

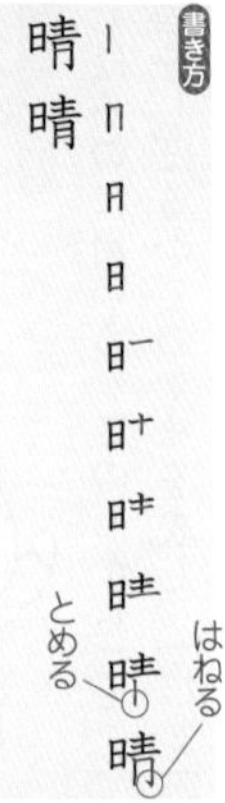

使い方

晴天(せいてん)・快晴(かいせい)・晴雨(せいう)・晴れ間(はれま)・気晴らし(きばらし)・見晴らし(みはらし)・秋晴れ(あきばれ)

雪

11画

部首 雨（あめかんむり）

おん セツ

くん ゆき

注意点

書(か)くときは、「ヨ」に注意(ちゅうい)する。

×雪

○雪

書き方

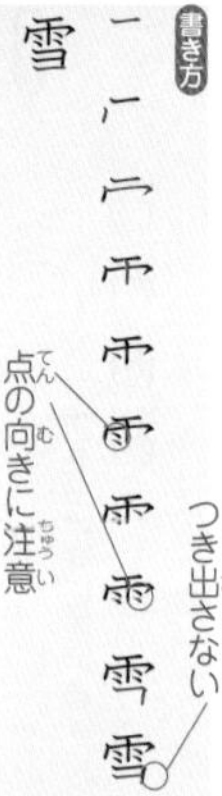

使い方

降雪(こうせつ)・積雪(せきせつ)・残雪(ざんせつ)・風雪(ふうせつ)・除雪(じょせつ)・新雪(しんせつ)・雪国(ゆきぐに)・雪解け(ゆきどけ)・初雪(はつゆき)・粉雪(こなゆき)

切

4画

部首 刀（かたな）

おん セツ・（サイ）

くん き-る・き-れる

成り立ち

きる、ななつの意味(いみ)と音(おん)を表(あらわ)す「七」に「刀」を加(くわ)え、「きる」意味(いみ)を表(あらわ)す。

書き方

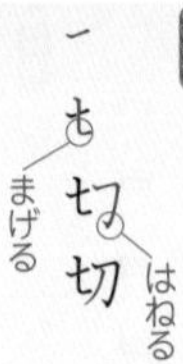

使い方

切実(せつじつ)・切断(せつだん)・親切(しんせつ)・適切(てきせつ)・切望(せつぼう)・大切(たいせつ)・一切(いっさい)・切に(せつに)・区切る(くぎる)・切手(きって)・品切れ(しなぎれ)

船

11画

部首 舟（ふねへん）

おん セン

くん ふね・ふな

成り立ち

「舟」と、沿(そ)う意味(いみ)と音(おん)を表(あらわ)す「㕣」を合(あ)わせた字(じ)。流(なが)れに沿(そ)って行(い)くふねの意味(いみ)から、「ふね」の意味(いみ)を表(あらわ)す。

書き方

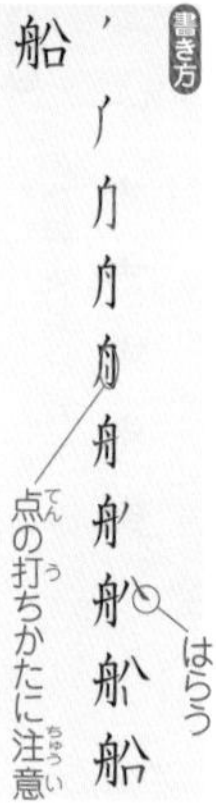

使い方

船長(せんちょう)・乗船(じょうせん)・汽船(きせん)・漁船(ぎょせん)・風船(ふうせん)・客船(きゃくせん)・下船(げせん)・船旅(ふなたび)・船乗り(ふなのり)・船出(ふなで)・船賃(ふなちん)

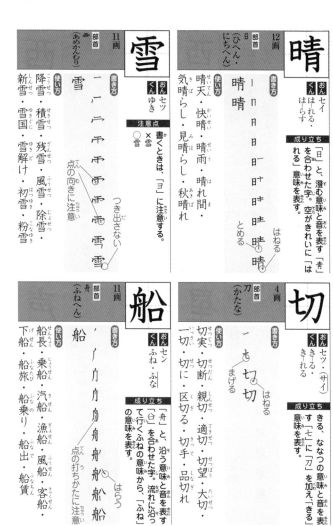

線

15画

部首　糸（いとへん）

おん　セン
くん　―

注意点
書くときは、「白」の部分を「自」としないように注意する。

書き方
く 幺 幺 糸 糸 糸 糸′ 糸′ 糸' 約 約 約 綿 綿 線 線
（とめる）（〜としない）

使い方
線路・直線・点線・光線・新幹線・電線・路線・視線・地平線

前

9画

部首　刂（りっとう）

おん　ゼン
くん　まえ

注意点
部首は「丷」ではなく「刂（りっとう）」。

書き方
丶 丷 丷 䒑 首 首 肖 前 前
（〜としない）（とめる）（はねる）（はねる）

使い方
前後・以前・空前・午前・前進・目前・寸前・前向き・名前・当たり前

組

11画

部首　糸（いとへん）

おん　ソ
くん　く-む・くみ

成り立ち
「糸」と、重ね合わせる意味と音を表す「且」を合わせた字。糸を重ねてくむ「くみひも」の意味から、「くむ」意味を表す。

書き方
く 幺 幺 糸 糸 糸 糸 糸 組 組 組
（出す）

使い方
組織・改組・組み合わせ・組合・赤組・仕組み・番組・組み立て

走

7画

部首 走（はしる）

おん ソウ
くん はし-る

成り立ち

手（て）をふり動（うご）かしてはしる形（かたち）

足（あし）

↓

走

書き方

一 十 土 キ キ 丰 走

上（うえ）の横棒（よこぼう）より長（なが）く

おさえてからはらう

使い方

走者（そうしゃ）・競走（きょうそう）・独走（どくそう）・走破（そうは）・快走（かいそう）・力走（りきそう）・助走（じょそう）・先走（さきばし）る・走（はし）り書（が）き

太

4画

部首 大（だい）

おん タイ・タ
くん ふと-い・ふと-る

成り立ち

大＝

「大」と「＝」（同（おな）じ字（じ）を重（かさ）ねるときの記号（きごう））からできた字（じ）。

書き方

一 ナ 大 太

とめる

使い方

太陽（たいよう）・太古（たいこ）・太平洋（たいへいよう）・皇太子（こうたいし）・丸太（まるた）・骨太（ほねぶと）

多

6画

部首 夕（ゆう・ゆうべ）

おん タ
くん おお-い

成り立ち

時（とき）を表（あらわ）す「夕」の字（じ）を二（ふた）つ重（かさ）ねて、日数（にっすう）が重（かさ）なることから、「おおい」意味（いみ）を表（あらわ）す。

書き方

ノ ク タ 夕 多 多

下（した）の夕をやや大（おお）きく

使い方

多少（たしょう）・多数（たすう）・雑多（ざった）・多額（たがく）・多弁（たべん）・多量（たりょう）・多様（たよう）・多（おお）め・数多（かずおお）い

体

7画

部首 亻（にんべん）

おん タイ・（テイ）
くん からだ

注意点

「休」と形（かたち）が似（に）ているので注意（ちゅうい）する。

書き方

ノ 亻 仁 什 休 体

とめる

とめる

使い方

体力（たいりょく）・体格（たいかく）・人体（じんたい）・気体（きたい）・正体（しょうたい）・体温（たいおん）・全体（ぜんたい）・体験（たいけん）・体裁（ていさい）・体（からだ）つき

台

5画

部首 口（くち）

おん ダイ・タイ
くん ―

注意点
書くときは、「厶」と「口」の大きさに注意する。

書き方
㇜ 厶 厶 台 台
上の厶よりやや小さめに

使い方
台地・台形・灯台・高台・台所・台本・天文台・一台・台風・屋台

池

6画

部首 氵（さんずい）

おん チ
くん いけ

注意点
形が似ていて、読みが同じ「地」に注意する。
池…水に関係。 地…土に関係。

書き方
丶 冫 氵 汀 汁 池
やや長くつき出す
上にはねる

使い方
貯水池・用水池・電池・古池・ため池

地

6画

部首 土（つちへん・どへん）

おん チ・ジ
くん ―

成り立ち
「土」と、延び広がる意味と音を表す「也」を合わせた字。広がる大地の意味を表す。

書き方
一 十 土 圠 坩 地
やや長くつき出す
しっかりまげてはねる

使い方
地球・地図・地方・土地・天地・境地・地面・路地・意地悪・地元

池

成り立ち
もとの字は「沱」。「氵（水）」と、横に引くの意味と音を表す「它」とで、水を引くみぞの意味を表す。転じて、ほり、「いけ」の意味に用いる。

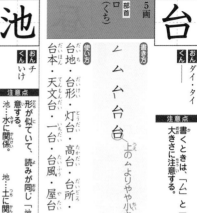

知

8画　部首 矢（やへん）

おん チ
くん し-る

意味
たくさんの意味に注意する。
①しる ②しりあい ③しらせ ④ちえ ⑤治める

書き方

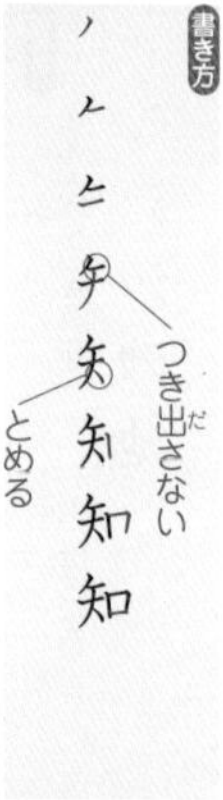

使い方
知識（ちしき）・知性（ちせい）・知人（ちじん）・通知（つうち）・未知（みち）・知事（ちじ）・知能（ちのう）・知覚（ちかく）・物知り（ものしり）・顔見知り（かおみしり）

茶

9画　部首 艹（くさかんむり・そうこう）

おん チャ・（サ）
くん ——

注意点
「茶」の読み「チャ」は訓読みではなく、音読みであることに注意する。

書き方

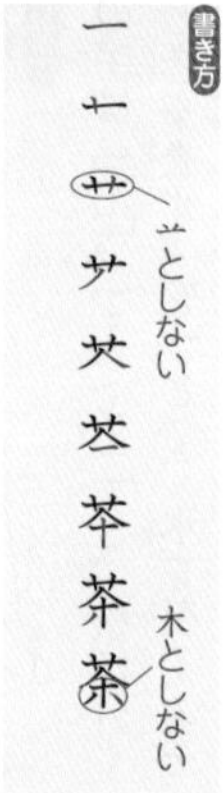

使い方
茶色（ちゃいろ）・茶番劇（ちゃばんげき）・番茶（ばんちゃ）・新茶（しんちゃ）・緑茶（りょくちゃ）・紅茶（こうちゃ）・茶畑（ちゃばたけ）・茶目っ気（ちゃめっけ）・茶道（さどう）

昼

9画　部首 日（ひ）

おん チュウ
くん ひる

注意点
書くときは、「旦」の部分を「日」としたり、「亘」「且」としたりしないように注意する。

書き方

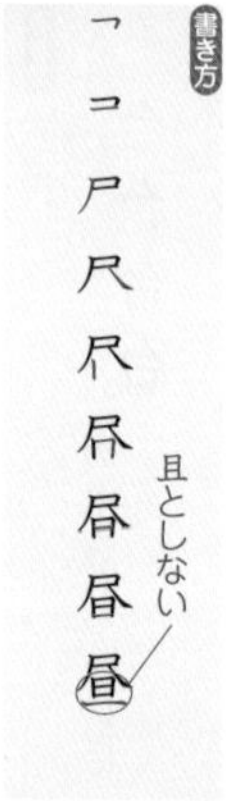

使い方
昼夜（ちゅうや）・昼食（ちゅうしょく）・白昼（はくちゅう）・昼休み（ひるやすみ）・真昼（まひる）・昼間（ひるま）・昼飯（ひるめし）・昼下がり（ひるさがり）

長

8画　部首 長（ながい）

おん チョウ
くん なが-い

成り立ち
かみの長い人がつえをつく形

→長

書き方

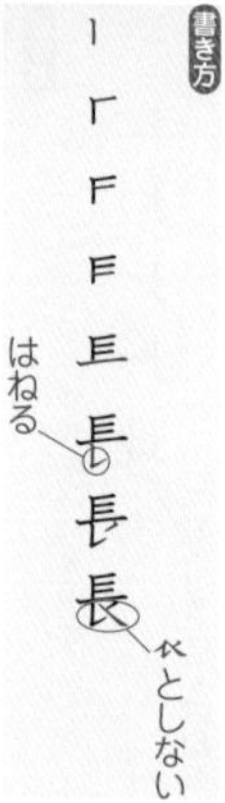

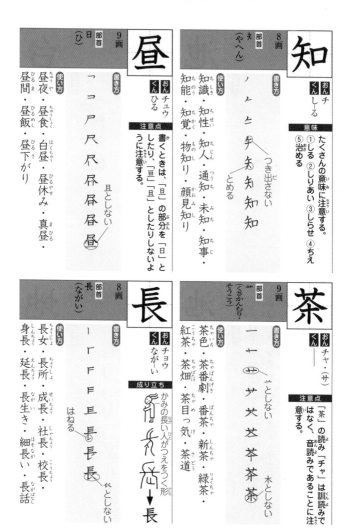

使い方
長女（ちょうじょ）・長所（ちょうしょ）・成長（せいちょう）・社長（しゃちょう）・校長（こうちょう）・身長（しんちょう）・延長（えんちょう）・長生き（ながいき）・細長い（ほそながい）・長話（ながばなし）

鳥

11画　部首 鳥（とり）

おん チョウ
くん とり

成り立ち

書き方

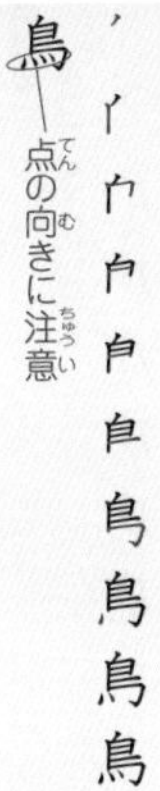

使い方

鳥類・野鳥・益鳥・愛鳥・鳥居・小鳥・水鳥・一石二鳥

直

8画　部首 目（め）

おん チョク・ジキ
くん ただ-ちに・なお-す・なお-る

成り立ち

目に縦の線を加えて、まっすぐ見る様子からできた字。

書き方

使い方

直立・直接・直通・直線・直径・正直・手直し・見直す・仲直り

朝

12画　部首 月（つき）

おん チョウ
くん あさ

注意点

特別な読みのことば「今朝」に注意する。

書き方

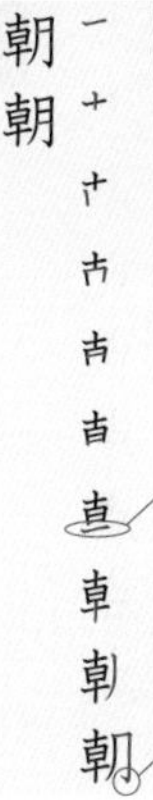

使い方

朝食・早朝・朝礼・明朝・朝刊・朝顔・朝飯・朝日・毎朝・＊今朝

朝

成り立ち

草（艸）の間に日が出る様子で「あさ」の意味と音を表す「𠦝」に、「水（氵）」を加えて、日がのぼり、潮が満ちてくる「あさ」の意味を表す。

通

10画

部首 辶（しんにょう・しんにゅう）

おん ツウ・(ツ)
くん とお-る・とお-す・かよ-う

成り立ち

道を表す「辶」と、つきぬける意味と音を表す「甬」を合わせた字。まっすぐな道路の意味から、「とおる」意味を表す。

書き方

フ マ 乛 乃 甬 甬 甬 涌 涌 通
（々としない）（はねる）

使い方

通行・通読・通学・共通・交通・通信・通過・通夜・通り道・風通し・表通り

店

8画

部首 广（まだれ）

おん テン
くん みせ

成り立ち

建物を表す「广」と、物を置く意味と音を表す「占」を合わせた字。品物を並べておく「みせ」の意味を表す。

書き方

丶 亠 广 广 庐 庐 店 店
（まっすぐ下につける）

使い方

店員・本店・書店・商店・売店・開店・店頭・飲食店・店先・夜店

弟

7画

部首 弓（ゆみ）

おん (テイ)・ダイ・(デ)
くん おとうと

注意点

「第」と形が似ているので注意する。

書き方

丶 丷 当 当 弟 弟 弟
（はねる）（つき出さない）（とめる）

使い方

子弟・徒弟・門弟・兄弟・弟子・兄と弟・末弟

点

9画

部首 灬（れっか・れんが）

おん テン
くん ——

注意点

書くときは、「灬」の向きに注意する。

書き方

丨 ト ト 占 占 占 点 点 点
（点の向きに注意）

使い方

点線・点火・点数・採点・満点・弱点・氷点下・終点・句読点

電

13画

部首 ⻗（あめかんむり）

おん デン
くん ―

注意点

「雷」（音読み「ライ」、訓読み「かみなり」）と形が似ているので注意する。

書き方

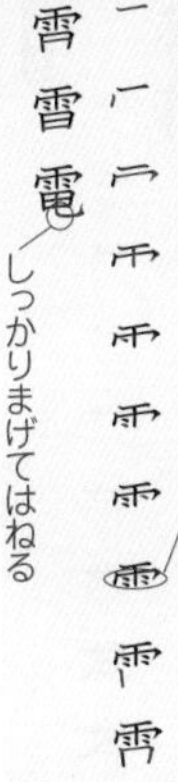

使い方

電気（でんき）・電車（でんしゃ）・電報（でんぽう）・電話（でんわ）・停電（ていでん）・発電（はつでん）・電波（でんぱ）・電球（でんきゅう）・電灯（でんとう）

冬

5画

部首 冫（にすい）

おん トウ
くん ふゆ

成り立ち

食べ物（たべもの）をつるして貯蔵（ちょぞう）する様子（ようす）

書き方

使い方

冬季（とうき）・冬至（とうじ）・初冬（しょとう）・立冬（りっとう）・春夏秋冬（しゅんかしゅうとう）・冬休み（ふゆやすみ）・冬物（ふゆもの）・冬毛（ふゆげ）・真冬日（まふゆび）

刀

2画

部首 刀（かたな）

おん トウ
くん かたな

成り立ち

刃（は）が曲がりそった刃物（はもの）の形（かたち）

書き方

使い方

短刀（たんとう）・名刀（めいとう）・木刀（ぼくとう）・日本刀（にほんとう）・単刀直入（たんとうちょくにゅう）・小刀（こがたな・しょうとう）

冬

成り立ちの補足

部首（ぶしゅ）の「にすい（冫）」は、氷（こおり）が張（は）るときに現（あらわ）れるすじの目（め）の形（かたち）からとったもの。「冬」の「冫」は、「⺀」と書（か）く。

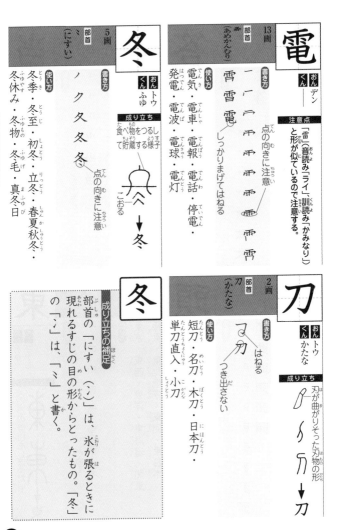

当

6画
部首 ⺌（つ）

おん トウ
くん あ-たる・あ-てる

注意点
書くときは、「⺌」の長さと向きに注意する。

書き方
つき出さない
⺍としない

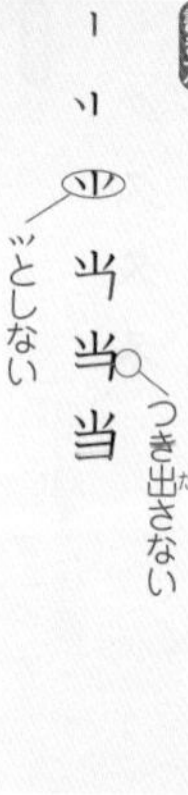

使い方
当然・当選・当番・見当・本当・弁当・手当て・目当て・八つ当たり

答

12画
部首 ⺮（たけかんむり）

おん トウ
くん こた-える・こた-え

成り立ち
こたえる意味の「合」が「あう」意味に使われたので、音を表す「竹」をつけて、「こたえる」意味の文字として作られた字。

書き方
やや下すぼまりに

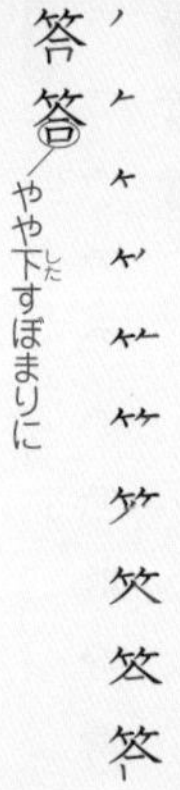

使い方
答案・応答・問答・返答・回答・解答・答弁・自問自答・口答え

東

8画
部首 木（き）

おん トウ
くん ひがし

成り立ち

ふくろの両口をしぼった形
↓東

書き方
とめる

使い方
東京・東西・東洋・東海道・関東・極東・東北地方・東側・東日本

頭

16画
部首 頁（おおがい）

おん トウ・ズ・（ト）
くん あたま・（かしら）

成り立ち
豆（音を表す　まっすぐ立つ）＋頁（あたま）＝頭

書き方
ななめ右上の方向に
とめる

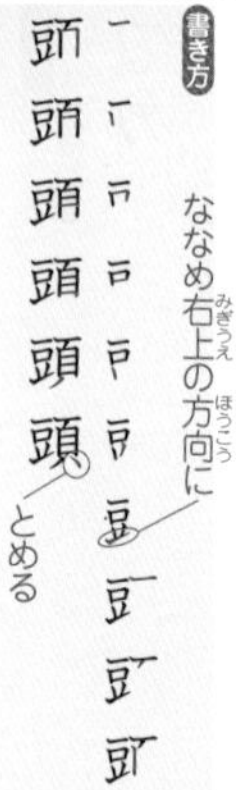

使い方
頭部・年頭・街頭・先頭・頭脳・頭上・頭痛・音頭・石頭・頭打ち・頭文字

同

6画

部首　口（くち）

おん　ドウ
くん　おな-じ

注意点

部首は「冂」ではなく、「口」であることに注意する。

書き方

まっすぐ　はねる

使い方

同情・異同・混同・同感・同点・同時・同意・同級生・同い年

道

12画

部首　辶（しんにょう・しんにゅう）

おん　ドウ・（トウ）
くん　みち

成り立ち

道を表す「辶」と、長くのびる意味と音を表す「首」を合わせた字。長く通じている「みち」の意味を表す。

書き方

艹としない

使い方

道路・道徳・道場・報道・道具・鉄道・歩道・神道・近道・夜道・道順

読

14画

部首　言（ごんべん）

おん　ドク・トク・トウ
くん　よ-む

注意点

「トク」と読むときは限られているので注意する。

書き方

ななめに点を打つ　几としない

使い方

読者・読書・音読・愛読・精読・熟読・読本・句読点・訓読み

内

4画

部首 冂（けいがまえ・まきがまえ）

おん ナイ・（ダイ）
くん うち

成り立ち

↓内

書き方

丨 冂 内 内（はねる・とめる）

使い方

内外（ないがい）・内容（ないよう）・案内（あんない）・校内（こうない）・屋内（おくない）・
内裏（だいり）・内側（うちがわ）・内気（うちき）・身内（みうち）・松の内（まつのうち）

肉

6画

部首 肉（にく）

おん ニク
くん ―

成り立ち

↓肉

書き方

丨 冂 内 内 肉 肉（はねる・とめる。人としない）

使い方

肉類（にくるい）・肉体（にくたい）・肉親（にくしん）・牛肉（ぎゅうにく）・鳥肉（とりにく）・
魚肉（ぎょにく）・肉牛（にくぎゅう）・筋肉（きんにく）・肉眼（にくがん）・皮肉（ひにく）

南

9画

部首 十（じゅう）

おん ナン・（ナ）
くん みなみ

意味

囲（かこ）いの中（なか）が暖（あたた）かいことを表（あらわ）した字（じ）。暖（あたた）かい方角（ほうがく）である「みなみ」を意（い）味（み）する。

書き方

一 十 十 古 冂 冂 冂 南 南（ナとしない・はねる・つき出（だ）さない）

使い方

南北（なんぼく）・南極（なんきょく）・指南（しなん）・南国（なんごく）・南部（なんぶ）・
南下（なんか）・南側（みなみがわ）・南向（みなみむ）き・真南（まみなみ）

馬

10画

部首 馬（うま）

おん バ
くん うま・ま

成り立ち

↓馬

書き方

丨 ｢ 𠂇 F F 馬 馬 馬 馬 馬（はねる・点（てん）の向（む）きに注意（ちゅうい））

使い方

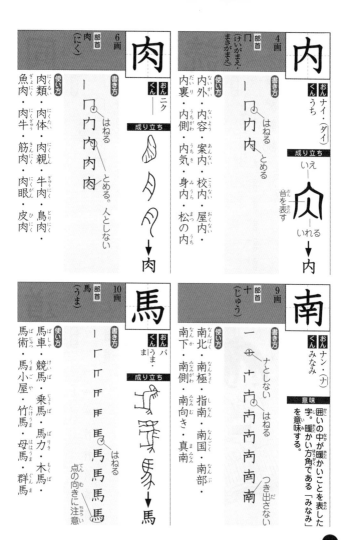

馬車（ばしゃ）・競馬（けいば）・乗馬（じょうば）・馬力（ばりき）・木馬（もくば）・
馬術（ばじゅつ）・馬小屋（うまごや）・竹馬（たけうま）・母馬（ははうま）・群馬（ぐんま）

売

7画

部首 士（さむらいかんむり）

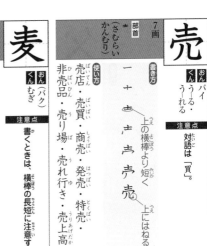

おん バイ
くん う-る・う-れる

注意点
対語は「買」。

書き方
一 十 … 売
上の横棒より短く
上にはねる

使い方
売店・売買・商売・発売・特売・非売品・売り場・売れ行き・売上高

麦

7画

部首 麦（むぎ）

おん （バク）
くん むぎ

注意点
書くときは、横棒の長短に注意する。

書き方
一 十 … 麦
長く
おさえてからはらう

使い方
麦芽・麦秋・麦畑・大麦・小麦・麦笛・麦茶・冷や麦・麦の秋

買

12画

部首 貝（かい）

おん バイ
くん か-う

注意点
書くときは、「貝」を「見」と書かないように注意する。

書き方
丨 … 買
四としない
とめる

使い方
買収・売買・買い値・買い物・買い手

買

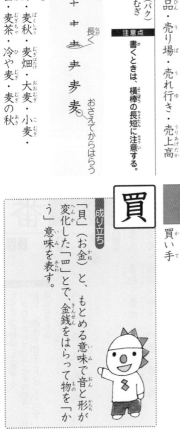

成り立ち
「貝」（お金）と、もとめる意味で音と形が変化した「罒」とで、金銭をはらって物を「かう」意味を表す。

半

5画

部首 十（じゅう）

おん ハン

くん なか-ば

成り立ち

「⺧」（牛）と、わける意味と音を表す「八」からできた字。二つにわけた牛を表し、「はんぶん」の意味を表す。

書き方

、 丷 䒑 兰 半

上の横棒より長く

使い方

半額・半分・半面・大半・前半・半島・半紙・半円・折半・一月半ば

父

4画

部首 父（ちち）

おん フ

くん ちち

注意点

特別な読みのことば「父さん」に注意する。

書き方

ノ ハ 𠆢 父

くっつけない

くっつけない

使い方

父母・父兄・祖父・神父・厳父・父親・*父さん

番

12画

部首 田（た）

おん バン

くん ——

意味

たくさんの意味に注意する。①かわるがわる行うときの順序 ②見張り ③順序を表すことば ④二つで一組になるもの

書き方

一 丆 亠 立 平 平 采 采 采 番 番 番

丷としない

使い方

番人・番組・番地・番号・順番・交番・番茶・番犬・門番・春一番

番

成り立ち

「田」と、音を表す「釆」（種子をまく）とを合わせた字。田んぼに種子をまく意味から転じて、かわるがわるにする、順番の意味に用いる。

風

9画

部首 風（かぜ）

おん フウ・(フ)
くん かぜ・かざ

注意点
「乁」の部分を「乚」としないように注意する。

書き方
軽くはらう　上にはねる　一としない

使い方
風力・風雨・台風・風船・風習・洋風・そよ風・風通し・風上

分

4画

部首 刀（かたな）

おん ブン・フン・ブ
くん わ-ける・わ-かれる・わ-かる・わ-かつ

成り立ち
音を表す「八」（わける）と「刀」を合わせた字。「刀で切りわける」意味を表す。

書き方
くっつけない　はねる

使い方
自分・水分・部分・半分・分別・五分・分厚い・引き分け・山分け

聞

14画

部首 耳（みみ）

おん ブン・(モン)
くん き-く・き-こえる

成り立ち
「耳」と、通じる意味と音を表す「門」を合わせた字。「きこえる」意味を表す。

書き方
とめる　はねる　つき出さない

使い方
新聞・見聞・伝聞・百聞・前代未聞・聞き手・人聞き・聞こえ

米

6画

部首 米（こめ）

おん ベイ・マイ
くん こめ

成り立ち

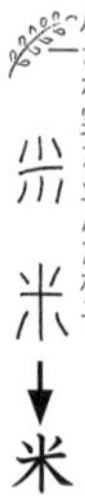

小さな実が並んだ様子

書き方

使い方

米作・米価・米食・米国・新米・白米・外米・精米・米俵・米つぶ

母

5画

部首 母（はは）

おん ボ
くん はは

成り立ち

「女」にちぶさを示す点を加えてできた字。

書き方

使い方

母性・父母・母校・母乳・母港・母船・母親・母方・＊母さん

歩

8画

部首 止（とめる）

おん ホ・（ブ）・（フ）
くん ある－く・あゆ－む

注意点

書くときは、「少」の部分を「小」としないように注意する。

書き方

使い方

歩道・徒歩・進歩・歩行・遊歩道・散歩・五十歩百歩・歩合・歩・歩み

歩

成り立ち

左右の足あとを前後において、「あるく」意味を表す。

方

4画
部首 方（ほう）

おん ホウ
くん かた

成り立ち
左右に持ち手が張り出した農具のすき

書き方
まっすぐ下につける
丿としない

使い方
方法・方角・地方・方言・方向・話し方・目方・夕方・味方・仕方

北

5画
部首 匕（ひ）

おん ホク
くん きた

成り立ち
ふたりの人が背を向け合っている様子からできた字。昔は正面を南としていたので、背の方向＝「きた」の意味になった。

書き方
ﾋ・七としない
角をつけずにまげて上にはねる

使い方
北上・北方・東北・北極・敗北・北風・北半球・北国・北向き

毎

6画
部首 毋（なかれ）

おん マイ
くん ―

成り立ち

書き方
つき出す
ミとしない
つき出してはねる

使い方
毎度・毎回・毎日・毎月・毎朝・毎晩・毎週

毎 成り立ちの補足

母の頭にかざりをつけた形からできた字で、一つひとつ数える意味、さらに、「ごとに」「つねに」の意味に用いる。

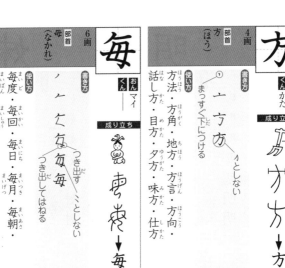

妹

8画

部首　女（おんなへん）

おん　（マイ）
くん　いもうと

成り立ち

「女」と、小さい意味と音を表す「未」を合わせた字。年少の女性の意味を表す。

書き方

く　女　女　女一　女二　女未　妹未　妹

ややつき出す　とめる

使い方

姉妹・姉妹校・義妹・姉と妹・妹思い

万

3画

部首　一（いち）

おん　マン・（バン）
くん　——

注意点

書き順をまちがえやすい漢字なので注意する。

書き方

一　丆　万

はねる

使い方

万一・万年筆・千万・万葉集・億万長者・万里・万事・万全

明

8画

部首　日（ひへん・にちへん）

おん　メイ・ミョウ
くん　あ-かり・あか-るい・あか-るむ・あか-らむ・あき-らか・あ-ける・あ-く・あ-くる・あ-かす

成り立ち

「月」と「日」とで「あかるい」意味を表す。

日　月

書き方

丨　冂　日　日　日）　明　明　明

軽くはらう　はねる

使い方

明暗・説明・発明・明快・光明・＊明日・月明かり・夜明け・明くる日

鳴

14画

部首　鳥（とり）

おん　メイ
くん　なーく・なーる・なーらす

成り立ち

「鳥」と「口」とで、「なく」意味に用いる。

書き方

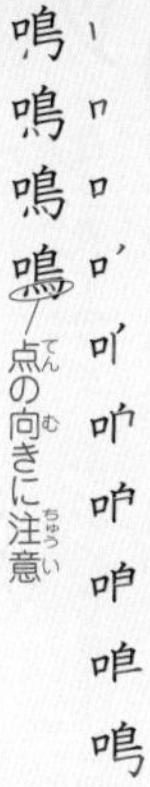

使い方

共鳴（きょうめい）・悲鳴（ひめい）・鳴動（めいどう）・鳴き声（なきごえ）・耳鳴り（みみなり）

毛

4画

部首　毛（け）

おん　モウ
くん　け

成り立ち

↓毛

書き方

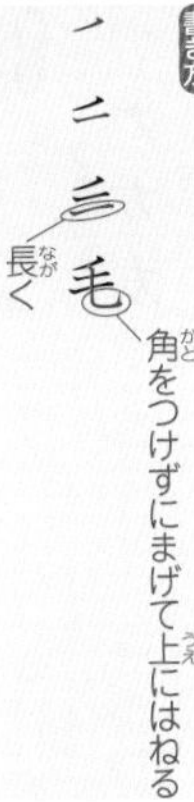

使い方

毛布（もうふ）・毛筆（もうひつ）・純毛（じゅんもう）・羊毛（ようもう）・羽毛（うもう）・不毛（ふもう）・毛糸（けいと）・毛虫（けむし）・毛皮（けがわ）・毛織物（けおりもの）

門

8画

部首　門（もん）

おん　モン
くん　（かど）

成り立ち

↓門

書き方

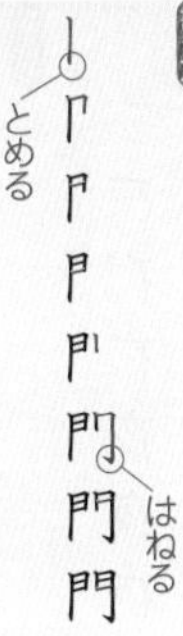

使い方

門番（もんばん）・校門（こうもん）・正門（せいもん）・専門（せんもん）・門限（もんげん）・入門（にゅうもん）・門下生（もんかせい）・通用門（つうようもん）・門口（かどぐち）・門松（かどまつ）

門

成り立ちの補足

二本（にほん）の柱（はしら）の間（あいだ）で、両開（りょうびら）き左右（さゆう）二枚（にまい）のとびらが閉（し）まっている形（かたち）からできた字（じ）。家（いえ）の囲（かこ）いの出入（でい）り口（ぐち）、「もん」「かど」の意味（いみ）を表（あらわ）す。

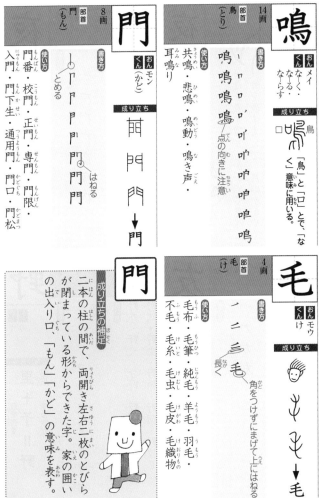

夜

8画　部首　夕（ゆう・ゆうべ）

おん　ヤ
くん　よ・よる

注意点

部首（ぶしゅ）に注意（ちゅうい）。「亠」「亻」ではなく、「夕（ゆう・ゆうべ）」。

書き方

①まっすぐ下（した）につける

夜

使い方

夜間（やかん）・深夜（しんや）・昼夜（ちゅうや）・今夜（こんや）・夜景（やけい）・夜風（よかぜ）・月夜（つきよ）・真夜中（まよなか）・夜店（よみせ）・夜空（よぞら）

夜

成り立ち

月（つき）を表（あらわ）すと、かがやく意味（いみ）と音（おん）を表（あらわ）すとで、月（つき）のかがやく「よる」の意味（いみ）を表（あらわ）す。

野

11画　部首　里（さとへん）

おん　ヤ
くん　の

成り立ち

里（田畑（たはた））＋予（音（おん）を表（あらわ）す・ゆるやか）＝野

書き方

丨 ロ 日 甲 甲 里 里 野 野 野 野

はねる　マとしない

使い方

野外（やがい）・野犬（やけん）・分野（ぶんや）・野鳥（やちょう）・野菜（やさい）・野球（やきゅう）・野生（やせい）・野原（のはら）・野宿（のじゅく）・野放し（のばなし）

友

4画　部首　又（また）

おん　ユウ
くん　とも

成り立ち

手（て）を取（と）り合（あ）って助（たす）ける意味（いみ）から、「とも」の意味（いみ）を表（あらわ）す。

書き方

一 ナ 方 友

つき出（だ）す

使い方

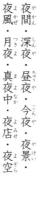

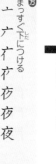

友好（ゆうこう）・友情（ゆうじょう）・親友（しんゆう）・学友（がくゆう）・友人（ゆうじん）・級友（きゅうゆう）・悪友（あくゆう）・旧友（きゅうゆう）・*友達（ともだち）

用

5画

部首　用（もちいる）

おん　ヨウ
くん　もち-いる

注意点
書くときは、はらう部分とはねる部分に注意する。

書き方
丿 ⺆ 月 月 用
（はねる）（軽くはらう）

使い方
用意・用心・急用・使用・信用・利用・引用・起用・器用・日用品

曜

18画

部首　日（ひへん・にちへん）

おん　ヨウ
くん　──

注意点
書くときは、「羽」を「羽」としないように注意する。

書き方
丨 冂 日 日 ... 曜
（羽としない）

使い方
七曜・日曜日・月曜日・火曜日・水曜日・木曜日・金曜日・土曜日

来

7画

部首　二（に）

おん　ライ
くん　く-る・（きた-る）・（きた-す）

注意点
読み方に注意する。
・春が来る。　・春が来た。
・春が来ない。　・春よ来い。

書き方
一 𠃌 𠀆 平 来 来 来
（とめる）（上の横棒より長く）

使い方
来年・来客・往来・未来・家来・元来・将来・由来・出来事

来

成り立ち

もとの字は「麥」で、小麦の形からできた字。古くから、「くる」の意味に用いる。

里

7画

部首 里（さと）

おん リ
くん さと

注意点
書くときは、横棒の長短に注意する。

書き方
丨 口 日 日 甲 甲 里
上の横棒より長く

使い方
郷里・千里眼・一里づか・里心・山里・人里・里帰り

話

13画

部首 言（ごんべん）

おん ワ
くん はな-す・はなし

注意点
書くときは、はらいの向きに注意する。

書き方
ななめに点を打つ
丶 亠 亠 言 言 言 言 訁 訁 訁 訁 話 話
なため左下にはらう

使い方
話題・会話・電話・手話・童話・話し合い・昔話・長話・立ち話

理

11画

部首 王（たまへん・おうへん）

おん リ
くん ――

注意点
部首に注意。部首は「里」ではなく、「王（たまへん・おうへん）」。

書き方
一 丅 干 王 王 玎 玎 珂 理 理 理
ななめ右上に

使い方
理科・理由・整理・修理・地理・真理・料理・理想・理解・推理

話

成り立ち

「言」と、合う意味と音を表す「舌」（「舌」は変化した形）とで、ことばがよく合う意味を表し、「はなし」の意味に用いる。

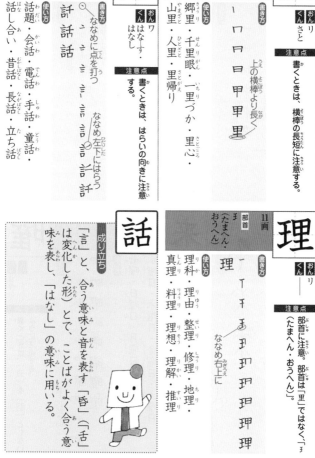

3年生でならう漢字

200字

悪

11画

部首 心（こころ）

おん アク・（オ）

くん わる-い

成り立ち

もとの字は「惡」。みにくい意味と音を表す「亞」と、「心」を合わせた字。「わるい」「にくむ」意味を表す。

書き方

一 丅 丌 丌 亓 亜 亜 亜 亜 悪 悪（つき出さない）（はねる）

使い方

悪事（あくじ）・悪意（あくい）・悪習（あくしゅう）・悪文（あくぶん）・罪悪（ざいあく）・険悪（けんあく）・意地悪（いじわる）・悪者（わるもの）・悪口（わるくち・あっこう）

安

6画

部首 宀（うかんむり）

おん アン

くん やす-い

成り立ち

家の中に女性が落ち着く様子からできた字。

書き方

丶 丷 宀 文 安 安（まっすぐ下につける）（ややつき出す）

使い方

安全（あんぜん）・安定（あんてい）・不安（ふあん）・安心（あんしん）・安易（あんい）・安静（あんせい）・目安（めやす）・割安（わりやす）・安物（やすもの）・安らか（やすらか）

暗

13画

部首 日（ひへん・にちへん）

おん アン

くん くら-い

成り立ち

「日」と、おおう意味と音を表す「音」を合わせた字。日がおおわれて「くらい」意味を表す。

書き方

丨 冂 日 日 日 日 旷 旷 旷 暗 暗 暗 暗（まっすぐ下につける）（やや長く）

使い方

暗示（あんじ）・暗記（あんき）・暗号（あんごう）・明暗（めいあん）・暗黒（あんこく）・暗算（あんざん）・暗唱（あんしょう）・暗がり（くらがり）・暗やみ（くらやみ）

医

7画

部首 匚（はこがまえ）

おん イ

くん ―

注意点

書くときは、「医」としないように注意する。

書き方

一 ア 万 五 矢 医 医（書き順に注意）（つき出さない）（おさえてから右へ）

使い方

医学（いがく）・医者（いしゃ）・医院（いいん）・名医（めいい）・校医（こうい）・医師（いし）・医薬品（いやくひん）・外科医（げかい）

委

8画

部首 女（おんな）

おん イ
くん ゆだ-ねる

成り立ち

「女」と、なよなよする意味と音を表す「禾」を合わせた字。女性がしなだれる意味から、「ゆだねる」意味を表す。

書き方

ややつき出す
とめる

使い方

学級委員・委員・委員会・委員長・委任・委細・委たく

育

8画

部首 月（にくづき）

おん イク
くん そだ-つ・そだ-てる・はぐく-む

注意点

部首に注意。体に関係するから「肉」を意味する「月（にくづき）」がつく。

書き方

まっすぐ下につける
とめる
はねる

使い方

育児・教育・発育・体育・飼育・育ち・育て・育ての親・子育て

意

13画

部首 心（こころ）

おん イ
くん ――

成り立ち

音（中にふくむ）＋心（こころ）＝意（外にあらわさない思い）

書き方

まっすぐ下につける
はねる

使い方

意見・意味・意外・決意・注意・得意・意図・意志・好意・故意

育

成り立ち

子どもがさかさになって生まれ出る形を表した「𠫓」と、からだの意味と音を表す「肉」とで、子どもが生まれ出る意味。転じて、「そだてる」意味を表す。

員

10画

部首 口（くち）

おん イン
くん ──

注意点
「買」と形が似ているので注意する。

書き方
丶 口 口 尸 冃 冐 冐 員 員 員（とめる）

使い方
満員（まんいん）・定員（ていいん）・社員（しゃいん）・全員（ぜんいん）・教員（きょういん）・店員（てんいん）・会員（かいいん）・部員（ぶいん）・公務員（こうむいん）・乗務員（じょうむいん）

飲

12画

部首 飠（しょくへん）

おん イン
くん の-む

注意点
部首に注意。「飠」を「食」としないようにする。

書き方
ノ 𠆢 亽 今 今 今 侌 飠（くとしない） 飠 飲 飲 飲

使い方
飲料水（いんりょうすい）・飲食店（いんしょくてん）・飲用（いんよう）・飲酒（いんしゅ）・がぶ飲み（のみ）・飲み水（のみみず）

院

10画

部首 阝（こざとへん）

おん イン
くん ──

成り立ち
盛り土を表す「阝」と、めぐらす意味と音を表す「完」を合わせた字。土べい、また、土べいをめぐらした建物の意味を表す。

書き方
ㇰ 阝 阝（まっすぐ下につける） 阝 阝 阝 阝 阝 阝 院

使い方
院長（いんちょう）・病院（びょういん）・入院（にゅういん）・医院（いいん）・通院（つういん）・寺院（じいん）・美容院（びよういん）・衆議院（しゅうぎいん）

運

12画

部首 辶（しんにょう・しんにゅう）

おん ウン

くん はこ-ぶ

成り立ち

歩行 辶 ＋ 軍（とりまく意味と音を表す）＝ 運

めぐり歩く→はこぶ

書き方

上の横棒より長く

運 運

使い方

運動・運命・運転・幸運・悲運・運送・運営・運河・持ち運ぶ

泳

8画

部首 氵（さんずい）

おん エイ

くん およ-ぐ

成り立ち

「氵」（水）と、ゆく意味と音を表す「永」を合わせた字。水中を「およぐ」意味を表す。

書き方

くとしない。はらう

はねる

使い方

泳法・水泳・力泳・遠泳・遊泳・競泳・背泳・平泳ぎ

駅

14画

部首 馬（うまへん）

おん エキ

くん ―

成り立ち

もとの字は「驛」。「馬」と、つなぐ意味と音を表す「睪」を合わせた字。馬つぎを意味する。転じて、「馬をかえる宿場」の意味を表す。

書き方

はねる

使い方

駅長・駅伝・駅前・駅員・駅舎・終着駅・駅馬車・貨物駅・各駅停車

央

5画

部首　大（だい）

おん　オウ
くん　―

成り立ち

人に首かせをつけた様子からできた字。

書き方

使い方

中央・中央区・中央集権・中央アジア

央　成り立ちの補足

人に首かせをつけた様子で、おさえつける意味を表す。転じて、つきる、「なかば」の意味に用いる。

横

15画

部首　木（きへん）

おん　オウ
くん　よこ

注意点

部首に注意。「木（きへん）」の最後はとめる。「木」としないように。

書き方

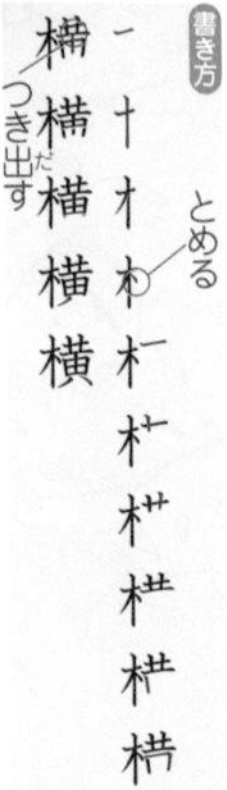

使い方

横断・横転・横着・縦横・横町・横書き・横取り・横顔・横切る

屋

9画

部首　尸（しかばね・しかばねかんむり）

おん　オク
くん　や

意味

人が横になるしん室を表したことから、広く「家屋」の意味を表す。

書き方

使い方

屋上・屋外・家屋・屋根・楽屋・小屋・屋台・宿屋・部屋*・照れ屋

温

12画

部首 氵（さんずい）

おん オン

くん あたた-か・あたた-かい・あたた-まる・あたた-める

意味

蒸気がたちこめる意味から、「あたたかい・あたためる」意味を表す。

書き方

丶 氵 氵 氵 氵 沪 沪 沪 沪 浔 淐 温 温

温（四・皿としない）

使い方

温暖・温厚・気温・体温・温水・温室・保温・温帯・温故知新

荷

10画

部首 艹（くさかんむり・そうこう）

おん （カ）

くん に

意味

もとは「になう」の意味だった「何」が「なに」の意味に使われたため、「何」と区別して、「になう」意味に用いる。

書き方

一 十 艹 艹 芢 芢 芢 荷 荷 荷（はねる・出す）

使い方

出荷・出荷量・入荷・荷車・荷物・初荷・重荷・荷台・荷札・荷造り

化

4画

部首 亻（にんべん）

おん カ・（ケ）

くん ば-ける・ば-かす

成り立ち

人と人がひっくり返った様子から、人が姿を変える、「かわる」意味を表す。

書き方

ノ 亻 亻 化（角をつけずにまげて上にはねる）

使い方

化石・化学・文化・消化・近代化・食文化・進化・化しょう・お化け

荷

成り立ち

「艹」（草）と、高く上げる意味と音を表す「何」とで、花や葉が水面から高く出ている草、「はす」の意味を表す。

界

9画
部首 田（た）

おん カイ
くん ―

成り立ち
田（たんぼ）＋介（区切る意味と音を表す）＝界（田んぼの境目）

書き方
丨 ⼝ 田 田 田 甲 里 界 界 界
はねない
軽くはらう

使い方
境界（きょうかい）・限界（げんかい）・業界（ぎょうかい）・学界（がっかい）・外界（がいかい）・自然界（しぜんかい）・世界（せかい）・世界史（せかいし）

開

12画
部首 門（もんがまえ・かどがまえ）

おん カイ
くん ひら-く・ひら-ける・あ-く・あ-ける

成り立ち

門（もん）を止める横木（よこぎ）を両手（りょうて）でひらく様子（ようす）からできた字（じ）。

書き方
丨 ｢ ｢ 门 門 門 門 門 閂 閂 開 開
とめる
はねる
軽くはらう

使い方
開始（かいし）・開発（かいはつ）・公開（こうかい）・展開（てんかい）・開店（かいてん）・開花（かいか）・開き戸（ひらきど）・鏡開き（かがみびらき）・幕開き（まくあき）

階

12画
部首 阝（こざとへん）

おん カイ
くん ―

成り立ち
段（だん）を意味（いみ）する「阝」と、並（なら）ぶ意味（いみ）と音（おん）を表（あらわ）す「皆」を合（あ）わせた字（じ）。広（ひろ）く、「階段（かいだん）」の意味（いみ）を表（あらわ）す。

書き方
㇇ 阝 阝 阝 阝 阝 阝 阝 阝 階 階 階
上にはねる
おさえてから右上へ

使い方
階段（かいだん）・階級（かいきゅう）・地階（ちかい）・段階（だんかい）・音階（おんかい）・階層（かいそう）・階上（かいじょう）・階下（かいか）・二階建て（にかいだて）

寒

12画
部首 宀（うかんむり）

おん カン
くん さむ-い

成り立ち
屋内（おくない）で人（ひと）が草（くさ）にくるまっている様子（ようす）

氷（こおり）
↓
寒

書き方
丶 丶 宀 宀 宀 宀 宀 宀 宀 宀 寒 寒
まっすぐ下につける
冫としない

使い方
寒天（かんてん）・寒波（かんぱ）・厳寒（げんかん）・防寒（ぼうかん）・寒暑（かんしょ）・寒流（かんりゅう）・寒冷（かんれい）・寒空（さむぞら）

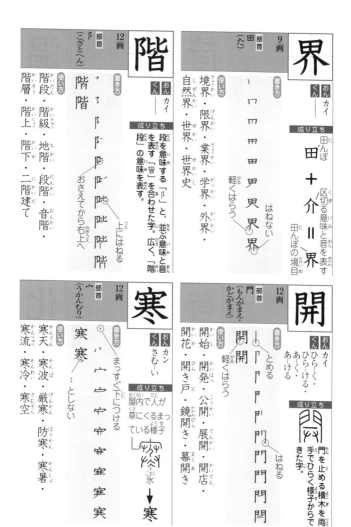

感

13画

部首 心（こころ）

おん カン
くん ―

成り立ち
「心」と、動く意味と音を表す「咸」を合わせた字。「心が動く」「心が動かされる」意味を表す。

書き方
丿 厂 厂 厂 后 后 咸 咸 咸 咸 感 感 感

書き順に注意
上にはねる
はねる

使い方
感心・感覚・感動・直感・同感・反感・感想・予感・感情・責任感

館

16画

部首 食（しょくへん）

おん カン
くん やかた

成り立ち
食（人が集まる家の意味と音を表す）＋官＝館
旅行者などに食事を供する宿舎

書き方
ノ 𠆢 今 今 今 今 食 食 食 飠 飠 飠 館 館 館 館

まっすぐ下につける
書き順に注意

使い方
館内・旅館・新館・本館・館長・児童館・図書館・体育館

漢

13画

部首 氵（さんずい）

おん カン
くん ―

注意点
書くときは、横棒の本数に注意する。三本ではなく、二本。

書き方
丶 丶 氵 氵 汁 汁 浐 浐 浐 浐 漌 漢 漢

つき出さない

使い方
漢字・漢文・漢語・漢詩・漢数字・漢方薬・悪漢・門外漢

漢

成り立ち
もとの字は「漢」。「氵」（水）と、音を表す「𦰩」とで、川の名、また、その流域と、それに基づいた王朝の名を表す。転じて、中国本土、また、その民族の名に用いる。

岸

8画

部首 山（やま）

おん ガン
くん きし

注意点

書き方に注意する。
×岸
○岸

書き方

丨 山 山 屵 屵 岸 岸 岸（上の横棒より長く）

使い方

対岸・海岸・沿岸・接岸・湖岸・岸辺・川岸・向こう岸

岸 成り立ち

がけの意味と音を表す「厈」に「山」を加えて、がけを意味する。転じて、水辺の「きし」の意味を表す。

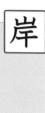

起

10画

部首 走（そうにょう）

おん キ
くん お-きる・お-こる・お-こす

注意点

部首が、走る意味がある「走（そうにょう）」であることに注意する。

書き方

一 十 土 丰 丰 走 走 起 起 起（巳としない）

使い方

起立・起源・提起・起点・再起・奮起・早起き・引き起こす

期

12画

部首 月（つき）

おん キ・（ゴ）
くん ——

成り立ち

「月」と、ひとめぐりの意味と音を表す「其」を合わせた字。月の一まわり、「一か月」の意味を表す。

書き方

一 十 廾 廿 甘 其 其（とめる） 其 期 期（はねる） 期 期

使い方

期間・期待・期限・予期・任期・周期・新学期・定期券・画期的・最期

客

9画

部首 宀（うかんむり）

おん キャク・（カク）
くん ―

成り立ち

宀 家 ＋ 各 いたる意味と音を表す ＝ 客 家に来る人

書き方

① まっすぐ下につける

使い方

客間・客車・客室・来客・乗客・観客・客船・客席・招待客・客観的

急

9画

部首 心（こころ）

おん キュウ
くん いそ-ぐ

注意点

「いそ」と読むが、「急がしい」とはならない。「いそがしい」は別の漢字を用いる。

書き方

つき出さない　はねる

使い方

急行・急速・急病・急用・急流・応急手当て・救急車・大急ぎ

究

7画

部首 穴（あなかんむり）

おん キュウ
くん （きわ-める）

注意点

同じ読みの「求」に注意する。
・利益を追求する。
・真理を追究する。

書き方

① まっすぐ下につける　上にはねる

使い方

究明・研究・研究発表・追究・学究・探究・究極

究

成り立ち

「穴（あな）」と、まがりくねる意味と音を表す「九」とで、まがりくねったせまいあなを表し、「きわまる」意味に用いる。

3年 カ▼キ

級

9画

部首 糸（いとへん）

おん キュウ
くん ―

注意点
画数に注意する。「⺋」はつづけて書き、総画数は九画。

書き方
く ㄠ 幺 糸 糸 糸 紏 紛 級 （とめる）

使い方
級友・等級・上級・階級・進級・学級・高級・初級・同級生

球

11画

部首 王（たまへん・おうへん）

おん キュウ
くん たま

成り立ち
玉を表す「王」と、まるい意味と音を表す「求」を合わせた字。美しい玉を表すことから、「球形」を表す。

書き方
一 丅 干 王 王 玎 玗 玗 球 球 球 （はねる）

使い方
球形・球技・地球・野球・電球・球根・球場・眼球・気球・北半球

宮

10画

部首 宀（うかんむり）

おん キュウ・（グウ）・（ク）
くん みや

成り立ち

↓宮

書き方
丶 丶 宀 宀 宁 宮 宮 宮 宮 宮 （まっすぐ下につける）（上の口より大きく）

使い方
宮中・王宮・神宮・宮内庁・宮様・お宮・宮参り・宮仕え

宮

成り立ちの補足
「宀」（家）と、建物が連なっている様子の「呂」とで、いくつも建物のある大きな家の意味を表すことから、「みや」の意味を表す。

去

5画　部首 ム（む）

おん キョ・コ
くん さ-る

成り立ち
ふたつきの容器の形

→去

書き方
一 十 土 去 去
上の横棒より長く

使い方
去年・除去・消去・退去・死去・過去・走り去る

橋

16画　部首 木（きへん）

おん キョウ
くん はし

意味

はねつるべの高くあがる横木の意味から、「はし」の意味に用いる。

書き方
一 十 才 木 木' 杧 杧 柸 桥 桥 桥 橋 橋 橋 橋 橋
はねる
とめる

使い方
鉄橋・歩道橋・石橋・橋板・橋げた・つり橋・丸木橋

業

13画　部首 木（き）

おん ギョウ・（ゴウ）
くん （わざ）

成り立ち

→業

書き方
丨 ‖ 丵 … 業 業 業
つき出さない
とめる

使い方
業績・職業・卒業・作業・工業・休業・学業・自業自得・早業

業

成り立ちの補足

楽器の鐘をかけるために立てた木の台の形からできた字。のちに、そのかざり板の意味を表す。転じて、文字を書いた板、また、それらについて学ぶ意味を表し、「仕事」の意味にも用いる。

曲

6画

部首 日（いわく・ひらび）

おん キョク
くん まがる・まげる

成り立ち

木や竹をまげて作った容器

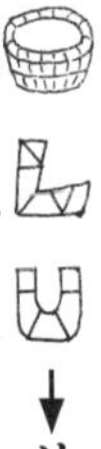

曲

書き方

丨 冂 币 冊 曲 曲

出す

使い方

曲線・曲芸・名曲・作曲・曲名・序曲・曲解・行進曲・曲がり角

銀

14画

部首 金（かねへん）

おん ギン
くん ―

注意点

形が似ている漢字に注意する。
金・銀・銅・鉄

書き方

ノ 𠆢 亼 全 牟 余 金 金 釕 釕 鉅 鉏 鉏 銀

とめる

点の打ちかたに注意

使い方

銀貨・銀行・銀色・銀河・銀賞・銀世界・水銀・純銀

局

7画

部首 尸（しかばね・しかばねかんむり）

おん キョク
くん ―

意味

家の中を区切った部屋の意味から、「区切る」意味を表す。

書き方

㇕ ㇕ 尸 局 局 局 局

はねる

軽くはらう

使い方

局員・結局・薬局・局長・本局・局地的・郵便局・放送局

区

4画

部首 匚（はこがまえ）

おん ク
くん ―

成り立ち

もとの字は「區」。品物をくぎりで分ける様子からできた字。

書き方

一 ㇇ 㐅 区

くっつけない

とめる

使い方

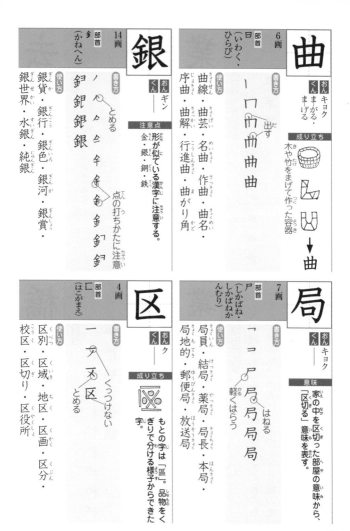

区別・区域・地区・区画・区分・校区・区切り・区役所

苦

8画

部首 艹（くさかんむり・そうこう）

おん ク

くん くる-しい・くる-しむ・くる-しめる・にが-い・にが-る

意味

にがみのある草の意味から、「にがい」を表し、転じて、「くるしい」意味に用いる。

書き方

一 十 廾 艹 芊 芏 苦 苦

やや長く

使い方

苦心・苦労・苦楽・苦戦・苦情・四苦八苦・苦手・見苦しい・苦り切る

君

7画

部首 口（くち）

おん クン

くん きみ

成り立ち

「口」と、人をおさめる意味と音を表す「尹」を合わせた字。号令を出して人をおさめる者を意味する。

書き方

フ ヲ ヨ 尹 尹 君 君

必ずつき出す

使い方

君主・君子・君臨・諸君・母君・君とぼく

具

8画

部首 八（はち）

おん グ

くん ―

成り立ち

かなえ（＝容器）を両手で持つ形からできた字。

書き方

丨 冂 月 月 目 且 具 具

とめる。八としない

使い方

具体的・道具・家具・雨具・遊具・農具・器具・文具・筆記用具

具 成り立ちの補足

かなえ（鼎）を両手（𠬞）で持つ形で、祭事とえん会に必要なかなえをそろえる、「そなえる」意味を表す。

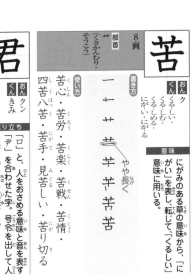

係

9画

部首 亻（にんべん）

おん ケイ
くん かか-る・かかり

成り立ち

亻―人 ＋ 系―つなぐ意味と音を表す ＝ 係 人のつながり

書き方

ノ 亻 亻 仫 伾 伾 係 係 係（とめる）

使い方

関係・係員・進行係・図書係・係り受け・係り結び

血

6画

部首 血（ち）

おん ケツ
くん ち

注意点

「皿」と形が似ているので注意する。

書き方

ノ（向きと打つ場所に注意。血としない） 亻 白 㿝 皿 血

使い方

血液・血統・出血・止血・血管・血圧・輸血・血迷う・血まなこ・鼻血

軽

12画

部首 車（くるまへん）

おん ケイ
くん かる-い・（かろ-やか）

注意点

対語は「重」。

書き方

一 厂 戸 百 亘 亘 車 車 軒 軽 軽 軽（上の横棒より長く）

使い方

軽快・軽率・軽食・軽重・軽傷・軽々・手軽・身軽・気軽

軽

成り立ち

もとの字は「輕」。「車」と、まっすぐの意味と音を表す「巠」を合わせた字。まっすぐに敵じんにつき進む車の意味から、はやい車、「かるい」意味に用いる。

決

7画

部首 氵（さんずい）

おん ケツ

くん き-める・き-まる

注意点

書くときは、「夬」を「央」としないように注意する。

書き方

丶 冫 氵 氵 汀 汁 決 決

出す

使い方

決意・解決・対決・決勝・決心・決断・決して・決まり・取り決め

県

9画

部首 目（め）

おん ケン

くん ――

注意点

書くときは、「目」を「日」としないように注意する。

書き方

丨 冂 冃 月 目 且 県 県 県

とめる

使い方

県庁・県立・県道・他県・近県・県下・長野県・都道府県

研

9画

部首 石（いしへん）

おん ケン

くん （と-ぐ）

注意点

書くときは、「幵」のよこ棒は下の方が長いことに注意する。

書き方

一 ア 不 石 石 石 石 研 研

上の横棒より長く

はねない

使い方

研究・研究所・研究者・研究室・研究発表・研修

研

成り立ち

もとの字は「硏」。「石」と、けずる意味と音を表す「幵」を合わせた字。石をすりみがく、「とぐ」意味を表す。

庫

10画
部首 广（まだれ）

おん コ・（ク）
くん ―

成り立ち
建物を表す「广」と、「車」を合わせた字。兵車を入れる建物を表す。広く「くら」の意味を表す。

書き方
丶 亠 广 庁 庐 肩 肩 肩 亘 庫
まっすぐ下につける
上の横棒より長く

使い方
倉庫・文庫・車庫・金庫・書庫・在庫・宝庫・冷蔵庫・貯蔵庫

向

6画
部首 口（くち）

おん コウ
くん むく・むける・むかう・むこう

成り立ち
家の北側に開けられた高窓の形 → 向

書き方
ノ 丿 冂 向 向 向
はねる

使い方
向上・方向・向学心・横向き・顔向け・向かい風・向こう岸

湖

12画
部首 氵（さんずい）

おん コ
くん みずうみ

成り立ち
水を表す「氵」と、大きいという意味と音を表す「胡」を合わせた字。大きな池とぬま、「みずうみ」の意味を表す。

書き方
丶 冫 氵 汁 汁 沽 沽 湖 湖 湖 湖 湖
はねる

使い方
湖水・湖上・湖岸・湖底・湖面・火口湖

幸

8画
部首 干（かん・いちじゅう）

おん コウ
くん さいわ-い・（さち）・しあわ-せ

成り立ち

書き方

一 十 土 去 垚 幸

上の横棒より長く
上の横棒より短く

使い方

幸福・幸運・不幸・幸いにも・海の幸・山の幸・不幸せ

幸

成り立ちの補足

手かせの形からできた字。転じて、手かせのけいばつからあやうくのがれる、思いがけない「さいわい」の意味を表す。

港

12画
部首 氵（さんずい）

おん コウ
くん みなと

成り立ち

水を表す「氵」と、通路の意味と音を表す「巷」を合わせた字。ふねの通る水路から、「みなと」の意味を表す。

書き方

丶 冫 氵 汁 汁 洪 洪 洪 洪 洪 港 港

はねる
あける

使い方

漁港・出港・空港・開港・入港・母港・帰港・貿易港・港町

号

5画
部首 口（くち）

おん ゴウ
くん ——

注意点

書くときは、「丂」の部分を「万」としないように注意する。

書き方

丨 口 口 号 号

つき出さない
はねる

使い方

号令・号外・番号・暗号・信号・年号・等号・元号・俳号・第一号

根

10画
部首 木（きへん）

おん コン
くん ね

成り立ち
「木」と、とどまる意味と音を表す「艮」を合わせた字。木のもとの部分の意味を表す。

書き方
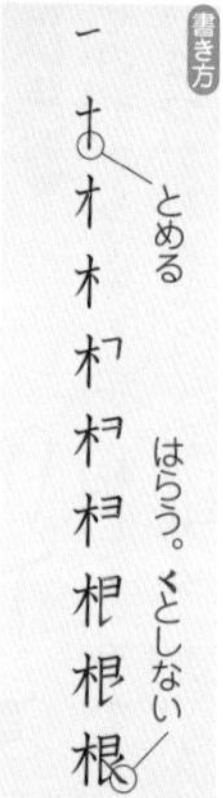

使い方
根気(こんき)・球根(きゅうこん)・根幹(こんかん)・根性(こんじょう)・大根(だいこん)・根本(こんぽん)(ねもと)・根元(こんげん)(ねもと)・根強(ねづよ)い・屋根(やね)

皿

5画
部首 皿（さら）

おん ―
くん さら

成り立ち
台(だい)に足(あし)のついた容器(ようき)を横(よこ)から見(み)た形(かたち)

書き方
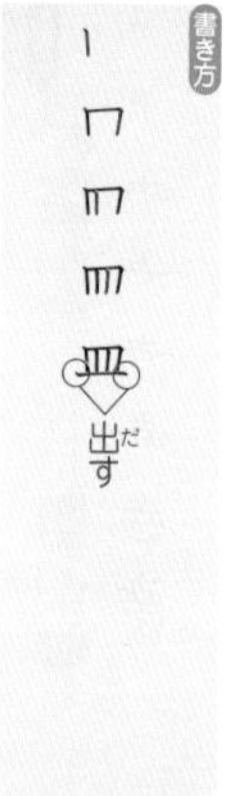

使い方
皿回(さらまわ)し・大皿(おおざら)・小皿(こざら)・灰皿(はいざら)・絵皿(えざら)・*果物皿(くだものざら)・受(う)け皿(ざら)・取(と)り皿(ざら)

祭

11画
部首 示（しめす）

おん サイ
くん まつ-る・まつ-り

成り立ち
肉(にく)を手(て)に持(も)つ様子(ようす)に「示」（神(かみ)）を加(くわ)えてできた字(じ)。

書き方
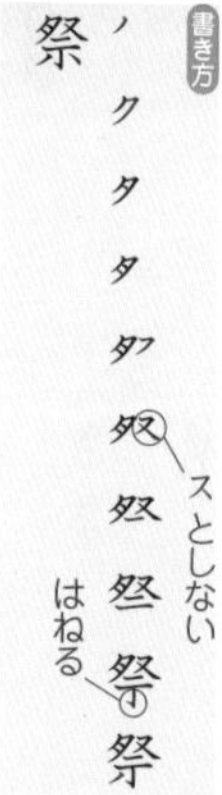

使い方
祭礼(さいれい)・文化祭(ぶんかさい)・祭典(さいてん)・前夜祭(ぜんやさい)・祭日(さいじつ)・植樹祭(しょくじゅさい)・秋祭(あきまつ)り・祭(まつ)り上(あ)げる

仕

5画
部首 亻（にんべん）

おん シ・(ジ)
くん つか-える

成り立ち
役目(やくめ)にある者(もの)を表(あらわ)し、音(おん)を表(あらわ)す「士」に「人」を加(くわ)えて、「士」という漢字(かんじ)と区別(くべつ)した。「つかえる」意味(いみ)を表(あらわ)す。

書き方
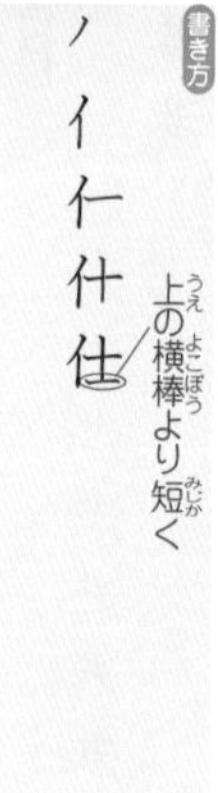

使い方
仕事(しごと)・仕入(しい)れ・仕組(しく)み・仕返(しかえ)し・仕切(しき)る・仕立(した)て・仕方(しかた)ない・給仕(きゅうじ)・宮仕(みやづか)え

死

6画

部首 歹（がつへん・かばねへん）

おん シ
くん し-ぬ

成り立ち
「歹」は骨を表した形。「人」が変化した「匕」を加えて、人の命がつきて骨になることを表した字。

書き方
一 ア 万 歹 歹 死
角をつけずにまげて上にはねる

使い方
死亡・死者・死去・戦死・必死・死力・死語・死に絶える

始

8画

部首 女（おんなへん）

おん シ
くん はじ-める・はじ-まる

成り立ち
「女」と、はじめの意味と音を表す「台」を合わせた字。長女の意味から「はじめ」の意味を表す。

書き方
𡿨 女 女 女 女 始 始 始
とめる
ややつき出す

使い方
始終・年始・開始・始発・始末・終始・始業式・原始人・仕事始め・始まり

使

8画

部首 亻（にんべん）

おん シ
くん つか-う

注意点
書くときは、「吏」を「史」としないように注意する。

書き方
ノ 亻 亻 仁 仁 佢 使 使
出す

使い方
使者・使用・大使・使命・使役・使い古す・使い分け・使い捨て

使

成り立ち
「人」と、しごとの意味と音を表す「事」の省略形の「吏」を合わせた字。「つかう」「つかい」の意味を表す。

3年 コ▼シ

指

9画

部首 扌（てへん）

おん シ
くん ゆび・さ-す

成り立ち
「扌」（手）と、まっすぐのびる意味と音を表す「旨」を合わせた字。手の「ゆび」から、「ゆびさす」意味に用いる。

書き方
はねる
角をつけずにまげて上にはねる

使い方
指示・指導・指定・指名・指令・指揮・指先・指図・名指し・目指す

詩

13画

部首 言（ごんべん）

おん シ
くん ――

成り立ち
「言」と、心が動き向かう意味と音を表す「寺」を合わせた字。感動を言葉に表した「うた」の意味を表す。

書き方
点の打ちかたに注意
はねる

使い方
詩情・詩人・詩集・作詩・漢詩・詩歌・風物詩・定型詩

歯

12画

部首 歯（は）

おん シ
くん は

成り立ち
根づいて動かない

口の中の「は」の形
↓
歯

書き方
とめる
とめる

使い方
歯科・乳歯・義歯・永久歯・門歯・歯車・入れ歯・歯形・歯切れ

歯

成り立ちの補足
もとの字は「齒」。口の中に並んでいる「は」の形に、根づいて動かない意味と音を表す「止」を加えて、口の中で根をおろしてぐらつかない「は」の意味を表す。

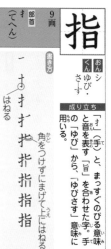

次

6画

部首 欠（あくび・けんづくり）

おん ジ・（シ）

くん つ-ぐ・つぎ

注意点 部首は「冫」ではなく、「欠（あくび・けんづくり）」。

書き方 丶 冫 ⺀ 次 次 次（フとしない）

使い方 次回・目次・次男・次女・次第・次いで・次々と・相次ぐ・取り次ぐ

次 成り立ち

「欠」（あくびをする）と、並ぶ意味と音を表す「二」を合わせた字。とちゅうでつぎつぎに休む意味から、休み場所の意味を表す。転じて、「つぐ」「つぎ」、順序の意味に用いる。

事

8画

部首 亅（はねぼう）

おん ジ・（ズ）

くん こと

注意点 書くときは、横棒の長短に注意する。

書き方 一 𠃌 𠀃 戸 亘 亘 事 事（出す・はねる）

使い方 事故・事実・無事・大事・行事・食事・何事・事始め・仕事・出来事

持

9画

部首 扌（てへん）

おん ジ

くん も-つ

成り立ち 手 扌 ＋ 寺（音を表す・とどめる） ＝ 持（もつ）

書き方 一 十 扌 扌 扌 扗 拝 持 持（上の横棒より長く・はねる）

使い方 持参・支持・所持品・持久力・持続・気持ち・持ち物・金持ち

式

6画

部首 弋（よく・しきがまえ・いぐるみ）

おん シキ
くん ――

注意点
部首が「弋（よく・しきがまえ・いぐるみ）」であることに注意する。

書き方
一 二 亍 丟 式 式
（はねる）（エにならない）

使い方
式典・形式・数式・式場・公式・挙式・和式・洋式・入学式・告別式

写

5画

部首 冖（わかんむり）

おん シャ
くん うつ-す・うつ-る

注意点
「与」（音読み「ヨ」、訓読み「あた-える」）と形が似ているので注意する。

書き方
丶 冖 冖 写 写
（はねる）（長く）

使い方
写真・写生・映写・書写・複写・模写・試写会・書き写す

実

8画

部首 宀（うかんむり）

おん ジツ
くん み・みの-る

注意点
書くときは、横棒の本数と、長短に注意する。

書き方
丶 宀 宀 宀 宣 宔 実 実
（まっすぐ下につける）（長く）

使い方
実力・事実・実験・実行・切実・口実・果実・実に・実入り・実り

実

成り立ち
もとの字は「實」。「宀」（家）と「貝」（財宝）と、みちる意味の「毌」を合わせた字。家の中に財宝がみちている意味を表す。転じて、「みのる」「み」の意味に用いる。

者

8画

部首 耂（おいかんむり）

おん シャ
くん もの

注意点
同じ読みの「物」に注意する。
・者…人に使う。
・物…品物に使う。

書き方
一 十 土 耂 耂 者 者 者
長く
つき出す

使い方
医者・作者・前者・学者・王者・勝者・発言者・第三者・若者・人気者

守

6画

部首 宀（うかんむり）

おん シュ・ス
くん まも-る・（もり）

成り立ち

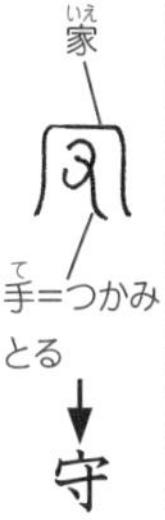

書き方
丶 宀 宀 宁 守 守
①まっすぐ下につける
はねる

使い方
守備・好守・守衛・保守・厳守・留守・見守る・お守り・子守

主

5画

部首 丶（てん）

おん シュ・（ス）
くん ぬし・おも

成り立ち

書き方
丶 亠 亍 亍 主
①点の向きに注意

使い方
主人・主権・主張・主演・主食・主人公・家主・地主・主に

主

成り立ちの補足

ろうそくなどを立てて火をつける台で火が燃えている形からできた字。そこから、あかりを守る者、「ぬし」「あるじ」の意味を表す。転じて、「おもな」の意味に用いる。

取

8画
部首 又（また）

おん シュ
くん と-る

成り立ち

手で耳をつかんだ様子から、けものの耳を持ってとらえたことを表した字。

書き方

一 厂 F F E 耳 耴 取

つき出さない

使い方

取材・採取・取得・先取点・見取り図・横取り・取り組み・関取・取り引き

酒

10画
部首 酉（ひよみのとり）

おん シュ
くん さけ・さか

成り立ち

水＼氵 ＋ 酒つぼ＼酉／音を表す ＝ 酒

書き方

丶 冫 氵 氵 汀 沂 沔 洒 酒 酒

角をつけずにまげる

使い方

飲酒・洋酒・梅酒・禁酒・日本酒・酒造業・あま酒・酒場・酒盛り

受

8画
部首 又（また）

おん ジュ
くん う-ける・う-かる

注意点

書くときは、「[図]」を「[図]」としないように注意する。

書き方

一 ⺈ ⺈ 爫 爫 𠬪 受 受

点の向きに注意

使い方

受験・受賞・受信・受講・授受・受粉・受付・受け身

州

6画
部首 川（かわ）

おん シュウ
くん （す）

成り立ち

水流に囲まれた土地の様子からできた字。

書き方

丶 ⺀ 少 州 州 州

点はまっすぐ下に向けて打つ
とめる

使い方

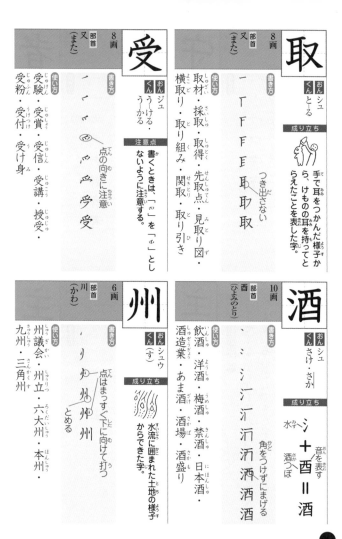

州議会・州立・六大州・本州・九州・三角州

拾

9画

部首 扌（てへん）

おん （シュウ）・（ジュウ）
くん ひろ-う

成り立ち

扌（手）＋合（あわせる）＝拾（ひろい集める）

書き方

一 十 扌 扌 扑 拎 拎 拾 拾（はねる）

使い方

拾得・収拾・拾万円・拾い物・拾い読み・命拾い

習

11画

部首 羽（はね）

おん シュウ
くん なら-う

意味

ひな鳥がいく度もはばたいて練習する意味から、「ならう」意味に用いる。

書き方

フ ヲ ヲ ヲ' 羽 羽 羽' 羽羽 習 習 習（はねる／ヨヨとしない）

使い方

習得・習慣・練習・学習・予習・復習・自習・習字・手習い・見習う

終

11画

部首 糸（いとへん）

おん シュウ
くん お-わる・お-える

注意点

書くときは、「冬」の部分を「冬」としないように注意する。

書き方

く 幺 幺 糸 糸 糸 紀 紁 終 終 終（とめる／終 〃にしない）

使い方

終日・終点・最終・終始・終末・終業式・終着駅・食べ終える

終

成り立ち

もとは、糸どめのため両はしを結んだ形（∩）で、糸の結び止め、「おわり」の意味を表す。のちに、「糸」と、おさめる意味と音を表す「冬」から成る字に変えた。

3年 シ▼シ

集

12画

部首 隹（ふるとり）

おん シュウ

くん あつ-まる・あつ-める・（つど-う）

成り立ち

多くの「隹」（鳥）が木の上にとまっている様子からできた字。

書き方

ノ　亻　亻　亻　什　件　隹　隹　隹（長く）　隹　集（とめる）　集

使い方

集合・集結・全集・集会・集団・集中・集金・採集・集まり・集い

重

9画

部首 里（さと）

おん ジュウ・チョウ

くん え・おも-い・かさ-ねる・かさ-なる

意味

人が荷物を背負って立つ意味に用いる。

書き方

一（長く）　一　亠　𠂉　旨　音　亩　重　重（長く）

使い方

重量・重大・重視・尊重・貴重・一重・*十重二十重・三重・重荷・重ね着

住

7画

部首 亻（にんべん）

おん ジュウ

くん す-む・す-まう

成り立ち

人を表す「亻」と、とどまる意味と音を表す「主」を合わせた字。人がとどまることから、「すむ」意味を表す。

書き方

ノ　亻　亻（点の打ちかたに注意）　仁　什　仹　住

使い方

住所・住宅・安住・住民・移住・住居・在住・衣食住・仮住まい

重

成り立ち

人が立った形の「𡈼」と、背負いぶくろの意味と音を表す「東」を合わせて、人が荷物を背負って立つ意味を表した字で、「おもい」意味を表す。

宿

11画

部首 宀（うかんむり）

おん シュク
くん やど・やどる・やどす

成り立ち

家

人がしき物につく様子

↓

宿

書き方

宿

まっすぐ下につける

丶 宀 宀 宀 宂 宂 宿 宿 宿 宿 宿

使い方

宿題・宿命・合宿・下宿・野宿・宿敵・宿願・宿屋・雨宿り

所

8画

部首 戸（と）

おん ショ
くん ところ

注意点

「ところが～」「今のところ～」など、場所を表さない「ところ」はひらがなで書く。

書き方

一 ㇇ ヨ 戸 戸 所 所 所

戸とはしない

はねない

使い方

所得・所有・近所・名所・場所・住所・所属・役所・所持品・台所

暑

12画

部首 日（ひ）

おん ショ
くん あつ-い

注意点

同じ読みの「熱い」に注意する。
・熱いお湯。
・暑い夏。

書き方

暑 暑

丨 冂 日 日 旦 早 昊 昊 昊 暑

長く

つき出す

使い方

暑気・寒暑・残暑・暑中見まい・暑苦しい・蒸し暑い

暑

成り立ち

もとの字は「暑」。火を集めてたく意味と音を表す「者」に「日」を加えて、「あつい」意味を表す。

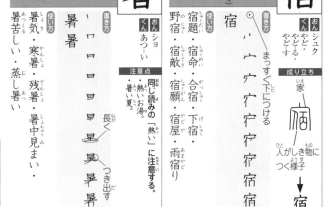

助

7画

部首 力（ちから）

おん ジョ

くん たす-ける・たす-かる・(すけ)

成り立ち

「力」と、重ねる意味と音を表す「且」を合わせた字。力を重ね加えることから、「たすける」意味を表す。

書き方

使い方

助力・救助・助言・補助・助走・人助け・手助け・大助かり・*助太刀

昭

9画

部首 日（ひへん・にちへん）

おん ショウ

くん ―

意味

日光のあきらかなことを表し、「あきらか」の意味に用いる。

書き方

使い方

昭和時代

消

10画

部首 氵（さんずい）

おん ショウ

くん き-える・け-す

成り立ち

「氵」（水）と、減る意味と音を表す「肖」を合わせた字。水が少なくなることから、「きえる」意味を表す。

書き方

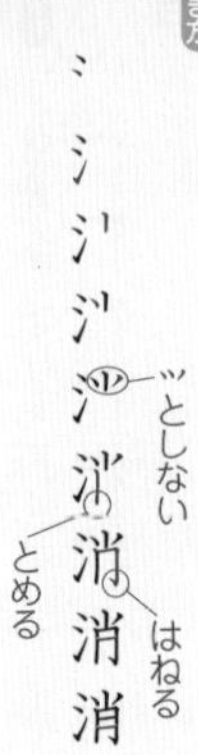

使い方

消火・消化・消去・消灯・消毒・消極的・立ち消え・消しゴム・消印

商

11画

部首 口（くち）

おん ショウ

くん （あきな-う）

成り立ち

「冏」（台地の形）と高い意と音を表す「章」を合わせた字。高台の住居、そこに住む部族の名から転じて、「商人」の意味を表す。

書き方

亠 亠 亣 产 产 产 商 商 商 商 商（まっすぐ下につける／八としない）

商

使い方

商売・商業・商人・商店・商品・商社・小売商・貿易商・商い

勝

12画

部首 力（ちから）

おん ショウ

くん か-つ・（まさ-る）

注意点

部首に注意。「勝」の部首は「力（ちから）」。〝力で勝つ〟と覚える。

書き方

丿 刀 月 月 月' 月' 月″ 胖 胖 胖 勝 勝（はねる／出す／出す）

使い方

勝敗・勝利・優勝・決勝・勝負・楽勝・必勝・勝因・勝手・男勝り

章

11画

部首 立（たつ）

おん ショウ

くん ―

成り立ち

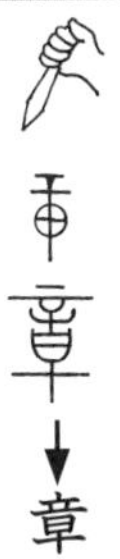

書き方

亠 亠 亣 立 产 产 音 音 音 音 章（まっすぐ下につける）

章

使い方

憲章・文章・第一章・記章・市章・校章

章　成り立ちの補足

大きな針の形からできた字で、「しるし」「あや」の意味に用いる。

乗

9画　部首 ノ（の）

おん ジョウ
くん の-る・の-せる

成り立ち

木(き)の上(うえ)に人(ひと)が立(た)っている様子(ようす)を表(あらわ)した字(じ)。

書き方

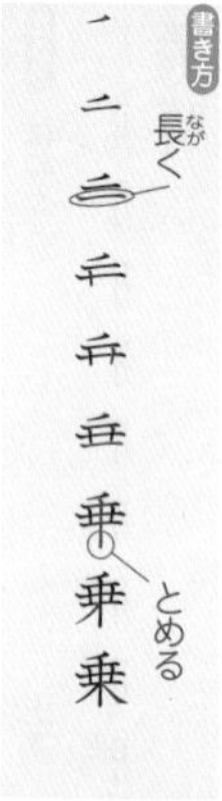

使い方

乗車(じょうしゃ)・乗馬(じょうば)・乗客(じょうきゃく)・乗員(じょういん)・便乗(びんじょう)・乗用車(じょうようしゃ)・乗り物(のりもの)・馬乗り(うまのり)・相乗り(あいのり)

申

5画　部首 田（た）

おん （シン）
くん もう-す

成り立ち

背中(せなか)がまっすぐにのびた形(かたち)

↓申

書き方

使い方

内申書(ないしんしょ)・申し訳(もうしわけ)・申し出る(もうしでる)・申しこむ(もうしこむ)・申し上げる(もうしあげる)

植

12画　部首 木（きへん）

おん ショク
くん う-える・う-わる

成り立ち

「木」と、まっすぐの意味(いみ)と音(おん)を表(あらわ)す「直」を合(あ)わせた字(じ)。木(き)をまっすぐ立(た)てることから、「うえる」意味(いみ)を表(あらわ)す。

書き方

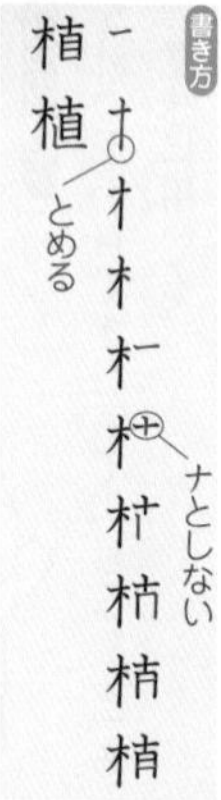

使い方

植樹(しょくじゅ)・植物(しょくぶつ)・植林(しょくりん)・移植(いしょく)・植民地(しょくみんち)・植木(うえき)・田植え(たうえ)

身

7画　部首 身（み）

おん シン
くん み

成り立ち

人(ひと)がみごもった形(かたち)

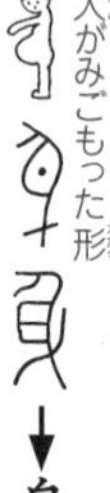

↓身

書き方

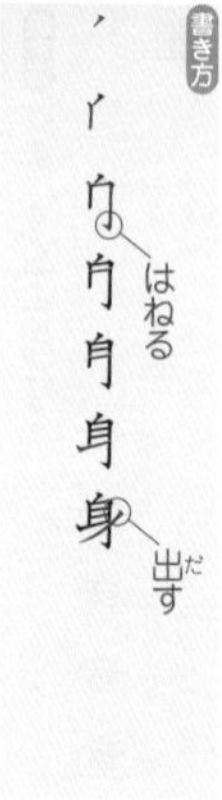

使い方

身体(しんたい)・単身(たんしん)・出身(しゅっしん)・全身(ぜんしん)・自身(じしん)・身長(しんちょう)・身内(みうち)・身軽(みがる)・親身(しんみ)・中身(なかみ)・身分(みぶん)

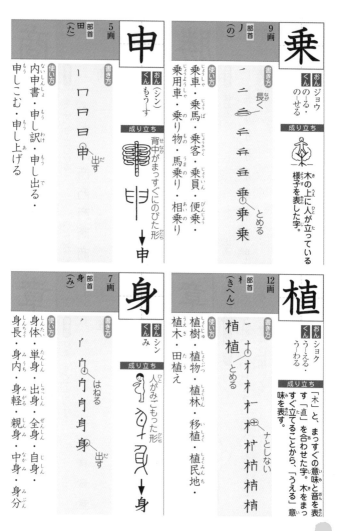

神

9画

部首 ネ（しめすへん）

おん シン・ジン

くん かみ・（かん）・（こう）

意味

神といなびかりを表すことから、雷神など、「天の神」の意味を表す。

書き方

点の向きに注意

使い方

神聖・神経・精神・神社・神話・神秘・神童・神父・神様・神主

真

10画

部首 目（め）

おん シン

くん ま

注意点

特別な読みのことば「真っ青」「真っ赤」に注意する。

書き方

ナとしない

長く

使い方

真実・写真・純真・真相・真理・真一文字・真南・真っ先・真心

深

11画

部首 氵（さんずい）

おん シン

くん ふかい・ふかまる・ふかめる

注意点

対語は「浅」。

書き方

まげてとめる

とめる

使い方

深山・深夜・水深・深刻・深海・深呼吸・深入り・罪深さ・深み

深

成り立ち

もとの字は「㴱」。「氵」（水）と、ふかい・さぐる意味と音を表す「罙」を合わせた字。水が「ふかい」意味を表す。

進

11画

部首 辶(しんにょう・しんにゅう)

おん シン

くん すす-む・すす-める

成り立ち

「辶」と、鳥を意味する「隹」を合わせた字。鳥のように速く行くことを表し、「すすむ」意味を表す。

書き方

ノ イ 亻 仆 什 件 隹 隹 隹 進 進

点の向きに注意

使い方

進歩・進級・進行・前進・行進・進学・進化・進展・発進

整

16画

部首 攵(ぼくにょう・のぶん)

おん セイ

くん ととの-える・ととの-う

成り立ち

敕(いましめる)＋正(ただす)＝整(ととのえる)

書き方

一 ｢ 冖 戸 申 束 束 束 敕 敕 敕 敕 整 整 整 整

とめる

使い方

整理・整列・整備・調整・整地・均整・整数

世

5画

部首 一(いち)

おん セイ・セ

くん よ

注意点

横と縦の直線ばかりなので、書き順に注意する。

書き方

一 十 廿 廿 世

やや長く

おさえてから右へ

使い方

世紀・時世・世界・世間・出世・世話・世代・後世・世帯・世論・世の中

世

成り立ち

「十」(十)を三つ合わせて、三十の意味を表し、つまり、人の一世代の意味。転じて、世の中の意味に用いる。

昔

8画

部首 日（ひ）

おん （セキ）・（シャク）
くん むかし

成り立ち

「日」と、積み重ねる意味と音を表す「龷」を合わせた字。日を積み重ねることから、「むかし」の意味を表す。

書き方

一 十 廾 龷（長く） 龷 昔 昔 昔

使い方

昔日・昔年・今昔・大昔・昔話・昔々

相

9画

部首 目（め）

おん ソウ・（ショウ）
くん あい

成り立ち

目が木と向かい合う様子から、よく「みる」意味を表した字。

書き方

一（とめる） 十 才 木（とめる） 木 札 机 相 相 相

使い方

相談・真相・人相・相続・相当・首相・相手・相性・相乗り・相次ぐ

全

6画

部首 人（ひとがしら）

おん ゼン
くん まった-く・すべ-て

注意点

書くときは、「王」の部分を「玉」や「工」にしないように注意する。

書き方

ノ 入 𠆢 仐 全 全（長く）

使い方

全部・全国・全校・全然・完全・全員・全体・安全・健全・全快

全

成り立ち

「玉」（王は古い字形）と「亼」（集める）の省略形の「入」とで、よくそろった玉、欠点のない玉を表し、「欠けたものがなく、そろっている」意味に用いる。

送

9画

部首 辶（しんにょう・しんにゅう）

おん ソウ

くん おく-る

成り立ち

「辶」と、おくる意味と音を表す「关」を合わせた字。おくって行くことから「おくる」意味を表す。

書き方

丶 丷 䒑 丷 关 关 关 送 送

出さない

とめる

使い方

送別・発送・放送・運送・送電・送金・輸送・送信・見送り・送り手

息

10画

部首 心（こころ）

おん ソク

くん いき

注意点

書くときは、「自」を「白」としないように注意する。

書き方

丿 亻 白 白 白 自 自 息 息 息

はねる

使い方

休息・消息・子息・生息・利息・ため息・息苦しい・息巻く

想

13画

部首 心（こころ）

おん ソウ・（ソ）

くん ―

成り立ち

相（姿・見る意味と音を表す）＋心＝想（心に形・姿を思いうかべる）

書き方

一 十 オ 木 木 相 相 相 相 相 想 想 想

とめる

はねる

使い方

想像・空想・感想・連想・予想・夢想・思想・追想・理想・回想・愛想

息

成り立ち

「鼻」（白→自）と「心」（胸）とで、鼻から呼吸する「いき」の意味を表す。

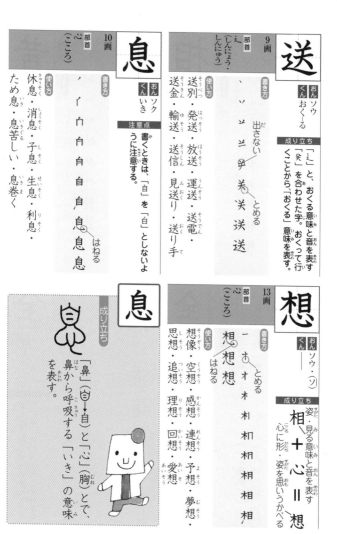

速

10画

部首　辶（しんにょう・しんにゅう）

おん　ソク

くん　はや-い・はや-める・はや-まる・（すみ-やか）

成り立ち

歩行を表す「辶」と、急がせる意味と音を表す「束」を合わせた字。道を急いでゆかせることから、「はやい」意味を表す。

書き方

一 ㇐ 㔾 戸 申 束 束 涑 涑 速

（とめる）（とめる）

使い方

速度・速達・速記・時速・急速・速報・加速・減速・風速・高速道路

族

11画

部首　方（ほうへん・かたへん）

おん　ゾク

くん　―

成り立ち

「矢」と「㫃」（旗）とで、軍旗のもとに矢を集めることを表し、「身内」「仲間」の意味に用いる。

書き方

① 亠 方 方 方 方 方 方 方 旅 族

（まっすぐ下につける）

使い方

一族・家族・親族・民族・貴族・血族・種族・遺族・水族館

他

5画

部首　亻（にんべん）

おん　タ

くん　ほか

注意点

「也」のつくりをほかの漢字とまちがえないように注意する。

池・地

書き方

ノ 亻 仆 仲 他

（長めに）（角をつけずにまげて上にはねる）

使い方

他人・他国・他力・自他・他県・他校・他方・他山の石・その他

打

5画

部首 扌（てへん）

おん ダ
くん う－つ

成り立ち

手 扌 ＋ 丁 ＝ 打

（扌：手。丁：つき当たる・音を表す。打：手でうつ）

書き方

一 十 扌 扌 打（はねる）

使い方

打楽器・打者・打破・安打・乱打・打開・打席・打算的・値打ち・舌打ち

待

9画

部首 彳（ぎょうにんべん）

おん タイ
くん ま－つ

成り立ち

「彳」と、とどまる意味と音を表す「寺」を合わせた字。道に立ち止まって「まつ」意味を表す。

書き方

ノ ㇒ 彳 彳 彳 彳 待 待 待（上の横棒より長く）（はねる）

使い方

待機・期待・招待・接待・待望・待合室・待ち遠しい

対

7画

部首 寸（すん）

おん タイ・（ツイ）
くん ——

注意点

部首が「寸（すん）」であることに注意する。

書き方

丶 亠 ナ 文 文 対 対（とめる。文としない）（はねる）

使い方

対立・対話・対決・絶対・反対・対談・対応・対象・対照的・対策・一対

代

5画

部首 亻（にんべん）

おん ダイ・タイ
くん か－わる・か－える・よ・（しろ）

成り立ち

「亻」（人）と、かわる意味と音を表す「弋」を合わせた字。人が入れかわることから、「かわる」意味を表す。

書き方

ノ 亻 亻 代 代（はねる）（点をわすれない）

使い方

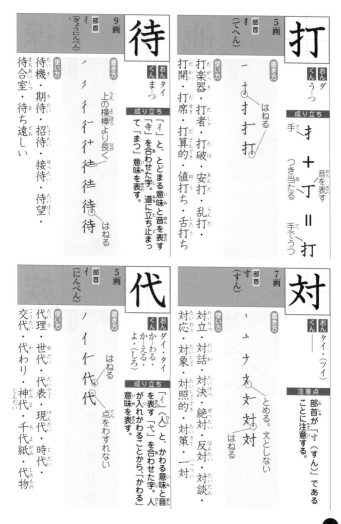

代理・世代・代表・現代・時代・交代・代わり・神代・千代紙・代物

第

11画

部首 ⺮（たけかんむり）

おん ダイ
くん ―

注意点
「弟」と形が似ているので注意する。

書き方
ノ ト ケ ⺮ ⺮ ⺮ 笃 笃 笃 第 第（はねる）

使い方
第一位・第一走者・第二次・第三者・第六感・落第

第

成り立ち
「竹」と、音を表す「弟」（もともとは、順序の意味）の省略形「弔」とで、巻いた竹簡の順序の意味を表す。

題

18画

部首 頁（おおがい）

おん ダイ
くん ―

注意点
部首が「頁（おおがい）」であることに注意する。

書き方
丨 口 日 日 旦 早（つき出さない） 早 是 是 是 是 題 題 題 題 題 題 題（とめる）

使い方
題名・題材・問題・出題・話題・例題・宿題・主題・本題・課題

炭

9画

部首 火（ひ）

おん タン
くん すみ

注意点
部首が「火（ひ）」であることに注意する。

書き方
丨 凵 山 山 屵 屵 屵 炭（点に人をくっつけない） 炭

使い方
炭鉱・木炭・石炭・炭水化物・二酸化炭素・炭火・消し炭・炭俵

短

12画

部首　矢（やへん）

おん　タン

くん　みじか－い

成り立ち

「矢」と、小さい意味と音を表す「豆」を合わせた字。小さい矢から、「みじかい」意味を表す。

書き方

ノ ᐩ 𠂉 午 矢 矢 矢 矢 知 短 短 短

（とめる）（つき出さない）

使い方

短歌・短気・短所・短文・短縮・短時間・一長一短・手短

着

12画

部首　⺶（ひつじ）

おん　チャク・（ジャク）

くん　き－る・き－せる・つ－く・つ－ける

注意点

部首が「⺶（ひつじ）」であることに注意する。

書き方

丶 丷 䒑 䒑 兰 羊 羊 着 着 着 着 着

（長く）

使い方

着地・愛着・定着・密着・着物・上着・着かざる・船着き場・落ち着く

談

15画

部首　言（ごんべん）

おん　ダン

くん　―

成り立ち

「言」と、さっぱりしている意味と音を表す「炎」を合わせた字。静かに「かたる」意味を表す。

書き方

丶 亠 亠 言 言 言 言 言 訁 訁 談 談 談 談 談

（はらう）

使い方

談話・談判・相談・対談・雑談・会談・面談・余談・美談

着

成り立ち

「著」の省略形。「著」と区別して、おもに「きる」「つく」意味に用いる。

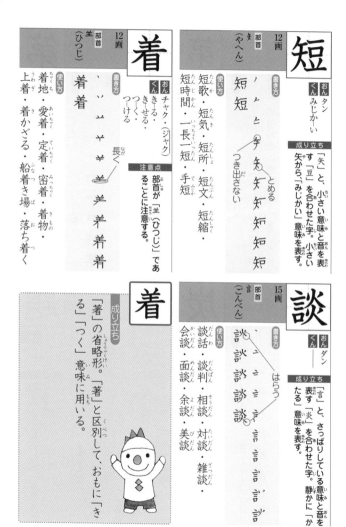

注

8画

部首 氵（さんずい）

おん チュウ

くん そそ-ぐ

成り立ち

水を表す「氵」と、つける意味と音を表す「主」を合わせた字。水を一か所に流しこむ、「そそぐ」意味を表す。

書き方

丶 冫 氵 氵 汁 汼 注 注

点の打ちかたに注意　長く

使い方

注文・注意・注目・発注・注射・注記・頭注・降り注ぐ

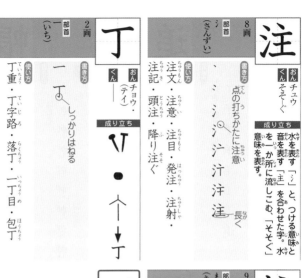

丁

2画

部首 一（いち）

おん チョウ・（テイ）

くん ―

成り立ち

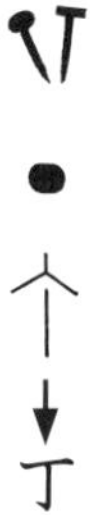

書き方

一 丁

しっかりはねる

使い方

丁重・丁字路・落丁・一丁目・包丁

柱

9画

部首 木（きへん）

おん チュウ

くん はしら

成り立ち

「木」と、立つ意味と音を表す「主」を合わせた字。まっすぐ立つ木、「はしら」の意味を表す。

書き方

一 十 才 木 木 杧 杧 杧 柱

とめる　点の打ちかたに注意

使い方

支柱・円柱・電柱・門柱・鉄柱・火柱・大黒柱・貝柱・しも柱

丁

成り立ちの補足

くぎの頭の形、また、くぎの側面の形からできた字。「あたる」意味を表す。

3年 タ▼チ

帳

11画

部首 巾（はばへん・きんべん）

おん チョウ
くん ―

成り立ち
きれを表す「巾」と、はる意味と音を表す「長」を合わせた字。寝台をおおって張る「とばり」の意味を表す。

書き方
（はねる）（はねる）

使い方
帳面・手帳・通帳・台帳・地図帳・日記帳・雑記帳・帳消し

追

9画

部首 辶（しんにょう・しんにゅう）

おん ツイ
くん お-う

成り立ち
「辶」と、従う意味と音を表す「𠂤」を合わせた字。あとについて行くことから、「おう」意味を表す。

書き方
向きと接する位置に注意

使い方
追加・追放・追求・追究・追想・追従・追い風・追い出す

調

15画

部首 言（ごんべん）

おん チョウ
くん しら-べる・（ととの-う）・（ととの-える）

意味
音声がととのう意味から、「ととのう」意味を表す。転じて、「しらべる」意味に用いる。

書き方
点の打ちかたに注意（はねる）

使い方
調和・調子・調査・好調・口調・調理・調整・調節・笛の調べ・下調べ

調

成り立ち
「言」（音声）と、ゆきわたる意味と音を表す「周」を合わせた字。

定

8画

部首 宀（うかんむり）

おん テイ・ジョウ
くん さだ-める・さだ-まる・（さだ-か）

成り立ち
家（宀）と、とどまる意味と音を表す「疋」を合わせた字で、「さだめる」意味を表す。

書き方
① まっすぐ下につける
丶 宀 宀 宁 宇 宇 定 定
おさえてからはらう

使い方
定価・安定・決定・予定・定員・未定・定休日・定石・案の定・定め

笛

11画

部首 ⺮（たけかんむり）

おん テキ
くん ふえ

成り立ち
「⺮」と、息をぬき出す意味と音を表す「由」を合わせた字。竹に穴をあけて作る「ふえ」の意味を表す。

書き方
ノ ㇀ ⺮ ⺮ ⺮ ⺮ 竺 笛 笛 笛 笛
出す

笛

使い方
汽笛・警笛・草笛・角笛・麦笛・横笛

庭

10画

部首 广（まだれ）

おん テイ
くん にわ

注意点
書くときは、「壬」を「王」としないように注意する。

書き方
① まっすぐ下につける
亠 广 广 庀 庄 庄 庭 庭 庭 庭
上の横棒より短く。壬としない

使い方
庭園・校庭・家庭・庭先・中庭・箱庭・石庭

庭

成り立ち
にわ・式場の意味と音を表す「廷」に「广」（建物）を加えて、宮でん内の式場の意味。転じて、「なかにわ」の意味に用いる。

鉄

13画

部首 金（かねへん）

おん テツ
くん ——

注意点

書くときに注意する。
×鉄
○鉄

書き方

ノ　𠂉　仒　仒　乍　𠂤　金　金　釒　鉈　鉄　鉄

とめる

出す

使い方

鉄道・鉄筋・鉄橋・鋼鉄・鉄板・鉄柱・鉄管・鉄則・私鉄・地下鉄

都

11画

部首 阝（おおざと）

おん ト・ツ
くん みやこ

意味

人の多く集まる所を表した字で、「みやこ」の意味に用いる。

書き方

一　＋　土　耂　耂　者　者　者　者　都　都

つき出す

書き順に注意

阝としない

使い方

都会・都市・首都・都立・都心・古都・都度・都合・花の都

転

11画

部首 車（くるまへん）

おん テン
くん ころ-がる・ころ-げる・ころ-がす・ころ-ぶ

意味

車輪がくるくるまわることを表した字で、「めぐる」「ころがる」意味に用いる。

書き方

一　𠄌　戸　戸　戸　亘　車　車　軒　転　転

上の横棒より長く

とめる

使い方

転校・転落・回転・運転・横転・逆転・転居・栄転・転機・自転車

度

9画

部首 广（まだれ）

おん ド・（ト）・（タク）
くん （たび）

注意点

部首が「广（まだれ）」であることに注意する。

書き方

亠　广　广　庐　产　产　庐　庐　度

まっすぐ下につける

とじる

使い方

温度・制度・限度・今度・程度・都度・極度・度胸・支度・度重なる

投

7画

部首 扌（てへん）

おん トウ
くん な-げる

意味

「投」には、「なげる」「なげいれる」「あたえる」「たよる」「合う」「とどまる」など、たくさんの意味がある。

書き方

一 扌 才 扌 扚 投 投（はねる／八としない）

使い方

投資・投書・投手・暴投・投票・投石・力投・投下・輪投げ

豆

7画

部首 豆（まめ）

おん トウ・ズ
くん まめ

成り立ち

ふたつきで長い足のある器

書き方

一 丆 丙 戸 豆 豆 豆（長く）

使い方

納豆・大豆・豆電球・枝豆・豆つぶ

島

10画

部首 山（やま）

おん トウ
くん しま

注意点

「鳥」と形が似ているので注意する。

書き方

ノ 亻 白 白 白 自 鳥 鳥 島 島（はねる）

使い方

島民・半島・列島・本島・無人島・群島・小島・島国・はなれ島

島

成り立ち

もとの字は「嶋」。わたり鳥が休む海上の小さい山、「しま」の意味。また一説には、「山」と、波の意味と音を表す「鳥」を合わせた字で、「波間にうかぶ山」の意味を表す。

湯

12画

部首 氵（さんずい）

おん トウ
くん ゆ

成り立ち
水を表す「氵」と、「あがる」意味と音を表す「昜」を合わせた字。わきあがる熱い水、「ゆ」の意味を表す。

書き方
横棒をわすれない。昜ではない
、 丶 氵 汀 沪 沪 浔 浔 渭 湯 湯 湯
はねる

使い方
湯治・熱湯・銭湯・給湯・長湯・湯水・湯気・湯わかし

等

12画

部首 ⺮（たけかんむり）

おん トウ
くん ひと-しい

成り立ち
「⺮」と、そろえる意味と音を表す「寺」を合わせた字。竹簡をそろえ整える意味から「ひとしい」意味を表す。

書き方
ノ ト ⺮ 竺 竺 笙 筌 等 等 等
長く
はねる

使い方
等分・等級・平等・対等・上等・同等・高等・等号・均等・一等賞

登

12画

部首 癶（はつがしら）

おん トウ・ト
くん のぼ-る

成り立ち
両足

豆
↓
登

書き方
フ ヲ ヲ' 癶 癶 癶 癸 登 登 登 登 登
書き順に注意
長く

使い方
登校・登場・登記・登板・登録・登頂・登山・山登り

登

成り立ちの補足

両足を表す「癶」と、音を表す「昇」の省略形「豆」とで、物の上に「のぼる」意味を表す。

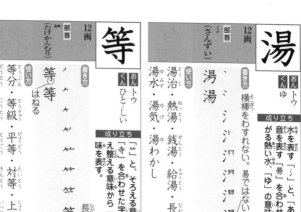

動

11画

部首 力（ちから）

おん ドウ
くん うご-く・うご-かす

成り立ち

書き方

一 二 三 亓 亓 盲 亘 重 重 重 動

ななめ右上（みぎうえ）に　はねる

動

使い方

動物（どうぶつ）・動作（どうさ）・動力（どうりょく）・活動（かつどう）・運動（うんどう）・移動（いどう）・感動（かんどう）・行動（こうどう）・動機（どうき）・動き（うごき）

動

成り立ちの補足（ほそく）

「力」と、上下（じょうげ）に動（うご）く意味（いみ）と音（おん）を表（あらわ）す「重」を合（あ）わせた字（じ）。力（ちから）をこめて動（うご）かす意味（いみ）から、「動（うご）かす・動（うご）く」意味（いみ）を表（あらわ）す。

童

12画

部首 立（たつ）

おん ドウ
くん （わらべ）

注意点

部首（ぶしゅ）が「立（たつ）」であることに注意（ちゅうい）する。

書き方

丶 亠 亠 立 立 产 吾 音 音 音 竜 童

まっすぐ下（した）につける

上（うえ）の横棒（よこぼう）より長（なが）く

童 童

使い方

童話（どうわ）・童心（どうしん）・児童（じどう）・学童（がくどう）・悪童（あくどう）・童顔（どうがん）・神童（しんどう）・童歌（わらべうた）

農

13画

部首 辰（しんのたつ）

おん ノウ
くん ——

注意点

部首（ぶしゅ）が「辰（しんのたつ）」であることに注意（ちゅうい）する。

書き方

丨 冂 巾 曲 曲 曲 曲 曲 曲 曲 農 農 農

出（だ）す

はねる　はらう

使い方

農家（のうか）・農業（のうぎょう）・農場（のうじょう）・農村（のうそん）・農民（のうみん）・農夫（のうふ）・農作物（のうさくぶつ）

波

8画

部首 氵（さんずい）

おん ハ
くん なみ

成り立ち
「氵」（水）と、かたむく意味と音を表す「皮」を合わせた字。水面がかたむく「なみ」の意味を表す。

書き方
丶 冫 氵 氵 沪 沪 波 波
（「とし ない」）

使い方
電波・寒波・波長・波乱・波状・脳波・高波・波間・波風・波立つ

配

10画

部首 酉（とりへん）

おん ハイ
くん くば-る

注意点
部首「酉」を「西」「酉」としないように注意する。

書き方
一 丆 冂 丙 两 西 酉 酉 酉 配 配
（「西としない」「あける」）

使い方
配分・配列・交配・心配・配布・手配・配達・支配・気配り

倍

10画

部首 亻（にんべん）

おん バイ
くん ——

注意点
「部」と形が似ているので注意する。

書き方
ノ 亻 亻 仁 仁 位 位 倍 倍 倍
（①まっすぐ下につける）

使い方
倍率・倍増・倍加・倍数・倍額・人一倍

箱

15画

部首 ⺮（たけかんむり）

おん ―――
くん はこ

意味
車の両側につけた竹の入れ物を表し、物を入れる「はこ」の意味に用いる。

書き方
ノ ㇐ ケ ケ丿 竹 竺 笁 笨 笨 笨 箱 箱 箱 箱 箱
（とめる）

使い方
箱庭・筆箱・巣箱・空き箱・薬箱・貯金箱・重箱・本箱

発

9画

部首 癶（はつがしら）

おん ハツ・（ホツ）
くん ―――

注意点
部首「癶（はつがしら）」の書き順に注意する。

書き方
フ ヲ ヺ 癶 癶 癸 癹 発 発
（角をつけずにまげて上にはねる）

使い方
発明・発表・発生・発売・出発・発作

畑

9画

部首 田（た）

おん ―――
くん はた・はたけ

意味
水田に対し、焼いて開いた火田、「はたけ」の意味を表す。

書き方
丶 丷 火 火 灯 畑 畑 畑 畑
（点の打ちかたに注意）（とめる）

使い方
畑作・田畑・畑ちがい・麦畑・茶畑・花畑・焼き畑・畑仕事

発

成り立ち
もとの字は「發」。「弓」と、パッと音を立ててはなす意味と音を表す「癶」とで、矢を放つ意味を表し、「出発する」「始める」意味に用いる。

反

4画

部首 又（また）

おん ハン・（ホン）・（タン）

くん そ-る・そ-らす

成り立ち
おおいを表す「厂」と、手を表す「又」を合わせた字。手でおおいをおしかえすことから、「かえる」意味を表す。

書き方
一 厂（つける） 万 反

使い方
反映・反対・反感・反省・反逆・反面・反旗・反応・反物・反り返る

板

8画

部首 木（きへん）

おん ハン・バン

くん いた

成り立ち
「木」と、平たい意味と音を表す「反」を合わせた字。平たい木、「いた」の意味を表す。

書き方
一 十（とめる） 才 木 朩 杤（つける） 板 板

使い方
鉄板・黒板・看板・板書・登板・伝言板・回覧板・羽子板・板前

坂

7画

部首 土（つちへん・どへん）

おん （ハン）

くん さか

成り立ち
「土」と、かたむくという意味と音を表す「反」を合わせた字。けいしゃ地、「さか」の意味を表す。

書き方
一 十 土（ななめ右上の方向に） 圷 圻（つける） 坂 坂

使い方
急坂・坂道・上り坂・下り坂

皮

5画

部首 皮（けがわ・ひのかわ）

おん ヒ

くん かわ

成り立ち

頭のついたけものの皮を手ではぎ取る様子を表した字。

書き方
ノ 厂（つき出す） 广（とめない） 皮 皮

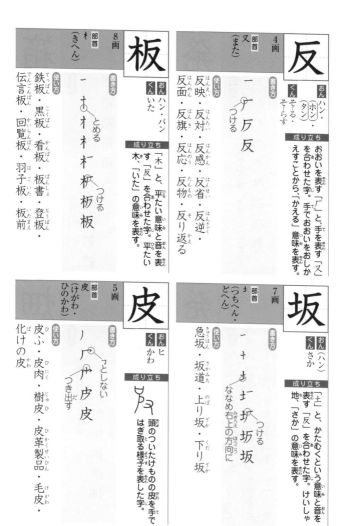

使い方
皮ふ・皮肉・樹皮・皮革製品・毛皮・化けの皮

悲

12画

部首 心（こころ）

おん ヒ

くん かな-しい・かな-しむ

成り立ち

「心」と、そむく意味と音を表す「非」を合わせた字。心の思いに反する気持ちの意味から、「かなしみ」の意味を表す。

書き方

丿 ⺈ ⺕ ⺕ 刲 非 非 非 非 非 悲 悲

書き順に注意　まっすぐ　はねる

使い方

悲劇・悲鳴・悲運・悲願・悲観的・悲喜こもごも・悲しがる

鼻

14画

部首 鼻（はな）

おん （ビ）

くん はな

注意点

書くときは、「自」の部分を「白」としないように注意する。

書き方

丿 ⺈ 白 白 白 自 自 鳥 鳥 鳥 畠 畠 鼻 鼻

出す

使い方

鼻水・鼻血・鼻歌・鼻先・鼻声・目鼻立ち・耳鼻科

美

9画

部首 羊（ひつじ）

おん ビ

くん うつく-しい

注意点

書くときは、「⺷」と「大」に分かれることに注意する。

書き方

丶 丷 䒑 ⺷ ⺷ 羊 羊 美 美

⺷と大に分けて書く

使い方

美術・美人・美点・美化・美声・美徳・美談・優美・賛美・美しさ

筆

12画

部首 ⺮（たけかんむり）

おん ヒツ
くん ふで

成り立ち

「⺮」と、手にふでを持つ意味と音を表す「聿」を合わせた字。竹の「ふで」の意味を表す。

書き方

ノ ト ⺮ ⺮ ⺮ 笁 笔 笔 筀 筀 筆 筆

すぐ上の横棒より長く

使い方

筆記・筆頭・筆順・達筆・筆者・筆算・筆記用具・絵筆・筆入れ

表

8画

部首 衣（ころも）

おん ヒョウ
くん おもて・あらわ-す・あらわ-れる

注意点

部首が「衣（ころも）」であることに注意する。

書き方

一 十 丰 主 声 耒 表 表

長く　はねる　はらう。くとしない

使い方

表面・表紙・表現・表情・年表・辞表・代表・発表・表門・裏表

氷

5画

部首 水（みず）

おん ヒョウ
くん こおり・（ひ）

注意点

訓読みは「こうり」ではなく「こおり」と書くことに注意する。

書き方

丨 刁 力 氵 氷

点　あける

使い方

氷山・氷点・氷河・氷点下・樹氷・流氷・結氷・氷水・氷雨

氷

成り立ち

もとの字は「冰」。こおりの意味と音を表す「冫」に「水」を加えて、水が「こおる」意味を表す。

秒

9画

部首 禾（のぎへん）

おん ビョウ
くん ――

注意点

書くときは、「少」の部分を「小」としないように注意する。

書き方

ノ 二 千 禾 禾 利 利 秒 秒
（とめる）（はねる）

使い方

秒針・秒速・秒読み・寸秒・毎秒・一分一秒

秒

成り立ち

「禾」と細く小さい意味と音を表す「少」を合わせた字。穀物のほさきの毛の意味から、ひじょうに細かい意味を表す。

病

10画

部首 疒（やまいだれ）

おん ビョウ・（ヘイ）
くん （や-む）・やまい

成り立ち

「疒」と、加わる意味と音を表す「丙」を合わせた字。やまいが重くなる意味を表す。

書き方

亠 广 广 疒 疒 疔 疔 病 病 病
（①まっすぐ下につける）（はねる）

使い方

病気・病院・病人・病弱・病室・重病・看病・難病・急病・病み付き

品

9画

部首 口（くち）

おん ヒン
くん しな

成り立ち

物の意味を表す「口」を三つ合わせて、「多くの物」の意味を表す。

書き方

丨 冂 口 口 口 口 品 品 品
（上の口はやや大きめに）

使い方

作品・上品・食品・部品・新品・日用品・品行方正・品物・手品

負

おん　フ
くん　ま-ける・ま-かす・お-う

9画
部首　貝（かい）

注意点
「負け」の対語は「勝ち」。

書き方
ノ ⺈ 刀としない
ノ ⺈ 仢 负 负 負 負 負 負（とめる）

使い方
負傷・負担・自負・勝負・負け戦・夏負け・負い目・背負う

負

成り立ち

もとの字は「負」。「人」（⺈は変化した形）と、背中の意味と音を表す「貝」を合わせた字。背に人を「おう」意味を表し、「まける」意味に用いる。

部

おん　ブ
くん　―

11画
部首　阝（おおざと）

注意点
特別な読みのことば「部屋」に注意する。

書き方
亠（まっすぐ下につける） 亠 立 立 音 音 音 部 部
部

使い方
部分・部首・部品・全部・細部・西部・郡部・本部・内部・*部屋

服

おん　フク
くん　―

8画
部首　月（つきへん）

注意点
「服」は粉薬や茶を飲む回数を数えるときの言葉として使われる。
例：一服二服

書き方
丿 刀（はねる） 月 月（フとしない） 月 肌 服（とめる） 服

使い方
服装・服従・服用・洋服・制服・衣服・冬服・承服・私服・一服

福

13画

部首 ネ（しめすへん）

おん フク
くん ――

注意点
部首(ぶしゅ)が「ネ（ころもへん）」ではなく、「ネ（しめすへん）」であることに注意(ちゅうい)する。

書き方

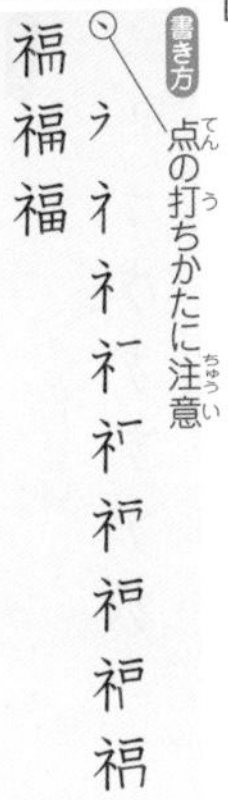

使い方
福徳(ふくとく)・福利(ふくり)・福笑(ふくわら)い・福引(ふくび)き・祝福(しゅくふく)・大福(だいふく)・幸福(こうふく)・福(ふく)の神(かみ)・七福神(しちふくじん)

物

8画

部首 牛（うしへん）

おん ブツ・モツ
くん もの

注意点
「牛（うしへん）」と「牛(うし)」では書(か)き順(じゅん)がちがうので注意(ちゅうい)する。

書き方

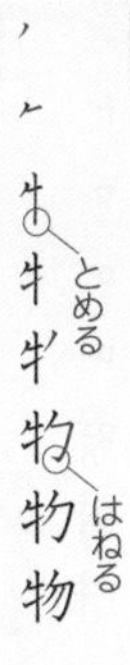

使い方
物質(ぶっしつ)・動物(どうぶつ)・人物(じんぶつ)・荷物(にもつ)・食物(しょくもつ)・進物(しんもつ)・物語(ものがたり)・品物(しなもの)・物知(ものし)り・着物(きもの)

平

5画

部首 干（かん・いちじゅう）

おん ヘイ・ビョウ
くん たい-ら・ひら

成り立ち

書き方

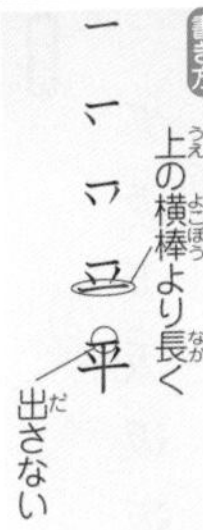

使い方
平面(へいめん)・平和(へいわ)・平野(へいや)・公平(こうへい)・平易(へいい)・平等(びょうどう)・平(たい)らげる・平手(ひらて)・平仮名(ひらがな)・平屋(ひらや)

平

成り立ちの補足(ほそく)

水面(すいめん)にひらたくうかんでいる水草(みずくさ)の形(かたち)からできた字(じ)。「ひらたい」「たいら」の意味(いみ)に用(もち)いる。

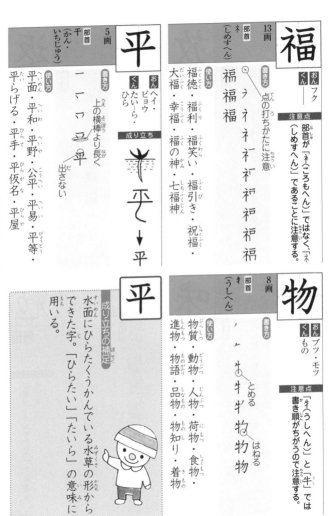

返

7画

部首 辶（しんにょう・しんにゅう）

おん ヘン

くん かえ-す・かえ-る

成り立ち

道を表す「辶」と、かえる意味と音を表す「反」を合わせた字。来た道をひきかえす意味を表す。

書き方

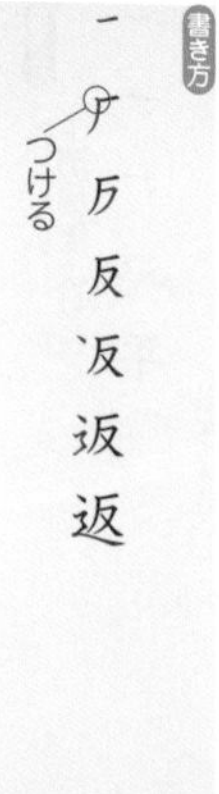

使い方

返事・返礼・返答・返送・返済・仕返し・恩返し・若返る

放

8画

部首 攵（ぼくにょう・のぶん）

おん ホウ

くん はな-す・はな-つ・はな-れる・ほう-る

注意点

部首が「攵（ぼくにょう・のぶん）」であることに注意する。

書き方

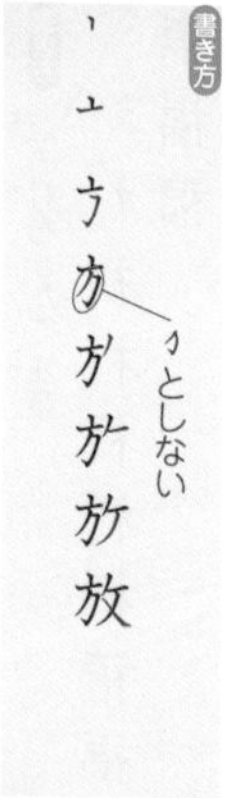

使い方

放送・放水・追放・解放・放置・放課後・放射線・手放す・開け放つ

勉

10画

部首 力（ちから）

おん ベン

くん ――

注意点

部首が「力（ちから）」であることに注意する。

書き方

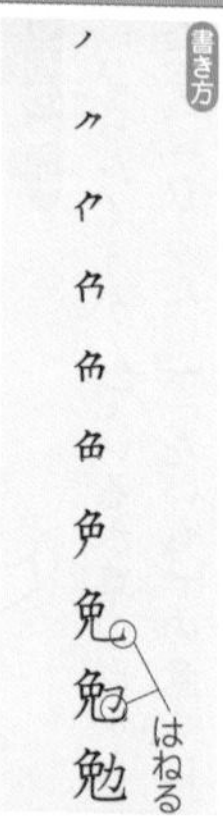

使い方

勉強・勉強机・勉学・勤勉

味

8画

部首 口（くちへん）

おん ミ

くん あじ・あじ-わう

成り立ち

音を表す「未」は「美」の意味を持つ。口に美しいと感じること、「あじわう」意味を表す。

書き方

使い方

味覚・味方・意味・興味・賞味・地味・不気味・味わい・味見

命

8画　部首 口（くち）

おん メイ・（ミョウ）
くん いのち

注意点
部首が「口（くち）」であることに注意する。

書き方
ノ 人 亼 亽 今 合 命 命（はねる）（はねない）

使い方
命令・命名・運命・生命・使命・人命・任命・革命・命拾い

問

11画　部首 口（くち）

おん モン
くん と-う・と-い・とん

成り立ち
「口」と、引き出す意味と音を表す「門」を合わせた字。たずねて聞き出す意味を表す。

書き方
丨（とめる） 冂 𠁣 門（はねる） 門 門 門 問

使い方
問題・学問・訪問・質問・設問・難問・疑問・問いただす・問屋

面

9画　部首 面（めん）

おん メン
くん （おも）・（おもて）・（つら）

成り立ち

首の形（かみの毛以外）を輪かく線で囲んで、人の「顔」の意味を表す。

書き方
一 ㄏ（ノの位置と向きに注意） 丆 丙 而 而 面 面 面

使い方
面会・面積・顔面・方面・場面・表面・画面・面長・細面・鼻面

面 成り立ちの補足

もともとは顔の象ちょうである見開いた目の形を、のちに、頭のかみの毛を除いた首の形を輪かく線で囲んで、人の「顔」の意味を表す。転じて、「物の表面」の意味に用いる。

役

7画

部首 彳（ぎょうにんべん）

おん ヤク・（エキ）

くん ――

意味

武器を持ち、見まわりして警かいすることを表したことから、「つとめ」の意味を表す。

書き方

丿 ⺀ 彳 彴 役 役 役

つける　上にはねる

使い方

役所・役目・役者・役人・役割・役立つ・配役・主役・上役・使役

由

5画

部首 田（た）

おん ユ・ユウ・（ユイ）

くん （よし）

成り立ち

首の細い酒つぼの形

↓由

書き方

丨 口 由 由 由

出す

使い方

由来・経由・自由・自由形・自由行動・理由

薬

16画

部首 艹（くさかんむり・そうこう）

おん ヤク

くん くすり

注意点

草から薬を作っていたので、「艹（くさかんむり・そうこう）」を用いる。

書き方

一 十 艹 艹 芢 苩 苩 苩 苩 菹 蒁 蒁 薬 薬 薬 薬

とめる　とめる　点を打つ向きに注意

使い方

薬局・薬品・火薬・農薬・新薬・消毒薬・目薬・薬指・飲み薬

薬

成り立ち

もとの字は「藥」。「艹」（草）と、病を治す意味と音を表す「樂」を合わせた字。病気を治りょうする草から、「くすり」の意味を表す。

油

8画

部首 氵（さんずい）

おん ユ

くん あぶら

意味

水（みず）がなめらかでゆったりしていることを表（あらわ）し、「あぶら」の意味（いみ）に用（もち）いる。

書き方

丶 ⺀ 氵 氵丨 汩 油 油 油（出す）

使い方

油田（ゆでん）・油断（ゆだん）・石油（せきゆ）・原油（げんゆ）・重油（じゅうゆ）・給油（きゅうゆ）・灯油（とうゆ）・食用油（しょくようあぶら）・油絵（あぶらえ）・ごま油（あぶら）

有

6画

部首 月（つき）

おん ユウ・（ウ）

くん あ-る

注意点

書（か）き順（じゅん）に注意（ちゅうい）する。「右」と同（おな）じで、「ノ」から書（か）き始（はじ）める。

書き方

ノ ナ 冇 有 有 有（とめる・はねる）

使い方

有益（ゆうえき）・所有（しょゆう）・有名（ゆうめい）・有料（ゆうりょう）・有力（ゆうりょく）・特有（とくゆう）・共有（きょうゆう）・固有（こゆう）・有無（うむ）・有り金（ありがね）

遊

12画

部首 辶（しんにょう・しんにゅう）

おん ユウ・（ユ）

くん あそ-ぶ

注意点

「辶」の書（か）き順（じゅん）は最後（さいご）になることに注意（ちゅうい）する。

書き方

① 亠 方 方 扩 斿 斿 斿 斿 游 遊（まっすぐ下（した）につける・はねる・はねる）

使い方

遊牧（ゆうぼく）・遊泳（ゆうえい）・遊具（ゆうぐ）・遊歩道（ゆうほどう）・遊園地（ゆうえんち）・外遊（がいゆう）・遊山（ゆさん）・水遊（みずあそ）び

予

4画

部首 亅（はねぼう）

おん ヨ

くん ——

注意点

「予習」「予定」などのように用いられることからわかるように、「前もって」という意味もある。

書き方

フ　マ　ヱ　予

了ではない

はねる

使い方

予定・予習・予感・予言・予算・予防・予想・予期・予告・予約

洋

9画

部首 氵（さんずい）

おん ヨウ

くん ——

注意点

書くときは、「汼」「泮」としないように注意する。

書き方

丶　氵　氵　氵　氵　氵　洋

長く

つき出さない

使い方

洋服・洋風・洋式・洋食・洋裁・洋室・洋画・西洋・太平洋・海洋

羊

6画

部首 羊（ひつじ）

おん ヨウ

くん ひつじ

成り立ち

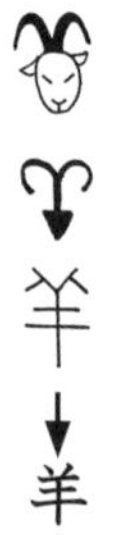

書き方

丶　丷　䒑　兰　兰　羊

上の二本より長く

つき出さない

使い方

羊毛・羊かん・羊皮紙・牧羊・子羊・羊雲・羊飼い

羊

成り立ちの補足

もとの字は「羊」。角が前につき出ている牛に対して、おもに後ろ向きに出て曲がる角を持つけものの頭の形からできた字で、「ひつじ」の意味を表す。

葉

12画

部首 艹（くさかんむり・そうこう）

おん ヨウ
くん は

成り立ち

枼 ― うすい木片（もくへん）
↓
葉

書き方

一 十 艹 …（長く）… 葉（とめる）

葉 葉

使い方

葉緑素（ようりょくそ）・落葉（らくよう）・広葉樹（こうようじゅ）・針葉樹（しんようじゅ）・紅葉（こうよう ＊もみじ）・若葉（わかば）・葉桜（はざくら）・松葉（まつば）・落ち葉（おちば）

葉 成り立ちの補足（ほそく）

うすい木片（もくへん）の意味（いみ）と音（おん）を表（あらわ）す「枼」に「艹」（草（くさ））を加（くわ）えて、草木（くさき）のうすい「は」の意味（いみ）を表（あらわ）す。

陽

12画

部首 阝（こざとへん）

おん ヨウ
くん ―

成り立ち

「阝」（山（やま））と、日（ひ）がのぼる意味（いみ）と音（おん）を表（あらわ）す「昜」とで、山（やま）の太陽（たいよう）のあたる側面（そくめん）を表（あらわ）し、「太陽（たいよう）」の意味（いみ）に用（もち）いる。

書き方

（阝としない）…（はねる）

陽 陽

使い方

陽光（ようこう）・陽性（ようせい）・陽気（ようき）・太陽（たいよう）・太陽系（たいようけい）・山陽地方（さんようちほう）

様

14画

部首 木（きへん）

おん ヨウ
くん さま

注意点

「このような」「夢（ゆめ）のような」などの場合（ばあい）は、ひらがなで書（か）く。

書き方

一 十（とめる） 才 木 … 様（はねる）

样 样 様 様

使い方

様式（ようしき）・様子（ようす）・模様（もよう）・同様（どうよう）・多様化（たようか）・各人各様（かくじんかくよう）・お客様（おきゃくさま）・神様（かみさま）・王様（おうさま）

落

12画

部首 艹（くさかんむり・そうこう）

おん ラク

くん お-ちる・お-とす

成り立ち

「艹」（草）と、おりてくる意味と音を表す「洛」を合わせた字。草木の葉がおちる意味から「おちる」「おとす」意味を表す。

書き方

一 十 廾 艹 艹 艹 芦 茨 茨 落 落 落

艹の下に書く。落としない

使い方

落下（らっか）・落語（らくご）・落第（らくだい）・落葉（らくよう）・落日（らくじつ）・落選（らくせん）・段落（だんらく）・集落（しゅうらく）・落ち着く（おちつく）

旅

10画

部首 方（ほうへん・かたへん）

おん リョ

くん たび

成り立ち

旗の下に多くの人が集まった様子からできた字。

書き方

丶 亠 方 方 方 方 於 於 旅 旅

はねる　とめる

使い方

旅行（りょこう）・旅情（りょじょう）・旅館（りょかん）・旅費（りょひ）・旅先（たびさき）・旅人（たびびと）・旅路（たびじ）・船旅（ふなたび）・旅立つ（たびだつ）

流

10画

部首 氵（さんずい）

おん リュウ・（ル）

くん なが-れる・なが-す

注意点

書くときは、「氵」を「⺡」としないように注意する。

書き方

丶 冫 氵 氵 汁 汁 汁 浐 浐 流

まっすぐ下につける

角をつけずにまげて上にはねる

使い方

流行（りゅうこう）・流域（りゅういき）・流氷（りゅうひょう）・急流（きゅうりゅう）・清流（せいりゅう）・電流（でんりゅう）・海流（かいりゅう）・流転（るてん）・流れ星（ながれぼし）

両

6画

部首 一（いち）

おん リョウ

くん ——

意味

対になっている二つのものなどの意味。

書き方

一 冂 冂 両 両 両

とめる　はねる

使い方

両親（りょうしん）・両手（りょうて）・両方（りょうほう）・両立（りょうりつ）・両側（りょうがわ）・両面（りょうめん）・両論（りょうろん）・両成敗（りょうせいばい）・車両（しゃりょう）・千両（せんりょう）

緑

14画

部首　糸（いとへん）

おん　リョク・（ロク）
くん　みどり

注意点
「緑」（音読み「エン」、訓読み「ふち」）と形が似ているので注意する。

書き方
く　幺　幺　糸（とめる）　糸　糸　紀　紀　紀　紀（はねる）　紀　紀　紀　緑

使い方
緑茶・緑地・新緑・緑化・葉緑素・常緑樹・緑青・緑色・黄緑

列

6画

部首　刂（りっとう）

おん　レツ
くん　——

注意点
部首が「刂（りっとう）」であることに注意する。

書き方
一　ア　歹（はらう）　歹　歹　列（はねる）

使い方
列車・列島・列挙・序列・配列・参列・整列・行列・隊列

礼

5画

部首　ネ（しめすへん）

おん　レイ・（ライ）
くん　——

意味
供え物を盛り、神をまつる祭礼を表すことから、ぎしきや作法の意味を表す。

書き方
丶　ラ　ネ（とめる）　ネ　礼（角をつけずにまげて上にはねる）

使い方
礼状・謝礼・敬礼・朝礼・失礼・無礼・祭礼・非礼・目礼・礼賛

列

成り立ち
「刂」（刀）と、さく意味と音を表す「歺」（歹は変化した形）を合わせた字。刀で切りさく意味から、「ならべる」意味を表す。

練

14画

部首 糸（いとへん）

おん レン
くん ね-る

注意点

「連」「錬」（音読み「レン」）と形が似ているので注意する。

書き方

く　幺　幺　糸（とめる）　糸　紅　紅　絅　絅　絅　紳（とめる）　紳　練

使い方

練習・訓練・試練・熟練・洗練・練り歩く

和

8画

部首 口（くち）

おん ワ・（オ）
くん （やわ-らぐ）・（やわ-らげる）・（なご-む）・（なご-やか）

注意点

「和」は日本の意味もある。
対語は「洋」。
和服↔洋服　和食↔洋食

書き方

丿　二　千（とめる）　禾（短くとめる）　禾　和　和　和

使い方

和解・和歌・平和・調和・和室・和紙・和語・和音

路

13画

部首 𧾷（あしへん）

おん ロ
くん じ

成り立ち

「足」と、連ねる意味と音を表す「各」を合わせた字。足でふみ連ねる「みち」の意味を表す。

書き方

丨　口　口　早　早　𧾷　𧾷　趵　趵　趵　路（くっつけない）　路　路

使い方

路上・路地・路線・道路・遠路・街路・航路・通学路・家路・旅路

和

成り立ち

もとの字は「咊」。「口」と、合わせる意味と音を表す「禾」を合わせた字。声を合わせて応じる意味から、心を合わせる、「やわらぐ」意味を表す。

4年生でならう漢字

202字

愛

13画

部首 心（こころ）

おん アイ
くん ――

注意点

書くときは、「⺥」の部分を「爫」と、「夂」の部分を「又」としないように注意する。

書き方

一 ⺈ ⺥ 㤅 … 爱 爱 愛

点の打ちかたに注意。⺍としない

使い方

愛情・愛読・愛犬・愛用・愛着・*愛媛・愛唱歌・動物愛護・博愛・友愛・親愛

案

10画

部首 木（き）

おん アン
くん ――

成り立ち

「木」と、物を置く意味と音を表す「安」を合わせた字。物を置く木の「つくえ」の意味から、「かんがえる」意味に用いる。

書き方

丶 宀 安 安 安 案 案 案

まっすぐ下につける　とめる

使い方

案内・案外・答案・名案・原案・思案・腹案・提案・考案・図案

以

5画

部首 人（ひと）

おん イ
くん ――

成り立ち

書き方

丨 𠄌 レ 以 以

レとしない　とめる。人としない

使い方

以上・以内・以前・以来・以外・以後・以降・以下・以心伝心

衣

6画

部首 衣（ころも）

おん イ
くん （ころも）

成り立ち

書き方

亠 ナ 衣 衣 衣

まっすぐ下につける　はねる

使い方

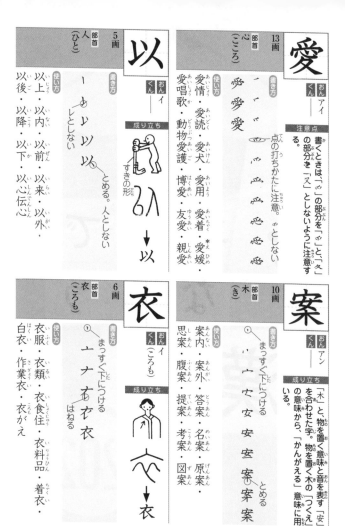

衣服・衣類・衣食住・衣料品・着衣・白衣・作業衣・衣がえ

位

7画

部首 亻（にんべん）

おん イ
くん くらい

成り立ち

「亻」（人）と「立」とで、人の立つ場所を表し、広く「くらい」の意味を表す。

書き方

ノ 亻 亻 什 什 仿 位

①まっすぐ下につける

上の横棒より長く

使い方

位置（いち）・単位（たんい）・方位（ほうい）・順位（じゅんい）・首位（しゅい）・地位（ちい）・学位（がくい）・第一位（だいいちい）・気位（きぐらい）・位取り（くらいどり）

印

6画

部首 卩（ふしづくり）

おん イン
くん しるし

成り立ち

上からおさえつける様子から、「はんこ」「しるし」の意味を表す。

書き方

ノ 𠂆 F E 印 印

横につき出さない

はねる。卩としない

使い方

印刷（いんさつ）・印象（いんしょう）・調印（ちょういん）・実印（じついん）・印画紙（いんがし）・印かん（いんかん）・消印（けしいん）・目印（めじるし）・矢印（やじるし）

茨

9画

部首 艹（くさかんむり・そうこう）

おん ―
くん いばら

成り立ち

艹 草 ＋ 次 ならべる ＝ 茨 草をならべ積んで屋根をふく

書き方

一 十 艹 艹 芒 芝 茨 茨 茨

フとしない

使い方

*茨城（いばらき）

英

8画

部首 艹（くさかんむり・そうこう）

おん エイ
くん ―

成り立ち

美しくはえる意味と音を表す「央」と、「艹」（草）とを合わせて、美しい花を表すことから、「すぐれたもの」の意味に用いる。

書き方

一 十 艹 艹 芒 芷 英 英

出す 出す

使い方

英ゆう（えいゆう）・英国（えいこく）・英会話（えいかいわ）・英才（えいさい）・英断（えいだん）・英語（えいご）・英和辞典（えいわじてん）

栄

9画　部首 木（き）

おん エイ
くん さか-える・（は-え）・（は-える）

注意点
書くときは「⺍」の部分を「⺌」としないように注意する。

書き方
丶 ⺍ ⺍ 𰀁 ⺍ 㓞 栄 栄 栄
点の打ちかたに注意。　⺌としない

使い方
栄光（えいこう）・栄転（えいてん）・栄養（えいよう）・光栄（こうえい）・栄（は）えある・見栄（みば）え

塩

13画　部首 土（つちへん・どへん）

おん エン
くん しお

注意点
使い方に注意する。
・塩（しお）をかける。
・潮干（しおひ）がり。

書き方
一 十 土 圠 圹 圹 坧 坧 坧 塩 塩 塩 塩
日としない

使い方
塩分（えんぶん）・塩田（えんでん）・食塩（しょくえん）・岩塩（がんえん）・製塩（せいえん）・塩加減（しおかげん）・塩水（しおみず）・塩（しお）からい・塩（しお）づけ

媛

12画　部首 女（おんなへん）

おん （エン）
くん ―

成り立ち
「女」と、やわらかくしなう意味と音を表す「爰」を合わせた字。

書き方
く 女 女 女 女 女 媛 媛 媛 媛 媛 媛
⺌としない　つき出さない

使い方
才媛（さいえん）・*愛媛（えひめ）

岡

8画　部首 山（やま）

おん ―
くん おか

成り立ち
「山」と、高くかたい意味と音を表す「円」を合わせた字。「おか」の意味を表す。

書き方
丨 冂 冂 冂 円 円 岡 岡
はねる　ハとしない

使い方
岡目八目（おかめはちもく）・岡山（おかやま）・静岡（しずおか）・福岡（ふくおか）

億

15画

部首 亻（にんべん）

おん オク
くん ―

成り立ち

おさえる意味と音を表す「意」と、「人」を合わせた字。十万、のち、万の万倍の意味に用いる。

書き方

ノ　亻　亻（まっすぐ下につける）　亻　亻　亻　亻　倍　倍　倍　倍　倍　億（はねる）　億　億

使い方

一億・億万長者

加

5画

部首 力（ちから）

おん カ
くん くわ-える・くわ-わる

成り立ち

「力」に「口」をそえ、勢いを増すことから、「くわえる」意味を表す。

書き方

フ（はねる）　カ　カ　加　加

使い方

加入・加減・加工・加算・加担・加盟・参加・追加・増加

果

8画

部首 木（き）

おん カ
くん は-たす・は-てる・は-て

成り立ち

木の上に果実がなっている形

書き方

丨　冂　日　日　旦　早（とめる）　果　果

使い方

果実・果断・結果・効果・成果・因果関係・*果物・使い果たす

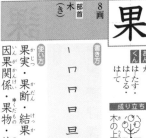

貨

11画

部首 貝（かい）

おん カ
くん ―

成り立ち

「貝」と、かわる意味と音を表す「化」とで、ほかの品物とかえる「宝」「お金」の意味を表す。

書き方

ノ　亻　亻　化（はねる）　化　化　貨　貨　貨　貨　貨（とめる）

使い方

貨物・貨車・貨へい・雑貨・通貨・金貨・財貨・百貨店

課

15画

部首 言（ごんべん）

おん カ
くん ―

成り立ち
「言」と、区分けの意味と音を表す「果」を合わせた字。区分して仕事をいいつけることから、「分担」の意味を表す。

書き方
とめる

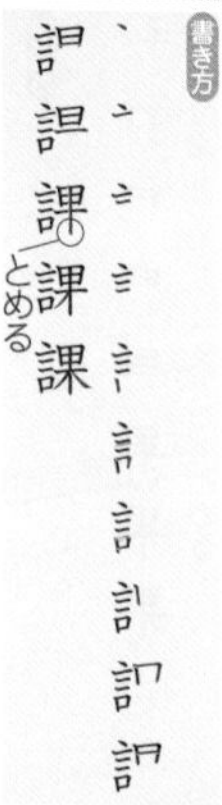

使い方
課目・課題・課税・日課・放課後・課外活動・課する

賀

12画

部首 貝（かい）

おん ガ
くん ―

成り立ち
お金を表す「貝」と、ほめる意味と音を表す「加」を合わせた字。お金をおくって祝う意味から、「よろこぶ」意味に用いる。

書き方
はねる
とめる

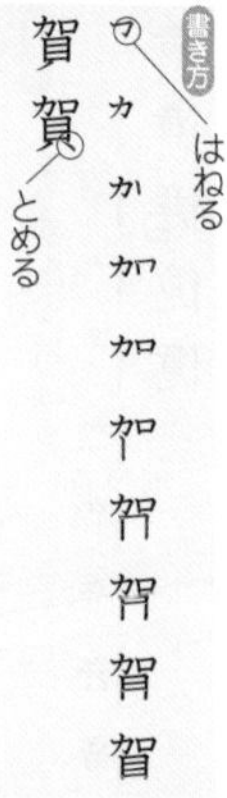

使い方
賀正・賀状・賀春・年賀状・祝賀会・*滋賀

芽

8画

部首 艹（くさかんむり・そうこう）

おん ガ
くん め

成り立ち
「艹」（草）と、かみ合う意味と音を表す「牙」とで、外皮が組み重なって包んでいる草木の「め」の意味を表す。

書き方
まっすぐ
はねる

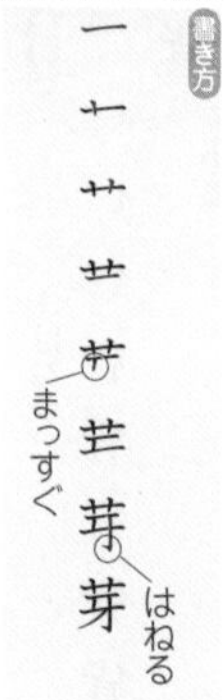

使い方
発芽・麦芽・木の芽・新芽・芽生える

改

7画

部首 攵（ぼくにょう・のぶん）

おん カイ
くん あらた-める・あらた-まる

意味
打ちいましめることから、「あらためる」意味を表す。

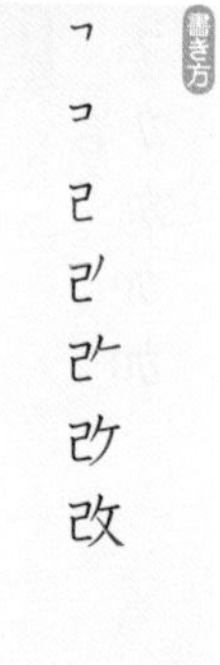

使い方
改造・改革・改心・改定・改善・改修・改選・改正・改良・改めて

械

11画

部首 木（きへん）

おん カイ
くん ―

注意点
「戈」の部分の「ノ」をわすれないように注意する。

書き方
一 十 オ 木 木一 木ニ 朩 杯 械 械 械 械（とめる・はねる）

使い方
機械・機械化・工作機械・器械・器械体操

街

12画

部首 行（ゆきがまえ・ぎょうがまえ）

おん ガイ・（カイ）
くん まち

注意点
部首が「行（ゆきがまえ・ぎょうがまえ）」であることに注意する。

書き方
ノ 彳 彳 彳 彳 彳 徍 徍 街 街 街 街（ななめにはねる・たて棒をつづけない。土を二つ）

使い方
街灯・市街・街頭・街路樹・商店街・街道・街角

害

10画

部首 宀（うかんむり）

おん ガイ
くん ―

成り立ち

頭にかぶるかぶりものをつけた様子からできた字。

書き方
丶 丷 宀 宀 宀 宀 宝 宝 害 害（まっすぐ下につける・長く）

使い方
害悪・害虫・害毒・害鳥・水害・冷害・障害・損害・公害・災害

各

6画

部首 口（くち）

おん カク
くん （おのおの）

注意点
部首が「口（くち）」であることに注意する。

書き方
ノ ク 夂 夂 各 各（はらう）

使い方
各自・各種・各位・各地・各国・各人各様・各駅停車

覚

12画

部首 見（みる）

おん カク

くん おぼ-える・さ-ます・さ-める

注意点

使い方に注意する。
・目が覚める。
・お茶が冷める。

書き方

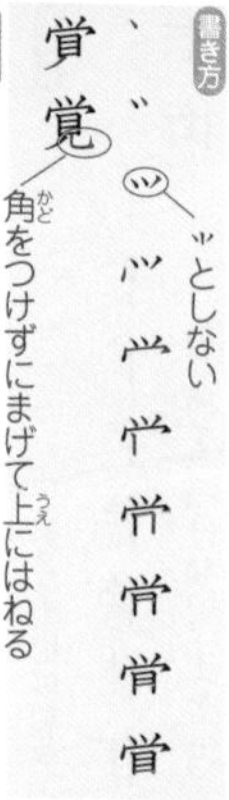

使い方

自覚・感覚・発覚・味覚・視覚・知覚・不覚・覚え・目覚め

完

7画

部首 宀（うかんむり）

おん カン

くん ――

成り立ち

屋根を表す「宀」と、めぐらす意味と音を表す「元」を合わせた字。屋根をぐるりとめぐらせる意味が転じて、「完全である」意味に用いる。

書き方

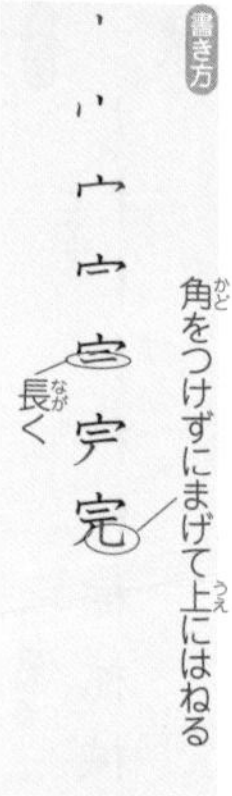

使い方

完全・完成・完結・完備・完敗・完走・完熟・未完・未完成

潟

15画

部首 氵（さんずい）

おん ――

くん かた

成り立ち

氵―水
＋
舄―しおち
＝
潟―かた

書き方

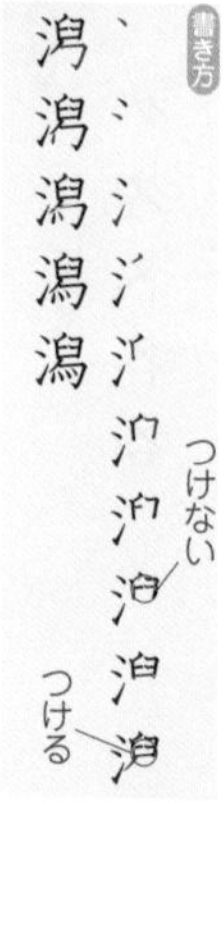

使い方

干潟・新潟

官

8画

部首 宀（うかんむり）

おん カン

くん ――

成り立ち

「宀」（家）と、多くの人が集まる意味の「𠂤」（「𠂤」は変化した形）を合わせた字。

書き方

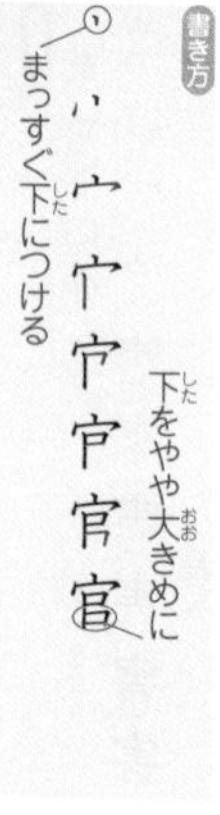

使い方

官庁・官職・官位・器官・警官・長官・教官・上官・高官・外交官

管

14画

部首 ⺮（たけかんむり）

おん カン
くん くだ

注意点

使い方に注意する。
・管…くだ－気管
・官…役目をすること－器官

書き方

（筆順）　下をやや大きめに

使い方

管理（かんり）・管制（かんせい）・気管（きかん）・土管（どかん）・水道管（すいどうかん）・管楽器（かんがっき）・鉄管（てっかん）・血管（けっかん）

観

18画

部首 見（みる）

おん カン
くん ――

注意点

「歓」（音読み「カン」）「勧」（音読み「カン」、訓読み「すす－める」）と同じ音で形が似ているので注意する。

書き方

（筆順）　つき出さない　上にはねる

使い方

観察（かんさつ）・観客（かんきゃく）・観賞（かんしょう）・観念（かんねん）・観光（かんこう）・観点（かんてん）・客観（きゃっかん）・参観（さんかん）・主観（しゅかん）・楽観（らっかん）

関

14画

部首 門（もんがまえ・かどがまえ）

おん カン
くん せき・かか－わる

注意点

「間」「開」と形が似ているので注意する。

書き方

（筆順）　とめる　はねる　とめる

使い方

関節（かんせつ）・関係（かんけい）・関心（かんしん）・機関（きかん）・難関（なんかん）・関する（かんする）・関所（せきしょ）・関取（せきとり）・関わり（かかわり）

観

成り立ち

もとの字は「觀」。「雚」はめぐる意味と音を表し、「見（みる）」と合わせて、「ぐるりと見回す」意味を表す。

願

19画
部首 頁（おおがい）

おん ガン
くん ねが-う

成り立ち
頭を表す「頁」と、大きい意味と音を表す「原」を合わせた字。大きな頭を表し、「ねがう」意味に用いる。

書き方

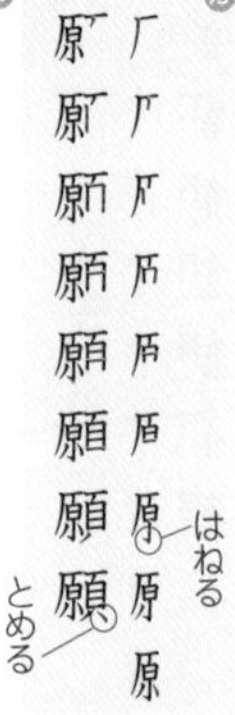

使い方
願望・願書・志願・念願・悲願・出願・宿願・願い事

岐

7画
部首 山（やまへん）

おん （キ）
くん ——

意味
中国の山「岐山」の名前を表す字から借りて、「わかれる」意味を表す。

書き方

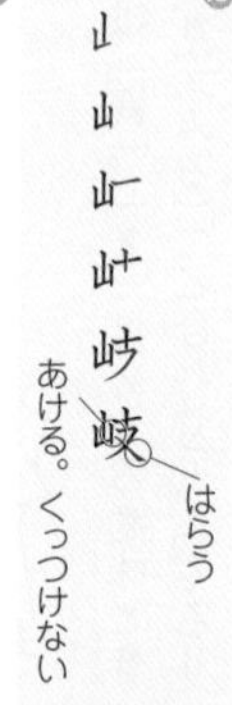

使い方
岐路・多岐・分岐・*岐阜

希

7画
部首 巾（はば）

おん キ
くん ——

注意点
「布」の部分は「二」より「ノ」を先に書くことに注意する。

書き方

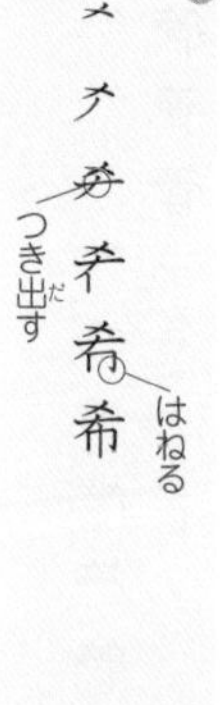

使い方
希望・希少・希はく・希求・希代

季

8画
部首 子（こ）

おん キ
くん ——

注意点
「委」と形が似ているので注意する。

書き方

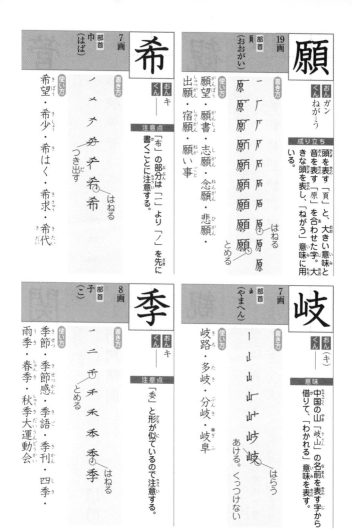

使い方
季節・季節感・季語・季刊・四季・雨季・春季・秋季大運動会

旗

14画

部首 方（ほうへん・かたへん）

おん キ
くん はた

成り立ち
はたを表す「㫃」と、四角の意味と音を表す「其」を合わせた字。四角形の布の「はた」の意味を表す。

書き方
丶 亠 方 方 方 方 扩 旂 旂 旃 旃 旗 旗 旗（長く）

使い方
旗手・半旗・国旗・校旗・旗色・白旗（しらはた／しろはた）・旗本・手旗信号

機

16画

部首 木（きへん）

おん キ
くん （はた）

注意点
「機械」と「器械」の使い分けに注意する。「機械」は、動力を用いる複雑な仕組みのもの。

書き方
一 十 才 木 朩 朩 杩 杪 桦 桦 桦 桦 機 機 機 機（とめる・はねる）

使い方
機械・機会・機能・機転・動機・危機・時機・待機・飛行機・機織り

器

15画

部首 口（くち）

おん キ
くん （うつわ）

成り立ち

多くの犬が鳴きさけぶ様子からできた字。

書き方
丨 ㄇ 口 口 吅 吅 吅 哭 哭（つき出す） 哭 器 器 器 器 器

使い方
器量・器用・器具・器官・武器・楽器・容器・食器・不器用・受話器

議

20画

部首 言（ごんべん）

おん ギ
くん ―

成り立ち
言 ＋ 義 ＝ 議
（義：正しいの意味と音を表す）
事の正当さを話し合う

書き方
丶 亠 亠 亠 言 言 言 言 言 言 言 討 詳 詳 詳 詳 議 議 議 議（点の打ちかたに注意・はねる・点の位置に注意）

使い方
議論・議会・議決・議席・議題・会議・異議・討議・協議・不思議

求

7画

部首 水（したみず）

おん キュウ
くん もと-める

成り立ち

毛皮をつり下げた形

↓求

書き方

一 寸 才 才 求 求 求

はねる

にしない

使い方

求人・求職・要求・欲求・追求・探求・求めに応じる

給

12画

部首 糸（いとへん）

おん キュウ
くん ――

意味

切れかかった糸をつなぎ合わせる意味から、足りないものを足すこと、「たまう（＝あたえる）」意味を表す。

書き方

く 幺 幺 糸 糸 糸 糸 給 給 給 給 給

とめる

使い方

給食・給水・給料・給仕・給油・給湯・支給・月給・配給

泣

8画

部首 氵（さんずい）

おん （キュウ）
くん な-く

注意点

「泣く」と「鳴く」の使い分けに注意する。「泣く」は人がなくとき、「鳴く」は鳥や動物、虫がなくとき。

書き方

、 ⺀ 氵 氵 汁 汁 汸 泣

まっすぐ下につける

使い方

感泣・号泣・泣き声・泣き笑い・夜泣き・もらい泣き

挙

10画

部首 手（て）

おん キョ
くん あ-げる・あ-がる

注意点

書くときは、「⺍」の部分を「⺌」としないように注意する。

書き方

、 丷 ⺍ 㞢 兴 兴 兴 举 挙 挙

⺌としない

はねる

使い方

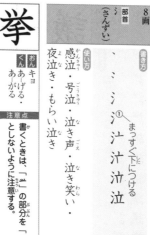

挙手・挙式・快挙・列挙・検挙・一挙・選挙・重量挙げ

漁

14画

部首　氵（さんずい）

おん　ギョ・リョウ
くん　―

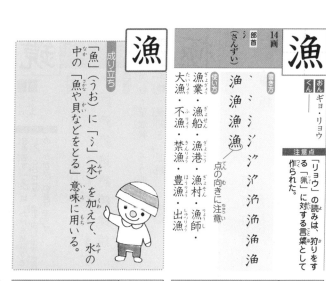

注意点
「リョウ」の読みは、狩りをする「猟」に対する言葉として作られた。

書き方
丶 冫 氵 氵 氵 氵 氵 氵 渔 渔 渔 渔 渔 漁
点の向きに注意

使い方
漁業・漁船・漁港・漁村・漁師・大漁・不漁・禁漁・豊漁・出漁

漁

成り立ち
「魚」（うお）に「氵」（水）を加えて、水の中の「魚や貝などをとる」意味に用いる。

共

6画

部首　八（はち）

おん　キョウ
くん　とも

意味

両手で物をささげている意味から転じて、「ともに」の意味に用いる。

書き方
一 十 卄 丗 共 共
上の横棒より長く
とめる

使い方
共同・共通・共鳴・共感・共学・共有・公共・共働き・共食い

協

8画

部首　十（じゅう）

おん　キョウ
くん　―

成り立ち
忄（ひとまとめにする）＋ 劦（音を表す　力を合わせる）＝ 協

書き方
一 十 忄 忄 协 协 协 協
はねる

使い方
協力・協会・協調・協議・協定・協約・協同組合・不協和音

鏡

19画
部首 金（かねへん）

おん キョウ
くん かがみ

成り立ち
音を表す「竟」は、かげを意味する。「金」と合わせて、姿を映し出す金属の「かがみ」の意味を表す。

書き方
ノ 𠆢 ← とめる。入としない
上にはねる

使い方
鏡台・望遠鏡・そう眼鏡・三面鏡・手鏡・鏡開き・眼鏡*

極

12画
部首 木（きへん）

おん キョク・（ゴク）
くん （きわ-める）・（きわ-まる）・（きわ-み）

意味
最も高いところの木、家の棟木の意味から、最高・最上の意味、「きわめる」意味を表す。

書き方
一 十 才 木 木 朾 极 極 極
了・万としない

使い方
極限・南極・極地・極点・積極的・極上・極楽・極め付き

競

20画
部首 立（たつ）

おん キョウ・ケイ
くん （きそ-う）・（せ-る）

成り立ち

人二人と「言」を並べた「誩」からできた字。

書き方
丶としない
上にはねる（はねかたのちがいに注意）

使い方
競争・競走・競技・競泳・競演・競売・競馬・競輪・競り合う・競り市

熊

14画
部首 灬（れっか・れんが）

おん ——
くん くま

注意点
「態」と形が似ているので注意する。

書き方
はねる
はねる
点の向きに注意

使い方
熊本・白熊

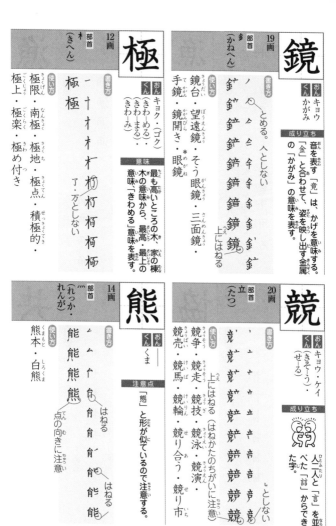

訓

10画　部首　言（ごんべん）

おん　クン
くん　―

意味
言葉で従わせる意味から、「おしえる」意味を表す。

書き方
点の打ちかたに注意

使い方
訓示・訓読・訓練・訓話・訓読み・音訓・教訓・家訓

軍

9画　部首　車（くるま）

おん　グン
くん　―

成り立ち
「車」と、とりまく意味と音を表す「勹」の変化した形「冖」とで、戦車で囲んで軍隊を配置する意味から、兵士の集団の意味に用いる。

書き方
冖としない
長く

使い方
軍隊・軍人・軍備・軍服・軍歌・軍配・軍旗・軍手・将軍・空軍

郡

10画　部首　阝（おおざと）

おん　グン
くん　―

成り立ち
「阝」（むら）と、集まる意味と音を表す「君」を合わせた字。「村落の集合体」の意味を表す。

書き方
つき出す
卩としない

使い方
郡部・郡県制度

群

13画　部首　羊（ひつじ）

おん　グン
くん　む-れる・む-れ・むら

成り立ち
「羊」と、まとまる意味と音を表す「君」を合わせた字。羊のむれの意味から「むらがる」「むれ」の意味を表す。

書き方
出す
出さない

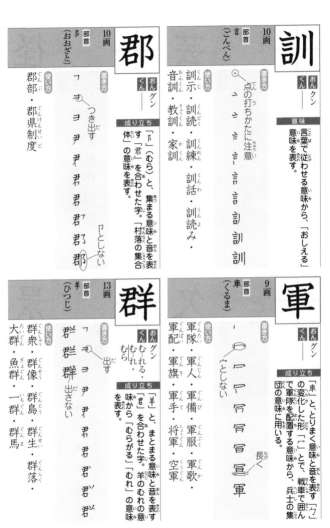

使い方
群衆・群像・群島・群生・群落・大群・魚群・一群・群馬

径

8画

部首 彳（ぎょうにんべん）

おん ケイ

くん ——

成り立ち

もとの字は「徑」。「彳」（みち）と、まっすぐの意味と音を表す「巠」とで、まっすぐな「みち」の意味を表す。

書き方

ノ ク 彳 彳 径 径 径 径

くっつけない　上より長く

使い方

小径・直径・半径・外径・内径・口径

芸

7画

部首 艹（くさかんむり・そうこう）

おん ゲイ

くん ——

注意点

書くときは、横棒の長短に注意する。

書き方

一 十 艹 艹 芸 芸 芸

やや長く

使い方

芸術・芸能・芸人・文芸・園芸・演芸・手芸・工芸・曲芸・無芸

景

12画

部首 日（ひ）

おん ケイ

くん ——

注意点

特別な読みのことば「景色」に注意する。

書き方

丨 冂 日 日 旦 早 早 咠 昬 景 景 景

長く　まっすぐ下につける

使い方

景気・景品・景勝地・風景・光景・背景・情景・絶景・夜景・*景色

欠

4画

部首 欠（あくび）

おん ケツ

くん か-ける・か-く

成り立ち

人が大きな口を開け身をかがめた様子

↓欠

書き方

ノ ケ ケ 欠

フとしない

使い方

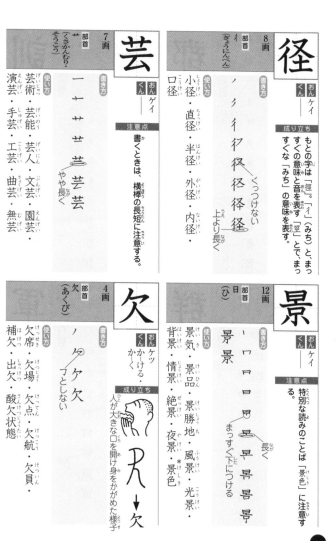

欠席・欠場・欠点・欠航・欠員・補欠・出欠・酸欠状態

結

12画　部首 糸（いとへん）

おん　ケツ
くん　むす-ぶ・（ゆ-う）・（ゆ-わえる）

成り立ち
「吉」はかたくしめるという意味と音を表す。「糸」を合わせて、「むすぶ」意味に用いる。

書き方
結　結（土としない）

使い方
結論（けつろん）・結成（けっせい）・結果（けっか）・結末（けつまつ）・結束（けっそく）・結局（けっきょく）・集結（しゅうけつ）・連結（れんけつ）・団結（だんけつ）・完結（かんけつ）

建

9画　部首 廴（えんにょう・いんにょう）

おん　ケン・（コン）
くん　た-てる・た-つ

注意点
使い方に注意する。
・建てる…家・銅像・ビル
・立てる…計画・棒・旗

書き方
建（出す）（出す）

使い方
建築（けんちく）・建設（けんせつ）・建国（けんこく）・建材（けんざい）・再建（さいけん）・建立（こんりゅう）・建物（たてもの）・建具（たてぐ）・二階建て（にかいだて）

健

11画　部首 亻（にんべん）

おん　ケン
くん　（すこ-やか）

成り立ち
「人」と、たつ意味と音を表す「建」とで、人が立つこと、「たけし」「すこやか」の意味を表す。

書き方
健（出す）（出す）

使い方
健康（けんこう）・健康保険（けんこうほけん）・健全（けんぜん）・健在（けんざい）・強健（きょうけん）・保健室（ほけんしつ）

験

18画　部首 馬（うまへん）

おん　ケン・（ゲン）
くん　——

注意点
「険」「検」と同じ音で形が似ているので注意する。

書き方
験（出さない）（はらう）

使い方
験算（けんざん）・試験（しけん）・試験管（しけんかん）・経験（けいけん）・実験（じっけん）・体験（たいけん）・受験（じゅけん）

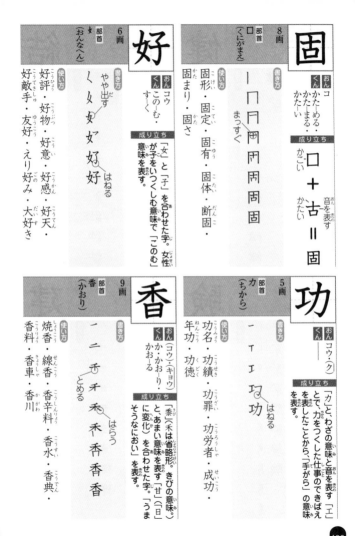

固

8画
部首 囗（くにがまえ）

おん コ
くん かた-める・かた-まる・かた-い

成り立ち
囗（かこい）＋古（かたい）音を表す＝固

書き方
まっすぐ

使い方
固形（こけい）・固定（こてい）・固有（こゆう）・固体（こたい）・断固（だんこ）・固（かた）まり・固（かた）さ

好

6画
部首 女（おんなへん）

おん コウ
くん この-む・す-く

成り立ち
「女」と「子」を合（あ）わせた字（じ）。女性（じょせい）が子（こ）をいつくしむ意味（いみ）で「このむ」意味（いみ）を表（あらわ）す。

書き方
やや出（だ）す
はねる

使い方
好評（こうひょう）・好物（こうぶつ）・好意（こうい）・好感（こうかん）・好天（こうてん）・好敵手（こうてきしゅ）・友好（ゆうこう）・えり好（ごの）み・大好（だいす）き

功

5画
部首 力（ちから）

おん コウ・（ク）
くん ―

成り立ち
「力」と、わざの意味（いみ）と音（おん）を表（あらわ）す「工」とで、力（ちから）をつくした仕事（しごと）のできばえを表（あらわ）したことから、「手（て）がら」の意味（いみ）を表（あらわ）す。

書き方
はねる

使い方
功名（こうみょう）・功績（こうせき）・功罪（こうざい）・功労者（こうろうしゃ）・成功（せいこう）・年功（ねんこう）・功徳（くどく）

香

9画
部首 香（かおり）

おん （コウ）・（キョウ）
くん か・かお-り・かお-る

成り立ち
「黍（きび）」（禾は省略形（しょうりゃくけい）。きびの意味（いみ）。）と、あまい意味（いみ）を表（あらわ）す「甘」（「日」に変化（へんか））を合（あ）わせた字（じ）。「うまそうなにおい」を表（あらわ）す。

書き方
とめる
はらう

使い方
焼香（しょうこう）・線香（せんこう）・香辛料（こうしんりょう）・香水（こうすい）・香典（こうでん）・香料（こうりょう）・香車（きょうしゃ）・香川（かがわ）

候

10画

部首 亻（にんべん）

おん コウ

くん （そうろう）

注意点

書くときは、「矢」を「失」としないように注意する。

書き方

ノ 亻 仆 仆 伫 伫 佇 候 候 候

あまり長すぎない

出さない

使い方

候補・立候補・気候・天候・兆候・測候所・候文

佐

7画

部首 亻（にんべん）

おん サ

くん ―

成り立ち

亻―人 ＋ 左―ひだり・たすける／音を表す ＝ 佐

書き方

ノ 亻 仁 仕 佐 佐 佐

上の横棒より長く

はらう

使い方

大佐・補佐・佐賀

康

11画

部首 广（まだれ）

おん コウ

くん ―

成り立ち

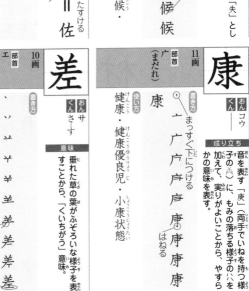

音を表す「庚」（両手でいねを持つ様子の亻）に、もみの落ちる様子の八を加えて、実りがよいことから、やすらかの意味を表す。

書き方

丶 亠 广 广 庐 庐 庚 庚 康 康 康

まっすぐ下につける

はねる

使い方

健康・健康優良児・小康状態

差

10画

部首 エ（こう）

おん サ

くん さ-す

意味

垂れた草の葉がふぞろいな様子を表すことから、「くいちがう」意味。

書き方

丶 ソ 䒑 丷 羊 羊 差 差 差 差

厂としない

長く

使い方

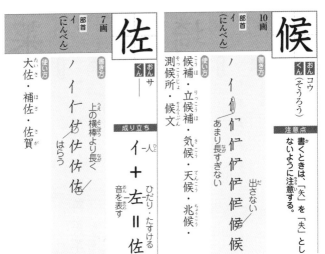

差別・差額・点差・大差・交差・誤差・落差・日差し・＊差し支える

菜

おん　サイ
くん　な

成り立ち

＋ 采（とる意味と音を表す）＝ 菜（採集して食用にする草）

11画

部首　艹（くさかんむり・そうこう）

書き方

一 十 艹 … 菜 菜（とめる）

菜（采としない）

使い方

菜園（さいえん）・菜食（さいしょく）・山菜（さんさい）・白菜（はくさい）・野菜（やさい）・菜の花（なのはな）・青菜（あおな）・菜っ葉（なっぱ）・菜種油（なたねあぶら）

埼

おん　―
くん　さい

成り立ち

土（つち）＋ 奇（かたむく）＝ 埼（みさき・山のつき出たところ）

11画

部首　土（つちへん・どへん）

書き方

一 十 土 … 埼 埼（とめる）

埼（はねる）

使い方

埼玉（さいたま）

最

おん　サイ
くん　もっとも

注意点

書くときは、「曰」の部分を「目」としないように注意する。

12画

部首　日（いわく・ひらび）

書き方

丨 冂 日 日（長く） … 最（つき出さない）

最 最

使い方

最大（さいだい）・最中（さいちゅう）・最近（さいきん）・最高（さいこう）・最良（さいりょう）・最悪（さいあく）・最後（さいご）・最終回（さいしゅうかい）・最高潮（さいこうちょう）

材

おん　ザイ
くん　―

成り立ち

材木（ざいもく）の意味（いみ）の「才」が才能（さいのう）の意味に用（もち）いられたので、区別（くべつ）して「木材（もくざい）」の意味に用いる。

7画

部首　木（きへん）

書き方

一 十 才 木 … 材（はねる） 材（やや出す）

使い方

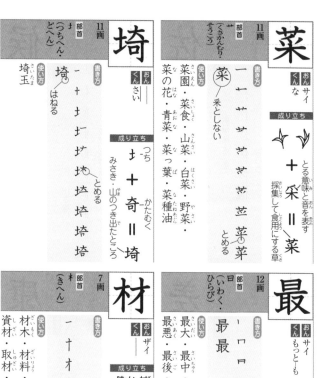

材木（ざいもく）・材料（ざいりょう）・木材（もくざい）・人材（じんざい）・教材（きょうざい）・資材（しざい）・取材（しゅざい）・題材（だいざい）・製材（せいざい）・画材（がざい）

崎

11画

部首 山（やまへん）

おん ——
くん さき

成り立ち

「山」と、つき出る意味と音を表す「奇」を合わせた字。「山の険しい」意味、また「みさき」の意味を表す。

書き方

崎（はねる）（とめる）

使い方

長崎・宮崎

札

5画

部首 木（きへん）

おん サツ
くん ふだ

成り立ち

「木」と、けずる意味と音を表す「乚」を合わせた字。うすく切った木ふだ、文字を書く「ふだ」の意味を表す。

書き方

一 十 オ 木 札（角をつけずにまげて上にはねる）

使い方

改札・表札・検札・出札・札束・名札・荷札・立て札

昨

9画

部首 日（ひへん・にちへん）

おん サク
くん ——

成り立ち

「日」と、先の意味と音を表す「乍」を合わせた字。「先の日」の意味を表す。

書き方

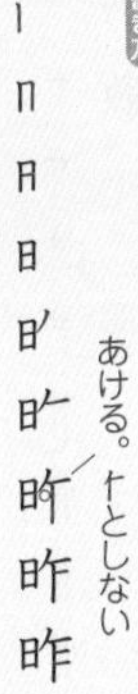

昨（あける。𠂉としない）

使い方

昨年・昨夜・昨晩・昨今・昨日・一昨日（＊きのう）

刷

8画

部首 刂（りっとう）

おん サツ
くん す-る

意味

刃物でこすりとることから、「する」「こする」意味に用いる。

書き方

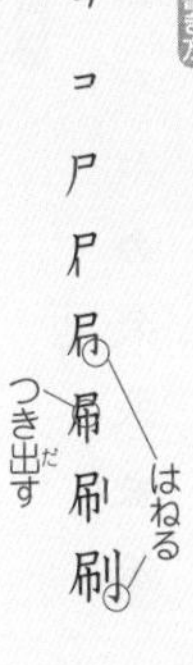

刷（つき出す）（はねる）

使い方

刷新・印刷・増刷・縮刷・色刷り・刷り物・見本刷り

察

14画

部首 宀（うかんむり）

おん サツ
くん ―

成り立ち
細（こま）かいという意味（いみ）と音（おん）を表（あらわ）す「祭」と、「宀」（おおい）とを合（あ）わせて、おおわれてはっきりしないものをくわしく見（み）分（わ）ける意味（いみ）。

書き方
丶 丷 宀 宂 宊 宊 宊 宊 宊 宊 宊 察 察 察

（はねる）

使い方
察知（さっち）・観察（かんさつ）・考察（こうさつ）・警察（けいさつ）・推察（すいさつ）・視察（しさつ）・査察（ささつ）・察（さっ）する

参

8画

部首 ム（む）

おん サン
くん まい-る

成り立ち
頭（あたま）の上（うえ）にかんざしをつけている様子（ようす）

美（うつく）しく輝（かがや）く
↓
参

書き方
ム ム 厶 厽 矣 矣 参 参

（出（だ）す）（とめない）

使い方
参加（さんか）・参考（さんこう）・参照（さんしょう）・参拝（さんぱい）・参列（さんれつ）・参観日（さんかんび）・持参（じさん）・降参（こうさん）・寺参（てらまい）り・墓参（はかまい）り

産

11画

部首 生（うまれる）

おん サン
くん う-む・う-まれる・（うぶ）

注意点
使（つか）い方（かた）に注意（ちゅうい）する。
・産（う）む…子（こ）どもや卵（たまご）を外（そと）に出（だ）す。
・生（う）む…新（あたら）しく世（よ）に送（おく）り出（だ）す。

書き方
丶 亠 亠 立 立 产 产 产 产 産 産

（やや長（なが）く）

使い方
産業（さんぎょう）・産卵（さんらん）・産物（さんぶつ）・国産（こくさん）・遺産（いさん）・出産（しゅっさん）・財産（ざいさん）・特産物（とくさんぶつ）・産（う）み月（づき）・産着（うぶぎ）

散

12画

部首 攵（ぼくにょう・のぶん）

おん サン
くん ち-る・ち-らす・ち-らかす・ち-らかる

注意点
書（か）くときは、「攵」の部分（ぶぶん）を「夂」としないように注意（ちゅうい）する。

書き方
一 十 艹 廾 卄 昔 昔 昔 散 散 散 散

（長（なが）く）（はねる）

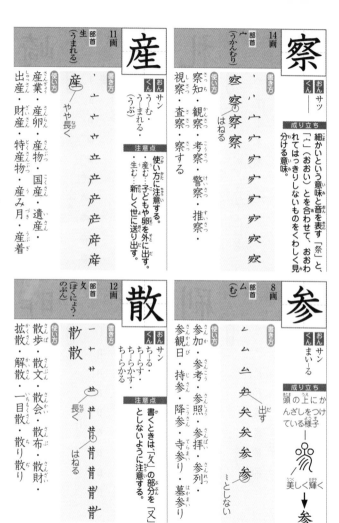

使い方
散歩（さんぽ）・散文（さんぶん）・散会（さんかい）・散布（さんぷ）・散財（さんざい）・拡散（かくさん）・解散（かいさん）・一目散（いちもくさん）・散（ち）り散（ぢ）り

残

10画

部首 歹（がつへん・かばねへん）

おん ザン
くん のこ-る・のこ-す

注意点
部首「歹」は、「がつへん・かばねへん」という。また「いちたへん」ということもある。

書き方

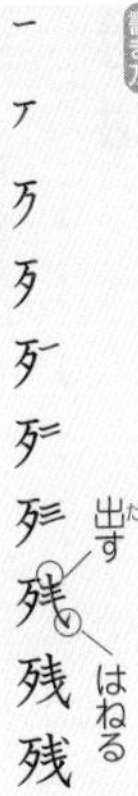

使い方
残高・残念・残暑・残飯・残雪・無残・残り物・食べ残し・名残*

司

5画

部首 口（くち）

おん シ
くん ―

注意点
部首は「口（くち）」であることに注意する。「口」はこの字では「いのりのことば」を意味する。

書き方

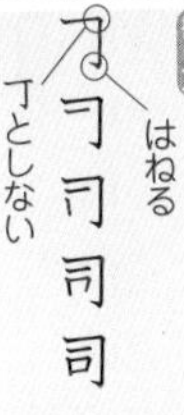

使い方
司会・司会者・司法・司令・司書・上司・行司

氏

4画

部首 氏（うじ）

おん シ
くん （うじ）

成り立ち

書き方

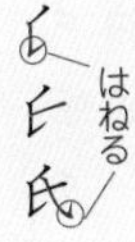

使い方
氏名・氏族・平氏・七氏三十七度・氏神・氏子

試

13画

部首 言（ごんべん）

おん シ
くん こころ-みる・（ため-す）

成り立ち
「言」と、方式・用いる意味と音を表す「式」とで、ことばによって人を官職に用いてみる意味。転じて、「こころみる」「ためす」意味に用いる。

書き方

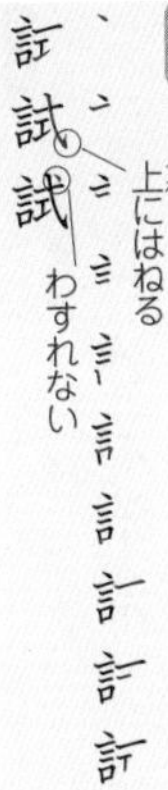

使い方
試験・試合・試練・試作・試供品・試写会・入試・試み・試し

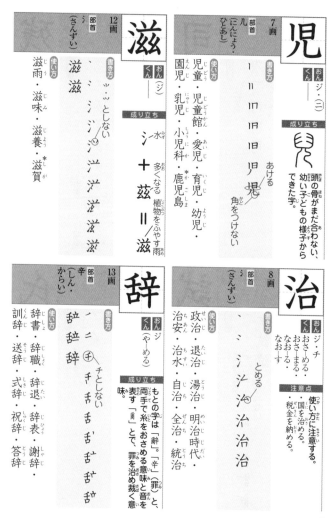

児

7画

部首 儿（にんにょう・ひとあし）

おん ジ・(ニ)

くん ——

成り立ち

頭の骨がまだ合わない、幼い子どもの様子からできた字。

書き方

（あける／角をつけない）

使い方

児童・児童館・愛児・育児・幼児・園児・乳児・小児科・*鹿児島

滋

12画

部首 氵（さんずい）

おん （ジ）

くん ——

成り立ち

氵（水）＋茲（多くなる）＝滋（植物をふやす雨）

書き方

（としない）

使い方

滋雨・滋味・滋養・*滋賀

治

8画

部首 氵（さんずい）

おん ジ・チ

くん おさ-める・おさ-まる・なお-る・なお-す

注意点

使い方に注意する。
・国を治める。
・税金を納める。

書き方

（とめる）

使い方

政治・退治・湯治・明治時代・治安・治水・自治・全治・統治

辞

13画

部首 辛（しん・からい）

おん ジ

くん （や-める）

成り立ち

もとの字は「辭」。「辛」（罪）と、両手で糸をおさめる意味と音を表す「𤔔」とで、罪を治め裁く意味。

書き方

（チとしない）

使い方

辞書・辞職・辞退・辞表・謝辞・訓辞・送辞・式辞・祝辞・答辞

鹿

11画

部首 鹿（しか）

おん ——
くん しか・か

成り立ち

枝(えだ)の出(で)た角(つの)のあるおじかの形(かたち)

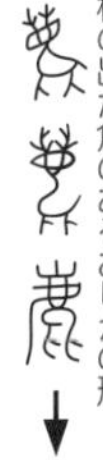

↓鹿

書き方

、 亠 广 户 户 声 声 声 唐 鹿 鹿

セ・ヒとしない

鹿 はねる

使い方

子鹿(こじか)・*鹿児島(かごしま)

失

5画

部首 大（だい）

おん シツ
くん うしな-う

成り立ち

「手(手)」と、ぬけ出(で)る意味(いみ)と音(おん)を表(あらわ)す「乙(乙)」とで、手(て)から物(もの)をとり落(お)とす、「うしなう」意味(いみ)を表(あらわ)す。

書き方

ノ 𠂉 二 牛 失

出(だ)す

上(うえ)の横棒(よこぼう)より長(なが)く

使い方

失望(しつぼう)・失敗(しっぱい)・失礼(しつれい)・失意(しつい)・失業(しつぎょう)・失格(しっかく)・過失(かしつ)・消失(しょうしつ)・遺失物(いしつぶつ)・見失(みうしな)う

借

10画

部首 亻（にんべん）

おん シャク
くん か-りる

注意点

対語(たいご)は「貸」。使(つか)い分(わ)けに注意(ちゅうい)。

×貸りる　借す
○借(か)りる　貸(か)す

書き方

ノ イ 亻 仁 什 件 借 借 借 借

長(なが)く。せとしない

使い方

借用(しゃくよう)・借金(しゃっきん)・借家(しゃくや)・借地(しゃくち)・貸借(たいしゃく)・拝借(はいしゃく)・間借(まが)り・借(か)り手(て)

種

14画

部首 禾（のぎへん）

おん シュ
くん たね

注意点

書(か)くときは、「禾」を「示」「木」「ネ」としないように注意(ちゅうい)する。

書き方

ノ 二 千 禾 禾 禾 秆 秆 秆 稍 稍 稱 種 種

とめる

短(みじか)く

使い方

種類(しゅるい)・種族(しゅぞく)・種別(しゅべつ)・種子(しゅし)・職種(しょくしゅ)・一種(いっしゅ)・人種(じんしゅ)・品種(ひんしゅ)・菜種(なたね)・火種(ひだね)

周

8画

部首 口（くち）

おん シュウ
くん まわ-り

成り立ち

田に作物がびっしりしげる様子と音を表す「[illegible]」に「口」を加え、ことばがゆきとどく意味。ここから、ゆきとどく意味、転じて、「めぐる」意味に用いる。

書き方

ノ 冂 冂 円 周 周 周 周（はねる・士としない）

使い方

周知（しゅうち）・周囲（しゅうい）・周期（しゅうき）・周辺（しゅうへん）・円周（えんしゅう）・一周（いっしゅう）・周りの人（まわりのひと）

順

12画

部首 頁（おおがい）

おん ジュン
くん ——

成り立ち

顔を表す「頁」と、したがう意味と音を表す「川」を合わせた字。顔つきがおだやかですなおな意味から、「したがう」意味を表す。

書き方

丿 川 川 川 川 川 川 川 川 川 順 順（とめる）

使い方

順序（じゅんじょ）・順番（じゅんばん）・順延（じゅんえん）・順調（じゅんちょう）・順当（じゅんとう）・順位（じゅんい）・手順（てじゅん）・席順（せきじゅん）・従順（じゅうじゅん）・道順（みちじゅん）

祝

9画

部首 ネ（しめすへん）

おん シュク・（シュウ）
くん いわ-う

成り立ち

神の前にひざまずき、口を開いた人の様子からできた字。

書き方

（点の打ちかたに注意）ラ ネ ネ ネ ネ 祀 祀 祝 祝（上にはねる）

使い方

祝日（しゅくじつ）・祝辞（しゅくじ）・祝電（しゅくでん）・祝福（しゅくふく）・祝典（しゅくてん）・祝賀会（しゅくがかい）・祝勝会（しゅくしょうかい）・祝いの品（いわいのしな）

初

7画

部首 刀（かたな）

おん ショ
くん はじ-め・はじ-めて・はつ・（うい）・（そ-める）

成り立ち

衣を表す「ネ」と「刀」を合わせた字。衣服をぬう前に布をたち切ることから、物事の「はじめ」の意味を表す。

書き方

、 ラ ネ ネ ネ 初 初（はねる）

使い方

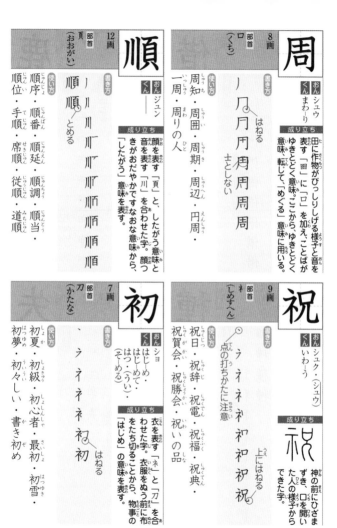

初夏（しょか）・初級（しょきゅう）・初心者（しょしんしゃ）・最初（さいしょ）・初雪（はつゆき）・初夢（はつゆめ）・初々しい（ういういしい）・書き初め（かきぞめ）

松

8画

部首 木（きへん）

おん ショウ
くん まつ

成り立ち

「木」と、密集する意味と音を表す「公」を合わせた字。細い葉が密生する木、「まつ」の意味を表す。

書き方

（松）とめる

使い方

松林・松原・松葉・赤松・門松・黒松・松竹梅

唱

11画

部首 口（くちへん）

おん ショウ
くん とな-える

成り立ち

「口」と、あげる意味と音を表す「昌」を合わせた字。声をあげて「となえる」意味を表す。

書き方

唱（口）上にくらべて大きく

使い方

唱歌・合唱・提唱・暗唱・復唱・歌唱・輪唱・愛唱歌

笑

10画

部首 ⺮（たけかんむり）

おん （ショウ）
くん わら-う・（え-む）

注意点

書くときは、「夭」を「大」「天」としないように注意する。

書き方

（笑）天としない

使い方

笑話・談笑・苦笑い・高笑い・泣き笑い・笑い話・*笑顔

焼

12画

部首 火（ひへん）

おん （ショウ）
くん や-く・や-ける

意味

火をたきめぐらすことを表す字で、「やく」意味に用いる。

書き方

書き順に注意

焼 角をつけずにまげて上にはねる

使い方

焼失・燃焼・全焼・炭焼き・目玉焼き・焼き肉・夕焼け

照

13画

部首 灬（れっか・れんが）

おん ショウ

くん て-る・て-らす・て-れる

成り立ち

昭（あきらかな 音を表す）＋灬（火）＝照（火でてらし出す）

書き方

点の向きに注意する

使い方

照明・照会・照合・対照的・参照・日照時間・日照り・照れ屋

城

9画

部首 土（つちへん・どへん）

おん ジョウ

くん しろ

成り立ち

土＋成（なす・つくりあげる意味と音を表す）＝城（土を固めて造った城）

書き方

書き順に注意　はねる　わすれずに

使い方

城下町・城主・城門・築城・落城・根城・山城・*茨城・*宮城

縄

15画

部首 糸（いとへん）

おん （ジョウ）

くん なわ

意味

糸がよじれる意味から、糸をより合わせた「なわ」の意味を表す。

書き方

とめる　上にはねる

使い方

縄文時代・縄とび・縄張り・沖縄・一筋縄

臣

7画

部首 臣（しん）

おん シン・ジン

くん ―

成り立ち

見開いている目の形

↓臣

書き方

一 厂 ｒ 臣 臣 臣 臣まっすぐに

使い方

臣下・家臣・君臣・忠臣・重臣・大臣・右大臣・総理大臣

信

9画

部首 亻（にんべん）

おん シン
くん ―

成り立ち
「人」と「言」（ことば）とで、人のことばにうそがない、「まこと」の意味を表す。

書き方
ノ亻亻亻亻亻亻信信信
点の打ちかたに注意

使い方
信用・信号・信念・過信・発信・受信・通信・自信・迷信

成

6画

部首 戈（ほこ・ほこづくり）

おん セイ・（ジョウ）
くん なる・なす

注意点
書き順に注意する。「厂」の部分は「一」より「ノ」を先に書く。

書き方
丿厂万成成成
はねる
上にはねる

使い方
成功・成長・成分・成績・成熟・構成・作成・完成・成仏・成り立つ

井

4画

部首 二（に）

おん（セイ）・（ショウ）
くん い

成り立ち
井
井戸わくの形からできた字。「いど」の意味を表す。

書き方
一二井井
上の横棒より長く
はらう

使い方
井田・市井・天井・井戸・福井

省

9画

部首 目（め）

おん セイ・ショウ
くん （かえりみる）・はぶく

成り立ち
あきらかの意味と音を表す「生」（「少」は変化した形）と、「目」とを合わせて、明らかにみる意味を表す。

書き方
丨小小少少省省省省
はねる

使い方
省略・外務省・反省・帰省・内省・自省・省エネルギー

清

11画

部首 氵（さんずい）

おん セイ・（ショウ）
くん きよ-い・きよ-まる・きよ-める

成り立ち
「氵」（水）と、すむ意味と音を表す「青」を合わせた字。水が「すむ」ことから、「きよい」の意味に用いる。

書き方
清（やや長く・はねる）

使い方
清潔・清音・清書・清流・清純・清算・清酒・血清・＊清水

席

10画

部首 巾（はば）

おん セキ
くん ―

成り立ち
「巾」（きれ）と、しく意味と音を表す「庶」を合わせた字。すわる場所にしく布、「すわる場所」の意味に用いる。

書き方
席（はねる・つき出す）

使い方
席順・席上・座席・出席・客席・着席・退席・空席・＊寄席

静

14画

部首 青（あお）

おん セイ・（ジョウ）
くん しず・しず-か・しず-まる・しず-める

成り立ち
「争」（あらそい）と、しずめる意味と音を表す「青」を合わせた字。争いを「しずめる」ことから、「しずか」を意味する。

書き方
静（つき出す・はねる）

使い方
静止・静物・静養・静電気・冷静・安静・静脈・静けさ

積

16画

部首 禾（のぎへん）

おん セキ
くん つ-む・つ-もる

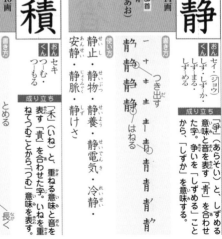

成り立ち
「禾」（いね）と、重ねる意味と音を表す「責」を合わせた字。いねを重ねてつむことから、「つむ」意味を表す。

書き方
積（とめる・長く・とめる）

使い方
積雪・積極的・面積・体積・容積・集積・積み木・心積もり

折

7画

部首 扌（てへん）

おん セツ

くん お-る・おり・お-れる

成り立ち

おので草木を切断した様子からできた字。

書き方

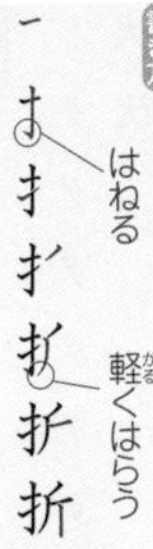

一　扌　扌　扌　扩　折

（はねる）（軽くはらう）

使い方

折半・骨折・曲折・右折・折々・折よく・折り紙・折れ曲がる

節

13画

部首 ⺮（たけかんむり）

おん セツ・（セチ）

くん ふし

成り立ち

「⺮」と、たち切る意味と音を表す「即」を合わせた字。竹の一ふし一ふしをへだてる「ふし」の意味を表す。

書き方

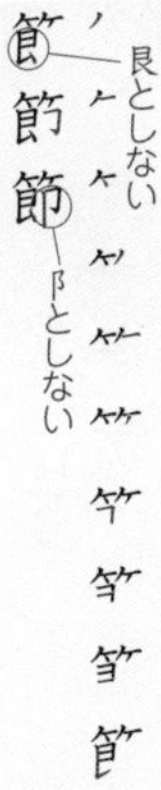

（艮としない）（阝としない）

使い方

節約・節分・節句・調節・季節・関節・お節料理・節穴・節目

説

14画

部首 言（ごんべん）

おん セツ・（ゼイ）

くん と-く

成り立ち

もとの字は「說」。「言」と、ときほぐす意味と音を表す「兌」を合わせた字。ことばでときほぐす、「とく」意味を表す。

書き方

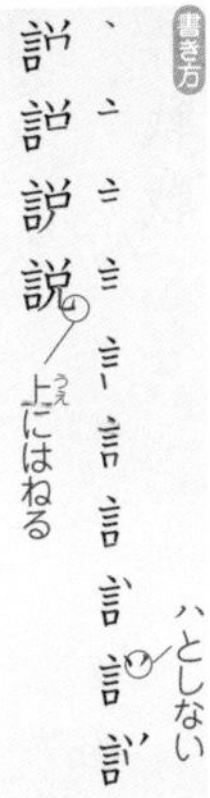

（ハとしない）（上にはねる）

使い方

説明・説得・伝説・仮説・社説・小説・演説・遊説・説きふせる

浅

9画

部首 氵（さんずい）

おん （セン）

くん あさ-い

成り立ち

もとの字は「淺」。「氵」（水）と、少ない意味と音を表す「戔」を合わせた字。水が少ないことを表し、「あさい」意味を表す。

書き方

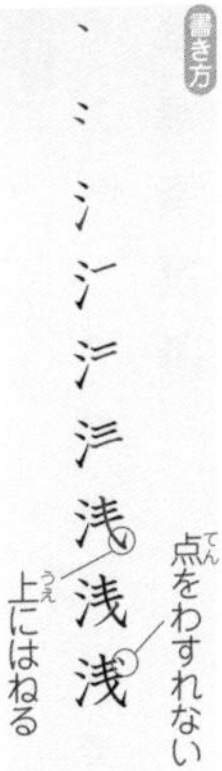

（点をわすれない）（上にはねる）

使い方

浅海・浅学非才・浅緑・遠浅・浅黒い・浅手

戦

13画

部首 戈（ほこ・ほこづくり）

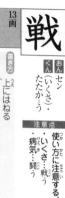

おん セン
くん （いくさ）・たたか-う

注意点
使い方に注意する。
・いくさ…戦う
・病気…闘う

書き方
、 丷 ⺍ 㐅 当 当 単 単 単 戦 戦 戦

上にはねる
〃としない

使い方
戦争・戦力・合戦・作戦・観戦・苦戦・論戦・勝ち戦・戦い

然

12画

部首 灬（れっか・れんが）

おん ゼン・ネン
くん ——

注意点
書くときは、「夕」を「夕」と、「犬」を「大」としないように注意する。

書き方
ノ ク タ タ タ 夕 外 外 外 然 然 然

点の向きに注意

使い方
自然・当然・全然・平然・断然・必然・突然・天然

選

15画

部首 辶（しんにょう・しんにゅう）

おん セン
くん えら-ぶ

注意点
「巳」の部分は二つとも「己」。「巳」としないように注意する。

書き方
ㄱ ㅋ 巳 巳 巳 巳 巳 巽 巽 巽 巽 巽 選 選 選

巳としない

使い方
選挙・選手・選者・選出・落選・当選・改選・入選・予選・人選

争

6画

部首 ク（く）

おん ソウ
くん あらそ-う

意味
力をこめてひっぱりあう様子を表した字で、「あらそう」意味を表す。

書き方
ノ ク 刍 刍 刍 争

出す
はねる

使い方
争議・争点・競争・戦争・論争・口争い・言い争う

倉

10画

部首 𠆢（ひとがしら）

おん ソウ

くん くら

成り立ち

囲（かこ）いに戸（と）が付（つ）いている様子（ようす）からできた字（じ）。

書き方

ノ 𠆢 亽 今 今 今 今 今 倉 倉 倉

点（てん）ではなく一を書（か）く

使い方

倉庫（そうこ）・船倉（せんそう）・穀倉地帯（こくそうちたい）・胸倉（むなぐら）

巣

11画

部首 ⺍（つ）

おん （ソウ）

くん す

成り立ち

木（き）の上（うえ）に鳥（とり）の巣（す）がある様子（ようす）からできた字（じ）。

書き方

、 ⺀ ⺍ ⺍ 𦥑 𦥑 当 単 単 単 巣

点（てん）の打（う）ちかたに注意（ちゅうい）。⺌としない

使い方

病巣（びょうそう）・卵巣（らんそう）・巣箱（すばこ）・古巣（ふるす）・巣立（すだ）ち・巣（す）ごもる

束

7画

部首 木（き）

おん ソク

くん たば

成り立ち

木（き）をしばった形（かたち）からできた字（じ）。

書き方

一 𠃍 𠀎 𠀎 申 束 束

出（だ）す

使い方

結束（けっそく）・約束（やくそく）・装束（しょうぞく）・二束三文（にそくさんもん）・札束（さつたば）・花束（はなたば）・束（たば）ねる

側

11画

部首　亻（にんべん）

おん　ソク
くん　がわ

注意点

「かわ」とも読む。

書き方

ノ　亻　亻　亻　伯　伯　俱　俱　俱　側（とめる）　側
側（はねる）

使い方

側面（そくめん）・側近（そっきん）・内側（うちがわ）・外側（そとがわ）・表側（おもてがわ）・裏側（うらがわ）・片側（かたがわ）・両側（りょうがわ）・反対側（はんたいがわ）

卒

8画

部首　十（じゅう）

おん　ソツ
くん　――

注意点

「率」と形（かたち）が似（に）ているので注意（ちゅうい）する。

書き方

丶　亠　亠　亣（とめる）　亣　亣（とめる）　卒（長（なが）く）　卒

使い方

卒業（そつぎょう）・脳卒中（のうそっちゅう）・新卒（しんそつ）・卒然（そつぜん）・高校卒（こうこうそつ）

続

13画

部首　糸（いとへん）

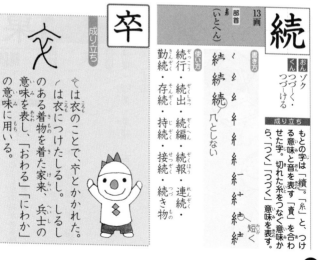

おん　ゾク
くん　つづ-く・つづ-ける

成り立ち

もとの字（じ）は「續」。「糸」と、つける意味（いみ）と音（おん）を表（あらわ）す「賣」を合（あ）わせた字（じ）。切（き）れた糸（いと）をつなぐ意味（いみ）から、「つぐ」「つづく」意味（いみ）を表（あらわ）す。

書き方

く　幺　幺　糸　糸　糸　糸　紩　紶（短（みじか）く）　紶　紸　続　続（几としない）

使い方

続行（ぞっこう）・続出（ぞくしゅつ）・続編（ぞくへん）・続報（ぞくほう）・連続（れんぞく）・勤続（きんぞく）・存続（そんぞく）・持続（じぞく）・接続（せつぞく）・続き物（つづきもの）

卒

成り立ち

衣は衣（ころも）のことで、〳とかかれた。〳は衣（ころも）につけたしるし。しるしのある着物（きもの）を着（き）た家来（けらい）、兵士（へいし）の意味（いみ）を表（あらわ）し、「おわる」「にわか」の意味（いみ）に用（もち）いる。

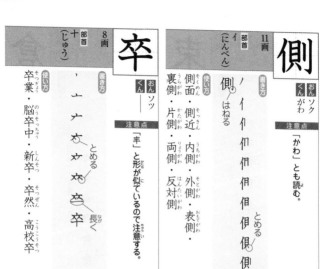

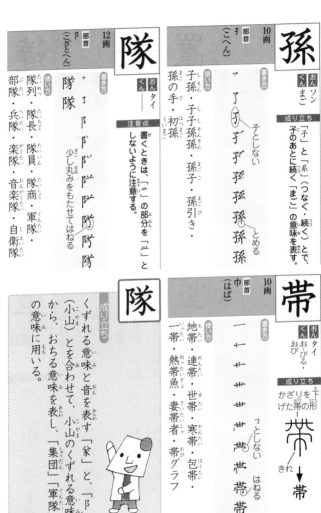

孫

10画

部首 子（こへん）

おん ソン
くん まご

成り立ち

「子」と「系」（つなぐ・続く）とで、子のあとに続く「まご」の意味を表す。

書き方

子としない

とめる

使い方

子孫・子子孫孫・孫子・孫引き・孫の手・初孫

帯

10画

部首 巾（はば）

おん タイ
くん お-びる・おび

成り立ち

かざりを下げた帯の形

↓
帯

書き方

一としない

はねる

使い方

地帯・連帯・世帯・寒帯・包帯・一帯・熱帯魚・妻帯者・帯グラフ

隊

12画

部首 阝（こざとへん）

おん タイ
くん ——

注意点

書くときは、「䒑」の部分を「丷」としないように注意する。

書き方

少し丸みをもたせてはねる

使い方

隊列・隊長・隊員・隊商・軍隊・部隊・兵隊・楽隊・音楽隊・自衛隊

隊

成り立ち

くずれる意味と音を表す「㒸」と、「阝」（小山）とを合わせて、小山のくずれる意味から、おちる意味を表し、「集団」「軍隊」の意味に用いる。

4年 ソ▼タ

達

12画

部首 辶（しんにょう・しんにゅう）

おん タツ
くん ―

注意点
書くときは、「幸」の部分を「幸」「辛」としないように注意する。

書き方
一 十 土 𡈽 去 去 击 壵（長く） 幸 幸 垐 達 達

使い方
達人・達成・達者・配達・上達・速達・発達・調達・伝達・*友達

置

13画

部首 罒（あみがしら・あみめ）

おん チ
くん お-く

成り立ち
あみを表す「罒」と、まっすぐ立てる意味と音を表す「直」を合わせた字。あみを張り立てて「おく」意味を表す。

書き方
丶 冂 冂 罒 罒（四としない） 罒 罒 罒 罟 罟 罟 罟 置（おさえて右に）

使い方
位置・放置・処置・配置・装置・設置・置物・物置・前置き

単

9画

部首 ⺍（つ）

おん タン
くん ―

成り立ち

↓単

書き方
丶 丷 ⺍（⺍としない） ⺍ 㓁 冎 当 単（長く） 単

使い方
単独・単純・単位・単調・単語・単元・単車・単線・単行本・簡単

単

成り立ちの補足
もとの字は「單」。先がふたまたになっている平たい器具の形からできた字。「ひとつ」の意味に用いる。

仲

6画

部首　亻（にんべん）

おん　（チュウ）
くん　なか

注意点
書く（か）ときは、「亻」の部分（ぶぶん）を「彳」としないように注意（ちゅうい）する。

書き方
ノ　亻　仆　仲　仲　仲
（とめる）

使い方
仲裁（ちゅうさい）・仲間（なかま）・仲良（なかよ）し・仲立（なかだ）ち・仲直（なかなお）り・*仲人（なこうど）

沖

7画

部首　氵（さんずい）

おん　（チュウ）
くん　おき

成り立ち
「氵」（水（みず））と、ゆれ動（うご）く意味（いみ）と音（おと）を表（あらわ）す「中」を合（あ）わせた字。水（みず）がゆれ動（うご）く意味（いみ）。転（てん）じて、「おき」を表（あらわ）す。

書き方
丶　冫　氵　氵　沪　沪　沖
（ややなめ内側（うちがわ）に）

使い方
沖積層（ちゅうせきそう）・沖天（ちゅうてん）・沖合（おきあい）・沖縄（おきなわ）

兆

6画

部首　儿（にんにょう・ひとあし）

おん　チョウ
くん　（きざ-す）・（きざ-し）

成り立ち

↓兆

書き方
丿　⺉　⺉　兆　兆　兆
（点（てん）の打（う）ちかたに注意（ちゅうい））
（点（てん）の打（う）ちかたに注意（ちゅうい））

使い方
一兆円（いっちょうえん）・兆候（ちょうこう）・億兆（おくちょう）・前兆（ぜんちょう）

兆

成り立ちの補足（ほそく）
うらないの亀（かめ）のこうらや、けものの骨（ほね）に焼（や）けぐしをあてたときにあらわれる、吉（きち）または凶（きょう）を示（しめ）すさけ目（め）の形（かたち）からできた字（じ）で、「きざし」の意味（いみ）を表（あらわ）す。

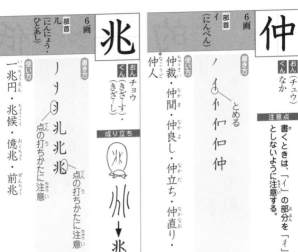

低

7画

部首 亻（にんべん）

おん テイ

くん ひく-い・ひく-める・ひく-まる

注意点

書くときは、「氐」を「氏」としないように、下の横棒に注意する。

書き方

ノ 亻 亻' 亻ㄈ 亻氏 低 低

おさえてはねる　はねる

使い方

低級（ていきゅう）・低気圧（ていきあつ）・低温（ていおん）・低空（ていくう）・低下（ていか）・低調（ていちょう）・高低（こうてい）・最低（さいてい）・低学年（ていがくねん）

底

8画

部首 广（まだれ）

おん テイ

くん そこ

成り立ち

家を表す「广」と、根ざす意味と音を表す「氐」を合わせた字。家にとどまる意味を表し、「そこ」の意味に用いる。

書き方

丶 亠 广 广 庀 庀 底 底

おさえてはねる　はねる

使い方

底辺（ていへん）・底面（ていめん）・海底（かいてい）・地底（ちてい）・湖底（こてい）・根底（こんてい）・川底（かわぞこ）・底力（そこぢから）・底冷え（そこびえ）

的

8画

部首 白（しろ）

おん テキ

くん まと

注意点

「テキ」は音読み、「まと」は訓読みであることに注意する。

書き方

ノ ｲ 白 白 白 白' 的 的

はねる

使い方

的中（てきちゅう）・的確（てきかく）・劇的（げきてき）・目的（もくてき）・科学的（かがくてき）・具体的（ぐたいてき）・画期的（かっきてき）・的外れ（まとはずれ）

典

8画

部首 八（はち）

おん テン

くん ―

成り立ち

ひもでとじた竹札の書物を両手で持つ様子からできた字。

書き方

丨 冂 巾 巾 曲 曲 典 典

出す

使い方

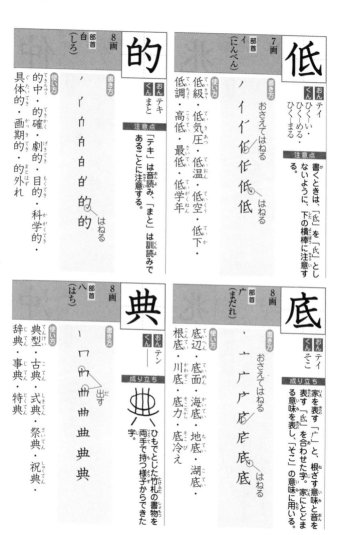

典型（てんけい）・古典（こてん）・式典（しきてん）・祭典（さいてん）・祝典（しゅくてん）・辞典（じてん）・事典（じてん）・特典（とくてん）

伝

6画

部首 亻(にんべん)

おん デン

くん つた-わる・つた-える・つた-う

注意点

書き方に注意する。

×伝

○伝

書き方

ノ 亻 仁 伝 伝 伝

上の横棒より長く

使い方

伝言・伝説・伝承・伝記・伝統・宣伝・駅伝・言い伝え・＊手伝う

伝

成り立ち

もとの字は「傳」。他へうつす意味と音を表す「專」と、「亻」(人)とを合わせて、人から人にうつす、「つたえる」意味を表す。

徒

10画

部首 彳(ぎょうにんべん)

おん ト

くん —

成り立ち

彳(道を行く)＋土＝徒(土をふんで歩く)

書き方

ノ 彡 彳 行 往 徍 徍 徏 徒 徒

上の横棒より長く

使い方

徒歩・徒労・徒党・生徒・学徒・信徒・徒競走・徒手体操

努

7画

部首 力(ちから)

おん ド

くん つと-める

成り立ち

「力」と、力をこめる意味と音を表す「奴」を合わせた字。「つとめはげむ」意味を表す。

書き方

く 女 女 如 奴 努 努

ややつき出す

はねる

使い方

努力・努力家・努めて・学習に努める

灯

6画

部首 火（ひへん）

おん トウ
くん （ひ）

注意点

書くときは、「火」の部分を「火」と、「丁」の部分を「寸」としないように注意する。

書き方

丶 丷 火 火 灯 灯（とめる・はねる）

使い方

灯火・灯油・灯台・電灯・点灯・外灯・街灯・消灯

灯

成り立ち

もとの字は「燈」。料理を盛るあしつきの器の意味と音を表す「登」と、「火」とを合わせて、火をともす油皿の意味、転じて、「ともしび」の意味を表す。また一説には、「燈」と「灯」は別の字で、誤って混用したとも言われる。

働

13画

部首 亻（にんべん）

おん ドウ
くん はたら-く

成り立ち

人 ― 亻 ＋ 動（音を表す）― うごく ＝ 働 ― はたらく

書き方

ノ 亻 亻 仁 仟 佰 佰 俥 俥 俥 働 働 働（やや右上に・はねる）

使い方

労働・労働者・労働組合・実働・働き者・働き手・共働き

特

10画

部首 牛（うしへん）

おん トク
くん ―

注意点

同じ読みの「得」に注意する。

・特…特別　特訓　特色
・得…得点　得意　得票

書き方

ノ 𠂉 牛 牛 牛 牜 牪 牲 特 特（とめる・はねる）

使い方

特異・特技・特集・特色・特別・特急・特長・特許・独特・特産品

徳

14画

部首 彳（ぎょうにんべん）

おん トク
くん —

注意点

書くときは、「彳」の部分を「イ」と、「悳」の部分を「恵」としないように注意する。

書き方

ノ 彳 彳 彳 彳 彳 彳 彳 彳 彳 徳 徳 徳 徳（はねる）

使い方

徳育（とくいく）・徳用（とくよう）・悪徳（あくとく）・人徳（じんとく）・道徳（どうとく）・美徳（びとく）・公徳心（こうとくしん）・徳島（とくしま）

奈

8画

部首 大（だいかんむり・だいがしら）

おん ナ
くん —

成り立ち

「木」と、音を表す「示」を合わせた字。木の名「からなし」を表す。

書き方

一 ナ 大 太 夳 奈 奈 奈（はらう・はねる・上の横棒より長く）

使い方

*奈良（なら）・*神奈川（かながわ）・奈落（ならく）

栃

9画

部首 木（きへん）

おん —
くん とち

意味

もとの字は「杤」。「木」と「万」（十千、つまり千の十倍）とで、「とちのき」の意味を表す。

書き方

一 十 オ 木 木 杤 杤 栃 栃（はらう・はねる）

使い方

栃木（とちぎ）

梨

11画

部首 木（き）

おん —
くん なし

注意点

書くときは、「利」を「刑」としないように注意する。

書き方

一 二 千 禾 禾 利 利 利 梨 梨 梨（とめる・はねる）

使い方

山梨（やまなし）・洋梨（ようなし）

熱

15画

部首　灬（れっか・れんが）

おん　ネツ

くん　あつ-い

意味

火のあたたかさを意味する。

書き方

使い方

熱病・熱望・熱湯・熱中・熱意・熱心・熱気・熱帯魚・加熱・情熱

念

8画

部首　心（こころ）

おん　ネン

くん　―

成り立ち

「心」と、内にこめる意味と音を表す「今」を合わせた字。心にしっかりととめて「おもう」意味を表す。

書き方

使い方

念願・念力・念入り・信念・記念・天然記念物・念仏・残念

敗

11画

部首　攵（ぼくにょう・のぶん）

おん　ハイ

くん　やぶ-れる

成り立ち

われる意味と音を表す「貝」と、「攵」（打つ）とを合わせて、打ち割る、「やぶれる」意味を表す。

書き方

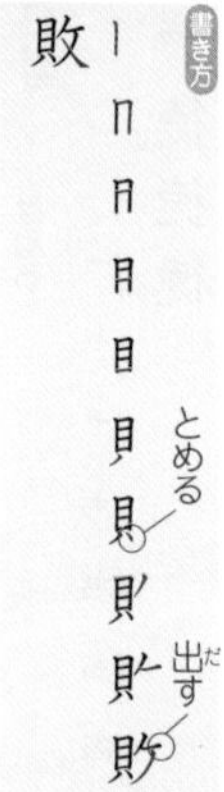

使い方

敗北・敗退・敗戦・敗因・敗者・勝敗・失敗・完敗・連敗

梅

10画

部首　木（きへん）

おん　バイ

くん　うめ

注意点

書くときは、「毋」の部分を「母」としないように注意する。

書き方

使い方

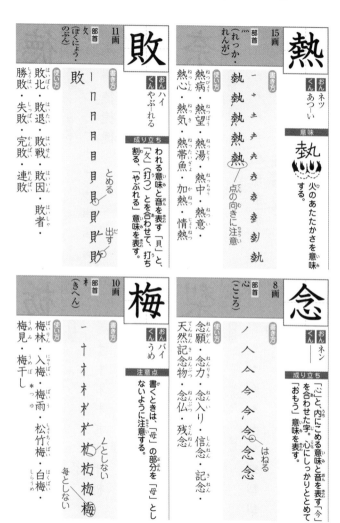

梅林・入梅・梅雨*・松竹梅・白梅・梅見・梅干し

博

12画

部首 十（じゅう）

おん ハク・（バク）
くん ―

成り立ち

十（集める）＋尃（平らにのべる意味と音を表す・広くゆきわたる）＝博

書き方

はねる　わすれない

博

使い方

博識（はくしき）・博学（はくがく）・博愛（はくあい）・博士（はくし）・*博士（はかせ）・博物館（はくぶつかん）・博覧会（はくらんかい）・万国博覧会（ばんこくはくらんかい）

飯

12画

部首 食（しょくへん）

おん ハン
くん めし

成り立ち

「食」と、広がる意味と音を表す「反」を合わせた字。平らに広がる食べ物、「めし」を表し、「たべる」意味に用いる。

書き方

く・くとしない

飯

使い方

ご飯（ごはん）・赤飯（せきはん）・残飯（ざんぱん）・昼飯（ひるめし）・朝飯前（あさめしまえ）・夕飯（ゆうめし）・夕飯（ゆうはん）・冷や飯（ひやめし）

阪

7画

部首 阝（こざとへん）

おん （ハン）
くん ―

成り立ち

丘を表す「阝」と、かたむく意味と音を表す「反」を合わせた字。丘のかたむいている所、「さか」を表す。

書き方

つける

阪

使い方

阪神（はんしん）・*大阪（おおさか）

飛

9画

部首 飛（とぶ）

おん ヒ
くん と-ぶ・と-ばす

成り立ち

鳥がつばさを開いてとぶ様子

↓
飛

書き方

上にはねる　書き順に注意　上にはねる

飛

使い方

飛行機（ひこうき）・飛鳥（ひちょう）・飛来（ひらい）・飛び火（とびひ）・飛び入り（とびいり）・飛び散る（とびちる）

必

5画

部首 心（こころ）

おん ヒツ
くん かなら-ず

成り立ち

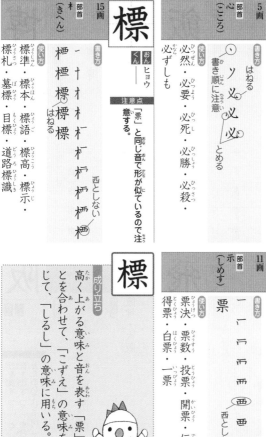

くいにあて木をそえてしめつけた様子からできた字。

書き方

丶 ソ 义 必 必

はねる　とめる　書き順に注意

使い方

必然・必要・必死・必勝・必殺・必ずしも

標

15画

部首 木（きへん）

おん ヒョウ
くん ――

注意点

「票」と同じ音で形が似ているので注意する。

書き方

一 十 才 木 木一 木冖 木覀 木覀 木覀 木覀 木覀 標 標 標 標

西としない　はねる

使い方

標準・標本・標語・標高・標示・標札・墓標・目標・道路標識

票

11画

部首 示（しめす）

おん ヒョウ
くん ――

注意点

使い方に注意する。
・票…ふだ－投票
・標…しるし－目標

書き方

一 冂 襾 襾 西 覀 覀 覀 票 票 票

西としない　はねる

使い方

票決・票数・投票・開票・伝票・得票・白票・一票

標

成り立ち

高く上がる意味と音を表す「票」と、「木」とを合わせて、「こずえ」の意味を表す。転じて、「しるし」の意味に用いる。

不

4画

部首 一（いち）

おん フ・ブ
くん ―

成り立ち

花の付け根がふくらんだ様子

書き方

一 丆 不 不

使い方

不安・不覚・不毛・不満・不利・不便・不思議・不気味・一心不乱

付

5画

部首 亻（にんべん）

おん フ
くん つ-ける・つ-く

成り立ち

人に手をさし出す様子からできた字。

書き方

ノ 亻 仁 付 付

使い方

付近・付加・付録・送付・寄付・交付・給付・気付く・名付ける

夫

4画

部首 大（だい）

おん フ・（フウ）
くん おっと

意味

一人前の男性の意味。

書き方

一 二 夫 夫

使い方

夫妻・夫人・農夫・漁夫・水夫・夫婦・創意工夫

夫

成り立ち

立っている人（大）の頭部に横棒を加えて、人が成人し、冠をつけ、かんざしをさしている意味を表す。

府

8画

部首 广（まだれ）

おん フ

くん ―

成り立ち
建物を表す「广」と、とじこめる意味と音を表す「付」を合わせた字。物をしまっておく「くら」を表す。

書き方
广 … 軽くはらう
府 … はねる

使い方
府県（ふけん）・府知事（ふちじ）・京都府（きょうとふ）・政府（せいふ）・首府（しゅふ）・幕府（ばくふ）・府立高校（ふりつこうこう）

阜

8画

部首 阜（おか）

おん フ

くん ―

成り立ち
台地の側面につけた階段の形

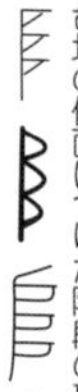

→阜

書き方
阜 … つき出す

使い方
＊岐阜（ぎふ）

富

12画

部首 宀（うかんむり）

おん フ・（フウ）

くん と-む・とみ

成り立ち
「宀」（家）と、満ちる意味と音を表す「畐」を合わせた字。家に財産が満ちて「とむ」意味を表す。

書き方
宀 … わすれずに
富 … 大きめに

使い方
富強（ふきょう）・富士山（ふじさん）・国富（こくふ）・貧富（ひんぷ）・豊富（ほうふ）・富貴（ふうき）・＊富山（とやま）

副

11画

部首 刂（りっとう）

おん フク

くん ―

注意点
「福」と同じ音で形が似ているので注意する。

書き方
副 … はねる

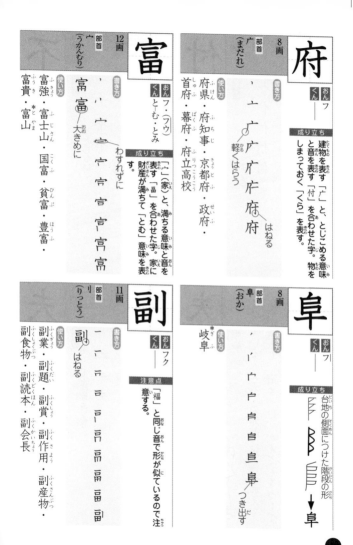

使い方
副業（ふくぎょう）・副題（ふくだい）・副賞（ふくしょう）・副作用（ふくさよう）・副産物（ふくさんぶつ）・副食物（ふくしょくぶつ）・副読本（ふくどくほん）・副会長（ふくかいちょう）

兵

7画
部首 八（はち）

おん ヘイ・ヒョウ
くん ——

成り立ち

両手（廾）でおの（斤）を持って打つ様子からできた字。

書き方

丿 𠂆 𠂇 斤（つとしない） 丘 乒 兵（とめる）

使い方

兵器・兵隊・兵士・兵役・兵舎・兵力・水兵・敵兵・老兵・兵庫

別

7画
部首 刂（りっとう）

おん ベツ
くん わか-れる

注意点

使い方に注意する。
・別れる…人と人
・分かれる…一つのもの

書き方

丨 口 口 号（はねる） 另 別 別

使い方

別室・別人・別居・区別・差別・特別・分別・性別・送別会

辺

5画
部首 ⻌（しんにょう・しんにゅう）

おん ヘン
くん あた-り・べ

注意点

書くときは、「刀」を「力」としないように注意する。

書き方

フ（はねる） 刀 刃 辺 辺

使い方

周辺・近辺・底辺・身辺・その辺・水辺・川辺・海辺・岸辺

辺

成り立ち

もとの字は「邊」。「⻌」（道）と、鼻の両わきの意味と音を表す「臱」とで、道の「ほとり」の意味を表す。

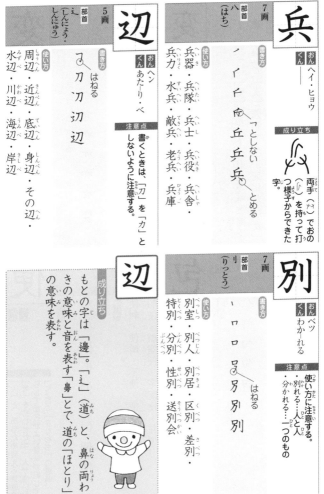

変

9画

部首 夂（すいにょう）

おん ヘン

くん か-わる・か-える

注意点

送りがなに注意する。

×変る　変る

○変わる　変える

書き方

丶 亠 亣 亣 亦 亦 亦 変 変

（小さくはらう）（はねる）

使い方

変化・変身・変革・変色・変動・異変・大変・変わり種・様変わり

変

成り立ち

もとの字は「變」。糸がもつれた意味と音を表す「䜌」と、「攴」（強制する）が変化した「夂」とで、乱れたものを改める意味。ここから「かえる」「かわる」意味を表す。

便

9画

部首 亻（にんべん）

おん ベン・ビン

くん たよ-り

成り立ち

「人」と、あらため変える意味の「更」を合わせた字。人が使いならして都合がよい意味が転じて、「たより」「すなわち」の意味。

書き方

ノ 亻 仁 仁 何 佰 佰 便 便

（出す）

使い方

便利・便所・不便・便乗・郵便・船便・航空便・宅配便・花便り

包

5画

部首 勹（つつみがまえ）

おん ホウ

くん つつ-む

成り立ち

人がおなかの中にたい児をかかえる様子からできた字。

書き方

ノ 勹 勺 匀 包

（はねる）（巳としない）

使い方

包囲・包帯・包丁・包装紙・包容力・包み紙・小包

法

8画

部首 氵（さんずい）

おん ホウ・（ハッ）・（ホッ）

くん ——

意味

水でけものが出られないようにする意味から、行きすぎをおさえるおきての意味に用いる。

書き方

上の横棒より長く

使い方

法律・法則・文法・方法・司法・用法・手法・泳法・寸法・憲法・法度

望

11画

部首 月（つき）

おん ボウ・（モウ）

くん のぞ-む

注意点

書くときは、「月」の部分を「夕」、「王」の部分を「主」としないように注意する。

書き方

ややななめに書く

使い方

望遠鏡・希望・絶望・人望・願望・失望・志望・要望・大望・本望・望み

牧

8画

部首 牜（うしへん）

おん ボク

くん （まき）

意味

追い立てて飼う意味から、牛馬などを放し飼いにする意味を表す。

書き方

とめる

使い方

牧師・牧草・牧牛・牧羊・放牧・遊牧・遊牧民・牧場

末

5画

部首 木（き）

おん マツ・（バツ）

くん すえ

成り立ち

木の上に一線（一点）を書いて、木の先たん、こずえを表した字。

書き方

上の横棒を長く

とめる

使い方

末代・始末・結末・終末・年末・文末・粉末・期末・巻末・末っ子

4年 ヘ▶マ

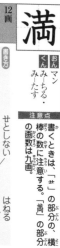

満

12画

部首 氵（さんずい）

おん マン

くん み-ちる・み-たす

注意点

書くときは、「廿」の部分の、横棒の数に注意する。「㒼」の部分の画数は九画。

書き方

、 ⺀ 氵 氵 汁 泄 泄 洪 渵 満 満 満

（せとしない）（はねる）

使い方

満月・満足・満開・満員・満点・満席・干満・不満・満ち潮

満

成り立ち

もとの字は「滿」。「氵」（水）と、平らな意味と音を表す「㒼」とで、水がふちと平らになる意味。ここから「みちる」意味を表す。

未

5画

部首 木（き）

おん ミ

くん —

成り立ち

木の先に小枝が出た形から、木がしげる意味を表す。

書き方

一 二 キ 未 未

（かならず下を長く）

使い方

未熟・未来・未知・未満・未定・未開・未明・未解決・未完成

民

5画

部首 氏（うじ）

おん ミン

くん （たみ）

注意点

「氏」と形が似ているので注意する。

書き方

コ コ 巳 民 民

（はねる）

使い方

民族・民家・民間・民話・民衆・国民・移民・住民・市民・公民館

無

12画

部首 灬（れっか・れんが）

おん ム・ブ
くん な-い

成り立ち

書き方

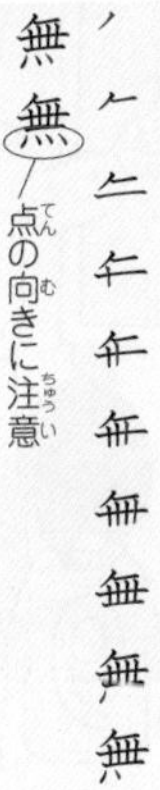

使い方
無効・無罪・無実・無敵・無念・無言・無事・無人島・無い物ねだり

無

成り立ちの補足

人がたもとにかざりをつけ、おどっている形からできた字。「ない」の意味に用いる。

約

9画

部首 糸（いとへん）

おん ヤク
くん ——

成り立ち

「糸」と、しめつける意味と音を表す「勺」を合わせた字。糸でしばることから、「まとめる」意味に用いる。

書き方

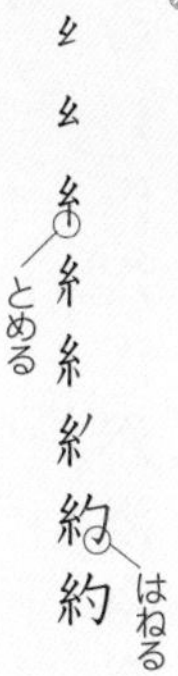

使い方
約束・約分・条約・制約・予約・要約・盟約・節約・規約・公約

勇

9画

部首 力（ちから）

おん ユウ
くん いさ-む

成り立ち

「力」に、わき出る意味と音を表す「甬」を合わせた字。力がわき出る意味から、「いさむ」「いさましい」の意味に用いる。

書き方

使い方
勇気・勇士・勇者・勇姿・勇断・武勇・勇み足・勇ましい

要

9画

部首 襾（おおいかんむり・かなめがしら）

おん ヨウ
くん かなめ・（いーる）

成り立ち

人が、両手をこしにあてている様子からできた字。

書き方

一 ｢ 襾 襾 襾 襾 要 要 要
（西としない／少し出す）

使い方

要点・要求・要所・要因・要素・要望・要約・必要・重要・要注意

養

15画

部首 食（しょく）

おん ヨウ
くん やしなーう

成り立ち

「食」に、すすめる意味と音を表す「羊」を合わせた字。食物をすすめる意味から、「やしなう」意味に用いる。

書き方

丶 丷 ⺷ 䒑 羊 羊 美 美 养 养 养 養 養 養 養
（美としない）

使い方

養育・養子・養老・養成・養分・養蚕・静養・休養・栄養・修養

浴

10画

部首 氵（さんずい）

おん ヨク
くん あーびる・あーびせる

成り立ち

「氵」（水）と、入る意味と音を表す「谷」を合わせた字。水に入り体を洗う、「あびる」意味を表す。

書き方

丶 冫 氵 氵 氵 氵 浴 浴 浴 浴
（ソとしない）

使い方

浴場・浴室・入浴・海水浴・森林浴・日光浴・水浴び・＊浴衣

利

7画

部首 刂（りっとう）

おん リ
くん （き-く）

注意点
「刑」「列」「別」と形が似ているので注意する。

書き方
ノ 二 千 禾 禾 利 利
（とめる・はねる）

使い方
利益・利用・利点・利害・便利・権利・有利・勝利・利己的・左利き

利 成り立ち

「禾」（いね）と「刂」（刀）とで、いねをするどい刃物で切る意味を表す。転じて、「よく切れる」「するどい」「便利」「利益」の意味に用いる。また、すき（＝刀）でいねの田をすき起こすのがもとの意味とも言われる。

陸

11画

部首 阝（こざとへん）

おん リク
くん ―

成り立ち
阝（おか）＋坴（音を表す・連なる）＝陸（連なる高地）

書き方
フ 了 阝 阝 阝+ 阝土 阝壵 陸 陸 陸 陸
（角をつけずにまげる）

使い方
陸地・陸路・陸上・大陸・着陸・上陸・陸軍・陸輸・内陸部

良

7画

部首 艮（こん・こんづくり・ねづくり）

おん リョウ
くん よ-い

成り立ち

穀物をふるいに通す様子からできた字。よいものを選ぶ意味を表す。

書き方
丶 ㇉ ⺕ ⺕ 良 良 良
（はねる・はらう）

使い方
良好・良質・良識・良心・良薬・改良・善良・消化不良・仲良し・＊奈良

料

10画

部首 斗（と・とます）

おん リョウ
くん ——

成り立ち
「斗」（ます）と「米」とで、ますで米をはかる意味を表し、広く「はかる」意味に用いる。

書き方
丶 丷 丷 半 米 米 米 料 料 料
点の向きに注意

使い方
料理・料金・材料・食料・原料・無料・給料・資料・燃料・飲料水

量

12画

部首 里（さと）

おん リョウ
くん はか-る

成り立ち
「旦」（品物）と「重」（おもさ）とで、物のおもさを「はかる」意味を表す。

書き方
丨 口 日 日 旦 昌 昌 昌 昌 量 量 量
やや長く

使い方
量産・測量・計量・雨量・分量・度量・軽量・数量・適量・降水量

輪

15画

部首 車（くるまへん）

おん リン
くん わ

意味

輻（昔の車の矢）がきちんと放射状に並んだ車の「わ」を表す。

書き方
一 𠂇 币 百 亘 亘 車 車 軡 軡 軡 輪 輪 輪 輪
はねる

使い方
輪番・輪読・輪唱・輪作・一輪・車輪・年輪・首輪・指輪・輪投げ

類

18画

部首 頁（おおがい）

おん ルイ
くん たぐ-い

注意点
同じ「頁（おおがい）」が部首の漢字、「頭」「顔」「願」「順」に注意する。

書き方
丶 丷 丷 米（とめる） 米 米 米 米（とめる） 类 类 類 類 類 類 類 類 類

使い方
類型・類似・類推・類別・人類・衣類・種類・分類・親類・書類

令

5画

部首 人（ひとがしら）

おん レイ
くん ——

注意点
「今」「分」と形が似ているので注意する。

書き方
点の打ちかたに注意。マとしない
ノ 人 今 今 令

使い方
令状・命令・指令・法令・号令・伝令・辞令

冷

7画

部首 冫（にすい）

おん レイ
くん つめ-たい・ひ-える・ひ-や・ひ-やす・ひ-やかす・さ-める・さ-ます

意味
すみきった氷を表した字で、「つめたい」「ひえる」意味。

書き方
点の打ちかたに注意。マとしない
丶 冫 冫 冫 冷 冷 冷

使い方
冷血・冷静・冷気・冷害・寒冷・冷蔵庫・底冷え・冷やあせ・湯冷め

例

8画

部首 亻（にんべん）

おん レイ
くん たと-える

注意点
「列」と形が似ているので注意する。

書き方
ノ 亻 亻 仠 伢 侈 侈 例（はねる）

使い方
例外・例文・例年・例題・例示・事例・比例・用例・例え・例えば

連

10画

部首 辶（しんにょう・しんにゅう）

おん レン

くん つら-なる・つら-ねる・つ-れる

成り立ち

「車」と「辶」（道）とで、車が続いて道を通る意味を表し、「つらなる」意味を表す。

書き方

一 𠂉 币 亘 亘 亘 車 連 連 連

（上の横棒より長く）

使い方

連続（れんぞく）・連合（れんごう）・連日（れんじつ）・連想（れんそう）・連結（れんけつ）・連休（れんきゅう）・連行（れんこう）・連勝（れんしょう）・関連（かんれん）・子供連れ（こどもづれ）

労

7画

部首 力（ちから）

おん ロウ

くん ―

成り立ち

かがり火を表す ―

書き方

丶 丷 ⺍ 𰀁 𰀁 労 労

（⺍としない）（はねる）

使い方

労働（ろうどう）・労力（ろうりょく）・労作（ろうさく）・勤労（きんろう）・徒労（とろう）・苦労（くろう）・過労（かろう）・功労（こうろう）

老

6画

部首 老（おいかんむり）

おん ロウ

くん お-いる・（ふ-ける）

成り立ち

かみの長い腰のまがった人

書き方

一 十 土 耂 耂 老

（長く）（上にはねる）

使い方

老後（ろうご）・老人（ろうじん）・老練（ろうれん）・老化（ろうか）・老女（ろうじょ）・老木（ろうぼく）・長老（ちょうろう）・初老（しょろう）・年老いる（としおいる）・老け役（ふけやく）

録

16画

部首 金（かねへん）

おん ロク

くん ―

注意点

書くときは、「ヨ」の部分の真ん中の横棒をつき出さないように注意する。

書き方

ノ 𠆢 亼 全 牟 命 金 金 釒 鈩 鈩 録 録 録 録 録

（水としない）

使い方

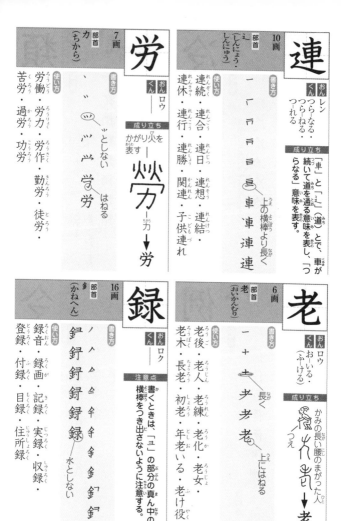

録音（ろくおん）・録画（ろくが）・記録（きろく）・実録（じつろく）・収録（しゅうろく）・登録（とうろく）・付録（ふろく）・目録（もくろく）・住所録（じゅうしょろく）

5年生でならう漢字

193字

圧

5画

部首 土（つち）

おん アツ

くん ――

意味

土でおさえてふさぐ意味を表した字で、広く「おさえる」意味に用いる。

書き方

一 厂 圧 圧 圧（上の横棒より長く）

使い方

圧力・圧縮・圧勝・電圧・重圧・気圧・水圧・血圧・低気圧

移

11画

部首 禾（のぎへん）

おん イ

くん うつ-る・うつ-す

注意点

使い方に注意する。
・机の場所を移す。
・写真を写す。

書き方

ノ 二 千（とめる） 禾 禾（とめる） 禾 秒 秒 移 移 移

使い方

移植・移送・移転・移動・移住・移民・転移・変移・移り変わり

囲

7画

部首 口（くにがまえ）

おん イ

くん かこ-む・かこ-う

注意点

部首が「口（くにがまえ）」であることに注意する。

書き方

丨 冂 冂 円（上より長く） 用（はらう） 囲 囲

使い方

包囲・周囲・胸囲・はん囲・囲み記事・取り囲む・囲い

囲 成り立ち

もとの字は「圍」。「口」（かこむ）に「韋」（めぐる）を加えた字。

因

6画
部首 囗(くにがまえ)

おん イン
くん (よ-る)

成り立ち

↓ 因

書き方

因 （はらう）
★「困」は別(べつ)の字(じ)

使い方

因果(いんが)・因果関係(いんがかんけい)・因習(いんしゅう)・原因(げんいん)・勝因(しょういん)・一因(いちいん)・起因(きいん)・要因(よういん)・敗因(はいいん)

永

5画
部首 水(みず)

おん エイ
くん なが-い

成り立ち

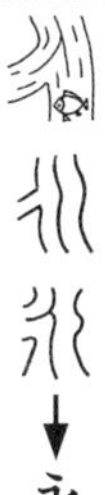

↓ 永

書き方

永 （あける／はねる）

使い方

永続(えいぞく)・永久(えいきゅう)・永久歯(えいきゅうし)・永遠(えいえん)・永住(えいじゅう)・永年(えいねん／ながねん)・永代(えいたい)

営

12画
部首 ⺍(つ)

おん エイ
くん いとな-む

注意点

同(おな)じ音(おん)で形(かたち)の似(に)た字(じ)に注意(ちゅうい)する。
営(えい)…営業(えいぎょう)・経営(けいえい)
栄(えい)…栄光(えいこう)・光栄(こうえい)

書き方

営 （⺍とはしない／上(うえ)の口より大(おお)きく）

使い方

営業(えいぎょう)・営利(えいり)・経営(けいえい)・運営(うんえい)・公営(こうえい)・国営(こくえい)・市営(しえい)・営林署(えいりんしょ)・営(いとな)み

衛

16画
部首 行(ゆきがまえ・ぎょうがまえ)

おん エイ
くん ——

注意点

部首(ぶしゅ)が「行(ゆきがまえ・ぎょうがまえ)」であることに注意(ちゅうい)する。

書き方

衛 （五ではない／はねる）

使い方

衛生(えいせい)・衛星(えいせい)・人工衛星(じんこうえいせい)・護衛(ごえい)・守衛(しゅえい)・防衛(ぼうえい)・前衛(ぜんえい)・自衛隊(じえいたい)

易

8画

部首 日（ひ）

おん エキ・イ
くん やさ-しい

注意点
対語は「難」。書くときは「易」としないように注意する。

書き方
丨 ㄇ 日 日 旦 昜 昜 易（勿としない）

使い方
安易・難易・容易・平易・簡易・易者・貿易・貿易港・交易

益

10画

部首 皿（さら）

おん エキ・（ヤク）
くん ――

成り立ち
皿からあふれ出る水の様子を表した字。

書き方
丶 丷（ソ・ツとしない） 䒑 丷 关 关 益 益 益 益

使い方
益鳥・益虫・有益・利益・収益・実益・損益・無益・増益・ご利益

液

11画

部首 氵（さんずい）

おん エキ
くん ――

成り立ち
「氵」（水）と、一つ一つ続く意味と音を表す「夜」を合わせた字。一てき一てきしたたる意味から、広く液体の意味に用いる。

書き方
丶 冫 氵（まっすぐ下につける） 汁 汴 汸 液 液 液 液 液

使い方
液体・液状・液化ガス・血液・乳液・体液・胃液・樹液・消毒液

演

14画

部首 氵（さんずい）

おん エン
くん ――

注意点
書くときは、「寅」のたて棒をつき出さないように注意する。

書き方
丶 冫 氵 氵 氵 泞 泞 泞 泞 演（つき出さない） 演 演 演 演

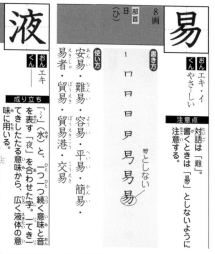

使い方
演技・演奏・演説・演習・演劇・主演・共演・講演・出演・実演

応

7画

部首 心（こころ）

おん オウ

くん こた-える

注意点

読みに注意する。「反応」「順応」は、特別に「はんのう」「じゅんのう」と読む。

書き方

丶 亠 广 广 応 応 応

はねる　軽くはらう

使い方

応答・応用・適応・応急手当て・臨機応変・対応・呼応・反応

往

8画

部首 彳（ぎょうにんべん）

おん オウ

くん ―

注意点

書くときは、「彳」の部分を「イ」としないように注意する。

書き方

ノ 彳 彳 彳 行 往 往 往

点の打ちかたに注意

使い方

往復・往復書簡・往来・往路・往年・往生・右往左往

桜

10画

部首 木（きへん）

おん （オウ）

くん さくら

注意点

書くときは、「⺍」の部分を「⺌」「丷」としないように注意する。

書き方

一 十 才 木 木 木 木 栐 桜 桜

点の打ちかたに注意。⺌・丷としない

使い方

桜花・桜色・桜貝・桜湯・山桜・葉桜・八重桜

可

5画

部首 口（くち）

おん カ

くん ―

注意点

「句」と形が似ているので注意する。

書き方

一 一 冂 可 可

フとしない　はねる

使い方

可決・可否・可能・不可能・可燃性・許可・認可・不可

仮

6画

部首 亻（にんべん）

おん カ・（ケ）
くん かり

注意点
「カ」は音読み、「かり」は訓読みであることに注意する。

書き方
ノ イ 亻 仂 仮 仮
（そろえる）

使い方
仮定・仮面・*仮名・仮説・仮装行列・仮病・仮に・仮住まい

価

8画

部首 亻（にんべん）

おん カ
くん （あたい）

注意点
書くときは、「襾」の部分を「西」としないように注意する。

書き方
ノ イ 亻 亻 佰 価 価 価
（西としない）

使い方
価値・価格・評価・定価・原価・時価・地価・物価・株価・高価・安価

河

8画

部首 氵（さんずい）

おん カ
くん かわ

意味
大きくくっ折する川、黄河を表し、転じて、大きな「かわ」の意味に用いる。

書き方
丶 冫 氵 汀 汇 沅 沔 河
（司としない）（はねる）

使い方
河川・河口・運河・山河・大河・氷河・銀河・*河原・白河夜船

河

成り立ち
川の意味の「氵」（水）と、くっ折する意味と音を表す「可」を合わせた字。

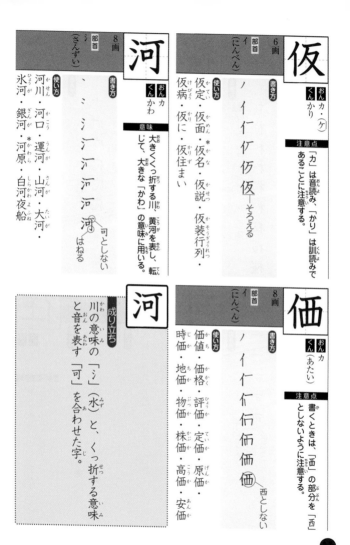

過

12画

部首 辶（しんにょう・しんにゅう）

おん カ

くん す-ぎる・す-ごす・（あやま-つ）・（あやま-ち）

成り立ち

「辶」（歩行）と、多い意味と音を表す「咼」を合わせた字。行きすぎる意味から、「度をこす」意味に用いる。

書き方

丨 冂 冋 冎 咼 としない

書き順に注意

過 過

使い方

過去・過程・過信・過労・過大・過激・過半数・経過・通過・見過ごす

快

7画

部首 忄（りっしんべん）

おん カイ

くん こころよ-い

成り立ち

「忄」は心を、「夬」は音を表す。心がひろびろとして「こころよい」意味を表す。

書き方

丶 丷 忄 とめる 忄 忙 快 出す 快

使い方

快活・快晴・快挙・快調・快適・快速・軽快・痛快・全快・明快

解

13画

部首 角（つのへん）

おん カイ・（ゲ）

くん と-く・と-かす・と-ける

意味

角がある牛の体を刀で分解することを表した字で、「とく」という意味を表す。

書き方

ノ 々としない 角 はねる 角 角 角 角 角 解 解 解 解 出す

使い方

解決・解散・解放・解説・解答・弁解・和解・理解・分解・打ち解ける

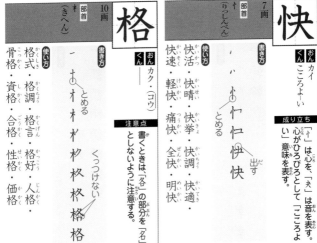

格

10画

部首 木（きへん）

おん カク・（コウ）

くん ——

注意点

書くときは、「各」の部分を「名」としないように注意する。

書き方

一 十 とめる 木 木 杪 枚 格 格 くっつけない 格

使い方

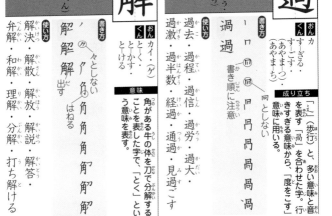

格式・格調・格言・格好・人格・骨格・資格・合格・性格・価格

確

15画

部首 石（いしへん）

おん カク
くん たし-か・たし-かめる

意味

かたい石を表したことから、「かたい」意味。転じて、「たしか」の意味に用いる。

書き方

隺としない

使い方

確実・確定・確認・確信・確保・確率・的確・正確・明確

刊

5画

部首 刂（りっとう）

おん カン
くん ——

注意点

使い方に注意する。
×週間誌　一週刊
○週刊誌　一週間

書き方

はねない
はねる

使い方

刊行・季刊・増刊・発刊・休刊・復刊・夕刊・創刊・新刊・週刊誌

額

18画

部首 頁（おおがい）

おん ガク
くん ひたい

成り立ち

「頁」（顔）と、固い意味と音を表す「客」を合わせた字。顔面の固い部分、「ひたい」の意味を表す。

書き方

とめる。夂としない

使い方

額ぶち・全額・半額・差額・多額・金額・残額・定額・総額

幹

13画

部首 干（かん・いちじゅう）

おん カン
くん みき

注意点

部首が「干（かん・いちじゅう）」であることに注意する。

書き方

出さない

使い方

幹事・幹部・根幹・主幹・新幹線・基幹産業・木の幹

慣

14画
部首 忄（りっしんべん）

おん カン
くん な-れる・な-らす

成り立ち
忄（心）＋貫（音を表す・つらぬく）＝慣

書き方
丶 忄 忄 忄 忄 忄 忄 忄 忄 忄 慣 慣 慣 慣（母としない）

使い方
慣習・慣例・習慣・慣用句・不慣れ・飼い慣らす

紀

9画
部首 糸（いとへん）

おん キ
くん ——

注意点
書くときは、「己」の部分を「巳」としないように注意する。

書き方
く 幺 幺 糸 糸 糸 紀 紀 紀（とめる）（上にはねる）

使い方
紀行・紀行文・紀元・風紀・二十一世紀

眼

11画
部首 目（めへん）

おん ガン・（ゲン）
くん （まなこ）

成り立ち
「目」と、まるい意味と音を表す「艮」を合わせた字。まるい目玉の意味を表す。

書き方
丨 冂 月 月 目 目 目 目 眼 眼 眼（はらう）

使い方
眼科・眼球・眼中・眼光・近眼・着眼・肉眼・方眼紙・千里眼・*眼鏡

紀

成り立ち
いとぐちの意味と音を表す「己」に「糸」を加えて、おのれの意味に用いる「己」と区別し、いとぐちの意味を表し、「しるす」意味に用いる。

基

11画

部首 土（つち）

おん キ
くん （もと）・（もとい）

成り立ち
「土」と、台の意味と音を表す「其」を合わせた字。土を固めた土台、「もとい」の意味を表す。

書き方
一 十 廾 廾 甘 甘 其 其 其 基 基
出さない

使い方
基準・基地・基金・基調・基本・基幹産業

規

11画

部首 見（みる）

おん キ
くん ――

注意点
書くときは、「見」の部分を「貝」としないように注意する。

書き方
一 二 チ 夫 夫 夫 矢 矢 矢 規 規
とめる
角をつけずにまげて上にはねる

使い方
規格・規則・規模・規律・定規・法規・規定・規制・規約

寄

11画

部首 宀（うかんむり）

おん キ
くん よ-る・よ-せる

成り立ち
「宀」（家）と、よる意味と音を表す「奇」を合わせた字。家に身を「よせる」意味を表す。

書き方
丶 丷 宀 宀 宀 宀 宀 宀 宀 寄 寄
書き順に注意
はねる

使い方
寄付・寄生虫・寄宿舎・近寄る・寄り道・寄せ算・*寄席

喜

12画

部首 口（くち）

おん キ
くん よろこ-ぶ

成り立ち
台の上にたいこを立てた様子で、音楽を奏して「よろこぶ」意味を表す。または、「口」と「壴」（あしつきの器に盛った料理）とで、飲食して「よろこぶ」意味とも言う。

書き方
一 十 士 吉 吉 吉 吉 吉 壴 壴 喜 喜
短く
やや長く

使い方
喜劇・喜色満面・悲喜こもごも・大喜び

技

7画
部首 扌(てへん)

おん ギ
くん (わざ)

成り立ち
「扌」(手)と、わかれる意味と音を表す「支」とで、細かく分かれた「わざ」を意味する。

書き方
一 十 扌 扌 扌 抄 技
はねる　あける

使い方
技術・技芸・技師・技能・技法・球技・実技・競技・演技・特技

逆

9画
部首 辶(しんにょう・しんにゅう)

おん ギャク
くん さか・さか-らう

意味
来る人と反対向きに進んで人を「むかえる」意味を表し、「さからう」意味に用いる。

書き方
丶 丷 䒑 䒑 屰 屰 逆 逆 逆
出さない

使い方
逆転・逆算・逆流・逆上・逆境・逆効果・反逆・逆さま・逆立ち

義

13画
部首 羊(ひつじ)

おん ギ
くん ―

注意点
部首が「羊(ひつじ)」であることに注意する。

書き方
丶 丷 䒑 䒑 兰 羊 羊 羊 義 義 義 義 義
はねる　はねる

使い方
義務・義理・義父・意義・講義・仁義・主義・民主主義・正義

久

3画
部首 ノ(の)

おん キュウ・(ク)
くん ひさ-しい

成り立ち

「人」の後ろに、ひく様子を加えて「ひさしい」意味を表す。

書き方
ノ ク 久
あまり長くしない

使い方
永久・永久歯・持久・持久走・武運長久・久々・久しぶり

旧

5画

部首　日（ひ）

おん　キュウ
くん　——

注意点
書く(か)ときは、「丨」と「日」の間(あいだ)をあけすぎないように注意(ちゅうい)する。

書き方

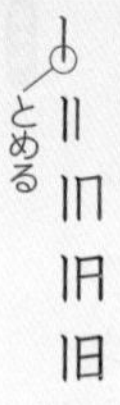

使い方
旧家(きゅうか)・旧友(きゅうゆう)・旧式(きゅうしき)・旧交(きゅうこう)・旧版(きゅうはん)・新旧(しんきゅう)・復旧(ふっきゅう)・旧約聖書(きゅうやくせいしょ)

居

8画

部首　尸（しかばね・しかばねかんむり）

おん　キョ
くん　い-る

成り立ち
「尸」はしり、「古」はよる意味(いみ)と音(おん)を表(あらわ)す。しりを落(お)ち着(つ)けて動(うご)かない意味(いみ)を表(あらわ)し、「いる」意味(いみ)に用(もち)いる。

書き方

使い方
居室(きょしつ)・皇居(こうきょ)・住居(じゅうきょ)・転居(てんきょ)・新居(しんきょ)・居間(いま)・居所(いどころ)・居直(いなお)る・居留守(いるす)

救

11画

部首　攵（ぼくにょう・のぶん）

おん　キュウ
くん　すく-う

注意点
書(か)き方(かた)に注意(ちゅうい)する。
×急救車
○救急車(きゅうきゅうしゃ)

書き方

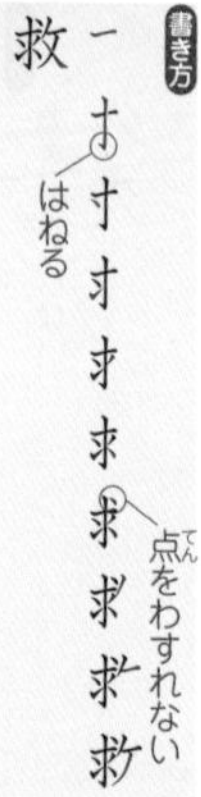

使い方
救助(きゅうじょ)・救出(きゅうしゅつ)・救護(きゅうご)・救命(きゅうめい)・救済(きゅうさい)・救急車(きゅうきゅうしゃ)・救世主(きゅうせいしゅ)・救(すく)いを求(もと)める

許

11画

部首　言（ごんべん）

おん　キョ
くん　ゆる-す

注意点
書(か)くときは、「午」の部分(ぶぶん)を「牛」としないように注意(ちゅうい)する。

書き方

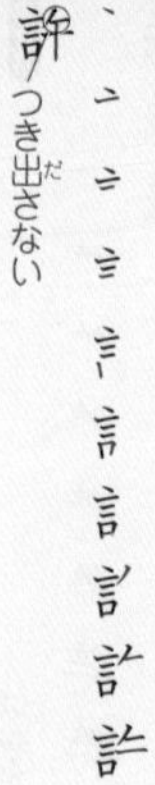

使い方
許可(きょか)・許容量(きょようりょう)・特許(とっきょ)・認許(にんきょ)・許(ゆる)し

境

14画

部首 土（つちへん・どへん）

おん キョウ・（ケイ）

くん さかい

成り立ち

「土」と「竟」（さかい、くぎり）とで、土地のさかい目を表すことから、場所を意味する。

書き方

使い方

境界・境地・かん境・秘境・国境・境内・境目・見境

禁

13画

部首 示（しめす）

おん キン

くん ―

注意点

部首が「木（きへん）」ではなく、「示（しめす）」であることに注意する。

書き方

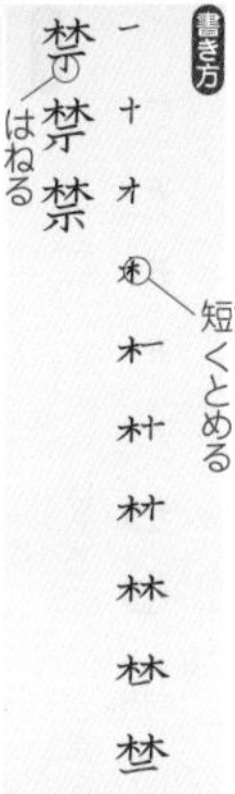

使い方

禁止・立ち入り禁止・禁句・禁酒・禁漁・解禁・厳禁・発禁

均

7画

部首 土（つちへん・どへん）

おん キン

くん ―

成り立ち

「土」と「匀」（平らにそろえる）とで、土地を平らにする意味を表した字。「ひとしい」意味に用いる。

書き方

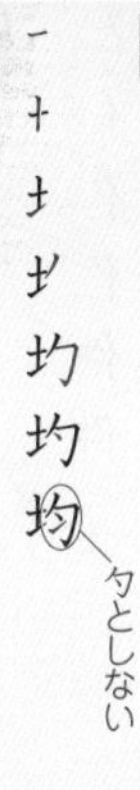

使い方

均整・均等・均質・均一・平均・平均点・平均気温

句

5画

部首 口（くち）

おん ク

くん ―

注意点

書き順に注意する。先に「勹」を書いてから「口」を書く。

書き方

使い方

俳句・文句・語句・節句・対句・禁句・絶句・句読点・慣用句

型

9画

部首 土（つち）

おん ケイ
くん かた

成り立ち

音を表す 刑（かた）＋ 土（土でつくったかた）＝ 型

書き方

一 二 チ 开 刑 刑 刑 型 型 型

（はねない・はねる・長く）

使い方

原型・模型・定型・典型・型紙・新型・小型・大型車・血液型

潔

15画

部首 氵（さんずい）

おん ケツ
くん （いさぎよ－い）

成り立ち

「絜」（きよい）に「氵」（水）を加えて、水で清めることを表し、「いさぎよい」意味に用いる。

書き方

書き順に注意

丶 ⺀ 氵 氵 浐 浐 浐 渹 渹 渹 潔 潔 潔 潔 潔

（主としない）

使い方

潔白・簡潔・高潔・純潔・清潔・不潔

経

11画

部首 糸（いとへん）

おん ケイ・（キョウ）
くん へ－る

注意点

「径」と形が似ているので注意する。

書き方

く 幺 幺 糸 糸 糸 紀 経 経 経 経

使い方

経営・経験・経済・経過・経費・経由・経歴・神経・東経・経典

件

6画

部首 亻（にんべん）

おん ケン
くん ――

注意点

書くときは、「牛」の部分を「午」としないように注意する。

書き方

ノ イ 亻 仁 仵 件

（出す）

使い方

用件・事件・条件・別件・一件・件名・件数・人件費

険

11画

部首 阝（こざとへん）

おん ケン
くん けわ-しい

成り立ち

「阝」（山）と、きり立つ意味と音を表す「僉」とで、きり立った山を表し、「けわしい」意味に用いる。

書き方

険 出さない

使い方

険悪・危険・ぼう険・健康保険・険がある

限

9画

部首 阝（こざとへん）

おん ゲン
くん かぎ-る

意味

行きどまりの山の意味を表すことから、「かぎり」「かぎる」意味を表す。

書き方

限 はらう

使い方

限界・限度・限定・制限・門限・有限・期限・権限・力の限り

検

12画

部首 木（きへん）

おん ケン
くん ―

成り立ち

木箱を意味する「木」と、おさめる意味と音を表す「僉」とで、文書を木の箱におさめて表面に文字を書くことを表し、「しらべる」意味に用いる。

書き方

検 短くとめる

使い方

検温・検査・検討・検便・探検・点検・検定・検眼・検札・検挙

現

11画

部首 王（たまへん・おうへん）

おん ゲン
くん あらわ-れる・あらわ-す

成り立ち

「王」（玉）と「見」（あらわれる）とで、玉の光がかがやき出る意味。「あらわれる」意味に用いる。

書き方

現 角をつけずにまげて上にはねる

使い方

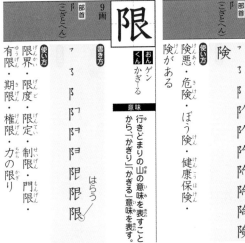

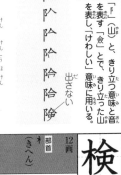

現金・現在・現実・現場・現状・現代・実現・再現・出現・表現

減

12画

部首 氵(さんずい)

おん ゲン

くん へ-る・へ-らす

成り立ち

「氵」(水)と、ふさぐ意味と音を表す「咸」を合わせた字。水流をふさいで流れをへらすことから、「へる」意味を表す。

書き方

丶 冫 氵 氵 汇 汇 汇 沪 沪 減 減 減

減(点をわすれずに)

使い方

減少・減食・減税・減点・減速・増減・加減・軽減

個

10画

部首 亻(にんべん)

おん コ

くん ―

成り立ち

「亻」(人)と、物を数える助数詞で音を表す「固」を合わせた字。人を数えるのに用いる。

書き方

丿 亻 亻 们 们 们 個 個 個 個(ナとしない)

使い方

個室・個人・個数・個性・個展・個別・別個

故

9画

部首 攵(ぼくにょう・のぶん)

おん コ

くん (ゆえ)

注意点

「放」「政」「救」と形が似ているので注意する。

書き方

一 十 十 古 古 古 古 故(出す) 故

使い方

故郷・故国・故事・故障・故人・故事成語・事故・故意

護

20画

部首 言(ごんべん)

おん ゴ

くん ―

注意点

書くときは、下の「又」の部分を「夂」としないように注意する。

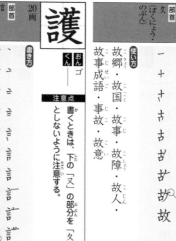

書き方

丶 亠 亠 亖 言 言 言 言 訁 訁 訁 訁 訁 訁 訁 訁 護 護 護 護(夂としない)

使い方

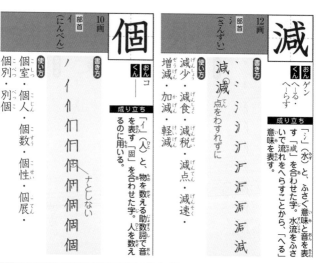

護岸工事・護衛・愛護・看護・救護・守護・弁護・保護・養護

効

8画

部首　力（ちから）

おん　コウ
くん　き-く

注意点

書くときは、「力」の部分を「刀」としないように注意する。

書き方

まっすぐ下につける　とめる

使い方

効果・効力・効率・効能・効用・有効・無効・特効薬

耕

10画

部首　耒（すきへん・らいすき）

おん　コウ
くん　たがや-す

成り立ち

すき　耒＋井＝耕　縦横にくぎる意味と音を表す

すきで田畑にくぎりをつける

書き方

上下の横棒より短く　軽くはらう

使い方

耕作・耕地・耕具・耕うん機・休耕・農耕・晴耕雨読

厚

9画

部首　厂（がんだれ）

おん　（コウ）
くん　あつ-い

成り立ち

「厂」（がけ）と、大きい意味と音を表す「𣆪」とで、土があつく重なったがけを表した字。「あつい」という意味を表す。

書き方

はねる

使い方

厚意・厚情・温厚・厚紙・厚着・手厚い・分厚い

航

10画

部首　舟（ふねへん）

おん　コウ
くん　—

成り立ち

「舟」と、横の意味と音を表す「亢」を合わせた字。ふねを横に並べることから、ふねで水をわたる意味を表す。

書き方

はねる　まっすぐ下につける　点の向きに注意

使い方

航海・航空・航行・航路・出航・帰航・欠航・就航

鉱

13画
部首 釒（かねへん）

おん コウ
くん ——

注意点
形の似ている「拡」に注意する。「鉱」は、金属に関係のある漢字なので、「釒（かねへん）」。

書き方
まっすぐ下につける

使い方
鉱山・鉱石・鉱員・鉱脈・鉱物・鉱業・鉱泉・金鉱・炭鉱

構

14画
部首 木（きへん）

おん コウ
くん かま-える・かま-う

成り立ち
組む意味と音を表す
木＋冓＝構
木を交ごに組み合わせる

書き方
はねる
つき出す

使い方
構成・構想・構造・構図・構内・構築・結構・機構・門構え・心構え

興

16画
部首 臼（きょく）

おん コウ・キョウ
くん （おこ-る）・（おこ-す）

意味
「おこす」という意味で使うときには「コウ」と読み、「おもむき」という意味で使うときには「キョウ」と読む。

書き方
出す

使い方
興味・余興・興奮・興亡・興行・興業・復興・再興

興

成り立ち
二人が手を出し合った形と、物をのせる板を表す形から、共同で持ち上げる意味を表した字。「おこす」という意味に用いる。

講

17画

部首 言（ごんべん）

おん コウ
くん ―

成り立ち

「冓」は組み合わせること。「言」と合わせて、たがいに意見をかわす意味。転じて、意見を組み立てる意味に用いる。

書き方

、 亠 亠 言 言 言 言 訁 訁 訁 訁 講 講 講 講 講 講（つき出す）

使い方

講演・講義・講師・講評・講堂・講習・開講・受講・講和条約

混

11画

部首 氵（さんずい）

おん コン
くん まーじる・まーざる・まーぜる・こーむ

注意点

送りがなに注意する。
×混る
○混じる　混ざる　混ぜる

書き方

、 冫 氵 氵 沪 沪 浞 浞 混 混 混（ヒ・ヒとしない）

使い方

混血・混合・混雑・混線・混戦・混同・混入・混乱

告

7画

部首 口（くち）

おん コク
くん つーげる

注意点

書くときは、「生」の部分を「牛」「午」「止」としないように注意する。

書き方

ノ 𠂉 ⺧ 生 牛 告 告（上の横棒より長く）

使い方

告示・告白・報告・広告・忠告・警告・予告・宣戦布告・告げ口

告

成り立ち

「口」と、進み出る意味の「生」（変化した形）を合わせた字。進言する意味から、「つげる」意味に用いる。

査

9画

部首 木（き）

おん サ
くん ——

注意点
書くときは、下の「且」の部分の横棒の数や形に注意する。

書き方
一 十 オ 木 木 杏 杏 杳 査
（且・目としない）

使い方
査察・検査・検査結果・査定・査問・調査・国勢調査・期末考査

再

6画

部首 冂（けいがまえ・まきがまえ）

おん サイ・サ
くん ふたた-び

成り立ち
同じものを上にのせる様子からできた字。

書き方
一 厂 冂 币 再 再
（出さない）（出す）

使い方
再会・再起・再建・再興・再生・再度・再考・再開・再利用・再来年

災

7画

部首 火（ひ）

おん サイ
くん （わざわ-い）

注意点
書くときは、上の部分の「巛」の数や形に注意する。

書き方
く 巜 巛 巛 巛 災 災
（ツとしない）（そろえる）

使い方
災害・災難・火災・人災・戦災・天災・防災・災いする

妻

8画

部首 女（おんな）

おん サイ
くん つま

注意点
書くときは、「ヨ」の部分のつき出す横棒に注意する。

書き方
一 ラ ヨ ヨ 事 妻 妻 妻
（出す）（長く）

使い方
妻子・愛妻・夫妻・良妻・妻帯者・人妻

採

11画

部首　扌（てへん）

おん　サイ
くん　と-る

成り立ち

「采」（とる・いろどり）に「扌」（手）を加えて、「とる」意味に用いる。

書き方

採

点の打ちかたに注意

半としない

使い方

採血・採決・採光・採集・採点・採用・採録・採り入れる

在

6画

部首　土（つち）

おん　ザイ
くん　あ-る

成り立ち

「土」と「才」（ふさぎとめる）とで、土でふさぐ意味を表し、動かずに「ある」意味に用いる。

書き方

在

書き順に注意

やや出す

上の横棒より長く

使い方

在校生・在学・在宅・在来・健在・実在・不在・現在・存在・在り方

際

14画

部首　阝（こざとへん）

おん　サイ
くん　（きわ）

成り立ち

「阝」（山）と、ふれあう意味と音を表す「祭」を合わせた字。山と山が接する所を表し、「きわ」の意味に用いる。

書き方

際

くっつけない

はねる

使い方

際限・交際・国際・実際・分際・際立つ・際物・窓際・いまわの際

財

10画

部首　貝（かいへん）

おん　ザイ・（サイ）
くん　——

成り立ち

「貝」と、役に立つ意味と音を表す「才」を合わせた字。価値ある財宝の意味を表す。

書き方

財

はねる

やや出す

使い方

財界・財産・財政・財力・財源・財布・家財・資財・文化財・消費財

罪

13画

部首　罒（あみがしら・あみめ）

おん　ザイ
くん　つみ

注意点
書(か)くときは、「罒」を「田」としないように注意(ちゅうい)する。

書き方
とめる　軽(かる)くはらう

使い方
罪悪(ざいあく)・罪人(ざいにん)・謝罪(しゃざい)・犯罪(はんざい)・功罪(こうざい)・重罪(じゅうざい)・無罪(むざい)・有罪(ゆうざい)・罪深(つみぶか)い

雑

14画

部首　隹（ふるとり）

おん　ザツ・ゾウ
くん　——

注意点
「隹」の横棒(よこぼう)の数(かず)に注意(ちゅうい)する。

書き方
はねる　とめる

使い方
雑音(ざつおん)・雑誌(ざっし)・雑草(ざっそう)・雑談(ざつだん)・雑多(ざった)・雑用(ざつよう)・乱雑(らんざつ)・混雑(こんざつ)・複雑(ふくざつ)・雑木林(ぞうきばやし)

殺

10画

部首　殳（ほこづくり・るまた）

おん　サツ・（サイ）・（セツ）
くん　ころ-す

成り立ち

毛(け)の長(なが)い動物(どうぶつ)をいけにえとして殺(ころ)す意味(いみ)からできた字(じ)。

書き方
とめる　上(うえ)にはねる

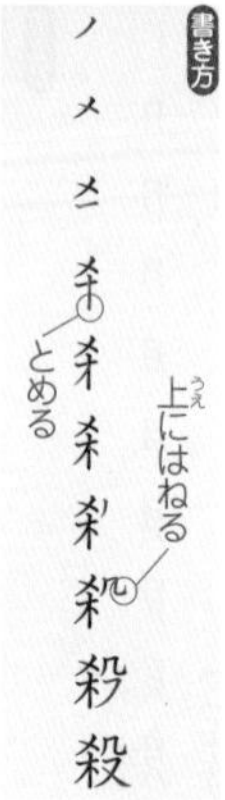

使い方
殺意(さつい)・殺気(さっき)・必殺(ひっさつ)・暗殺(あんさつ)・殺風景(さっぷうけい)・相殺(そうさい)・殺生(せっしょう)・見殺(みごろ)し

酸

14画

部首　酉（とりへん・ひよみのとり）

おん　サン
くん　（す-い）

成り立ち
「酉」（さけ）と、さす意味(いみ)と音(おん)を表(あらわ)す「夋」を合(あ)わせた字(じ)。舌(した)をさすすっぱい味(あじ)の酒(さけ)を表(あらわ)し、「すい」意味(いみ)に用(もち)いる。

書き方
ハとしない　西としない

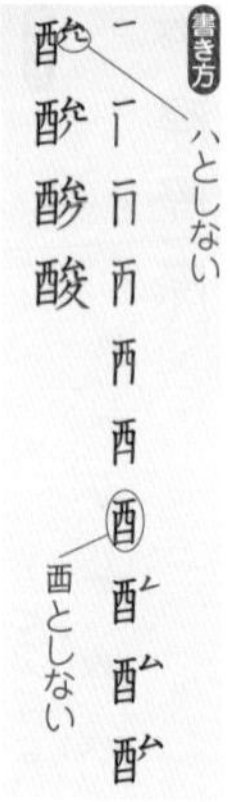

使い方
酸性(さんせい)・酸素(さんそ)・酸味(さんみ)・酸化(さんか)・酸欠状態(さんけつじょうたい)・塩酸(えんさん)・青酸(せいさん)・炭酸(たんさん)・胃酸(いさん)

賛

15画

部首 貝（かい）

おん サン
くん —

注意点
「質」「資」「貿」と形が似ているので注意する。

書き方
一 二 チ 夫 夫 夫 夫 扶 扶 㚘 替 替 替 賛 賛
（とめる）

使い方
賛意・賛辞・賛成・賛否・賛美・賛同・絶賛・協賛・自画自賛

賛

成り立ち
もとの字は「贊」。「貝」と、すすめる意味の「兟」とが合わさった字。会見に財貨を手みやげとして進ていするという意味。

士

3画

部首 士（さむらい）

おん シ
くん —

注意点
特別な読みのことば「博士」に注意する。

書き方
一 十 士
上の横棒より短く

使い方
士官・武士・文士・勇士・兵士・*博士・力士・訓練士・消防士

*はかせ

支

4画

部首 支（しにょう・えだにょう）

おん シ
くん ささ-える

成り立ち

手に枝を持った様子からできた字。

書き方
一 十 ち 支
あける。くっつけない

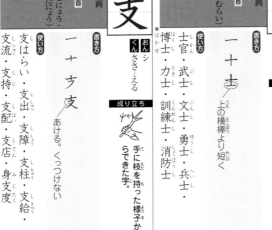

使い方
支はらい・支出・支障・支柱・支給・支流・支持・支配・支店・身支度

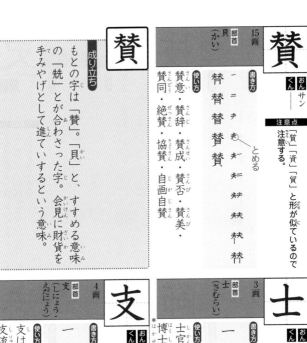

史

5画

部首 口（くち）

おん シ

くん ―

意味

天体の運行を計算してこよみをつくる人、転じて、記録をとる人。また、その記録を意味する。

書き方

使い方

史実・史学・史書・歴史・国史・文学史・日本史・世界史

枝

8画

部首 木（きへん）

おん （シ）

くん えだ

成り立ち

木＋支＝枝

分かれる意味と音を表す

木の幹からわかれ出た「えだ」

書き方

使い方

枝豆・枝道・小枝・枝毛・枝分かれ・枝葉・枝葉末節

志

7画

部首 心（こころ）

おん シ

くん こころざ-す・こころざし

成り立ち

「士」は「之」が変化した形で、「行く」を意味する。心が向かう、「こころざす」意味に用いる。

書き方

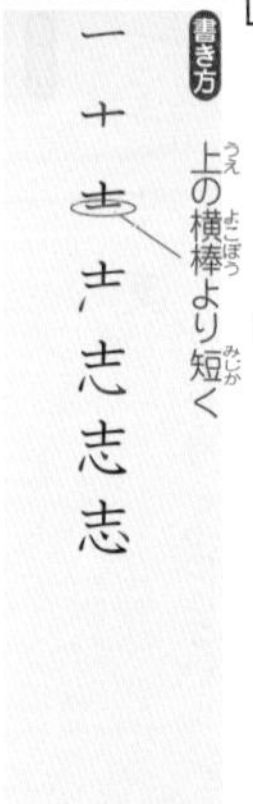

使い方

志願・志望・意志・大志・初志・同志・有志

師

10画

部首 巾（はば）

おん シ

くん ―

注意点

対語は「弟」。「師」は先生のこと。習うほうは「弟子」。

書き方

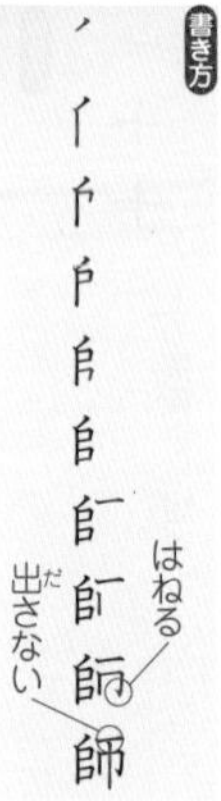

使い方

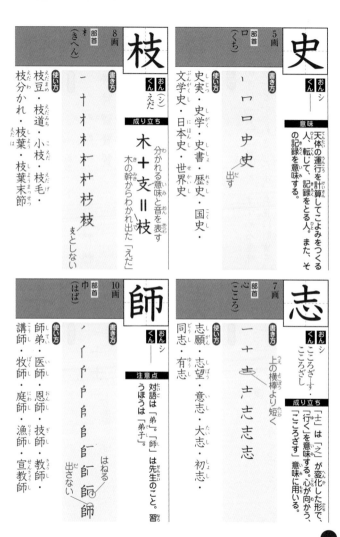

師弟・医師・恩師・技師・教師・講師・牧師・庭師・漁師・宣教師

資

13画

部首 貝（かい）

おん シ

くん ―

成り立ち

「貝」と、積みたくわえる意味と音を表す「次」を合わせた字。積みたくわえた「宝」の意味を表す。

書き方

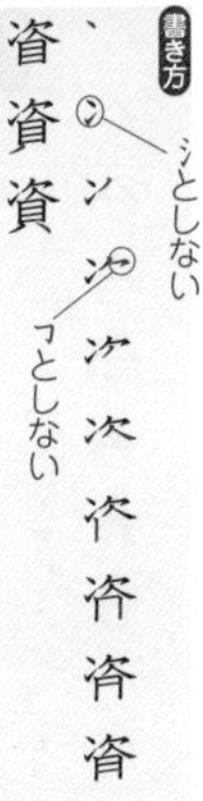

使い方

資格・資金・資産・資材・資質・資源・資本・資料・学資・物資

示

5画

部首 示（しめす）

おん ジ・（シ）

くん しめ-す

注意点

送りがなに注意する。
×示めす
○示す

書き方

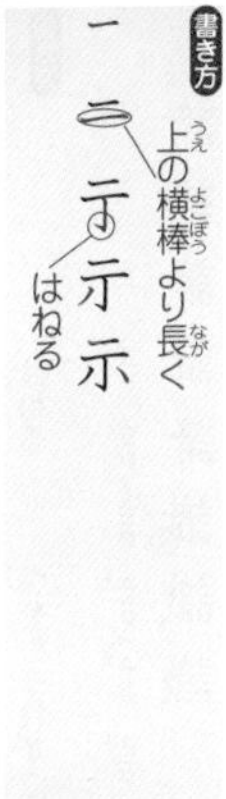

使い方

図示・示談・暗示・訓示・指示・展示・提示・表示・例示

飼

13画

部首 食（しょくへん）

おん シ

くん か-う

成り立ち

食―食 食べ物をあたえて「やしなう」
＋
司―おさめる意味と音を表す
＝飼

書き方

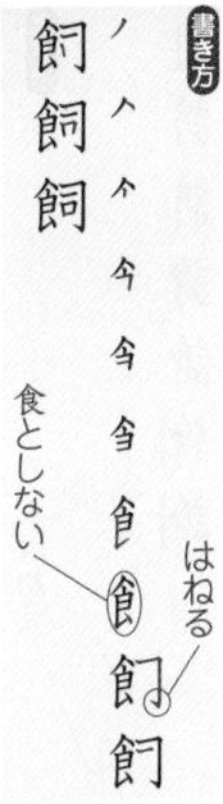

使い方

飼育・飼料・放し飼い・飼い主・飼い犬

似

7画

部首 亻（にんべん）

おん （ジ）

くん に-る

成り立ち

「亻」（人）と、道具を使って行う意味と音を表す「以」を合わせた字。人ににせて作る、にせる、「にる」意味を表す。

書き方

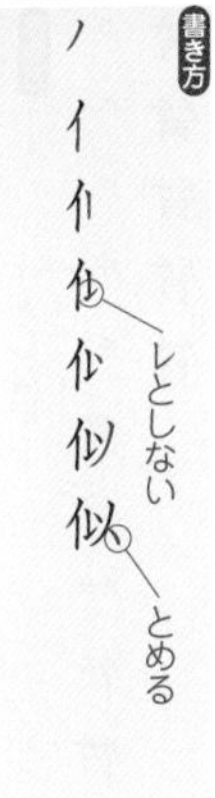

使い方

類似・相似・疑似体験・似顔絵・空似・似合う

識

19画

部首 言（ごんべん）

おん シキ

くん ―

成り立ち

「言」と「戠」（目じるし）とで、ことばの意味を区別する、「しる」を表す。転じて、「しるす」意味に用いる。

書き方

はねる

点をわすれずに

使い方

識者・意識・学識・見識・博識・標識・良識・常識・知識・認識

舎

8画

部首 𠆢（ひとがしら）

おん シャ

くん ―

成り立ち

「余」（屋根のある建物）に、場所を表す「口」を加えて、休息する宿の意味を表す。

書き方

士としない

使い方

寄宿舎・牛舎・宿舎・庁舎・兵舎・校舎・駅舎・官舎・*田舎

質

15画

部首 貝（かい）

おん シツ・（シチ）・(チ)

くん ―

注意点

書くときは、「斦」の部分を「⺮」にしないように注意する。

書き方

𠂉としない

使い方

質疑・質素・資質・素質・材質・品質・質問・性質・人質・言質

謝

17画

部首 言（ごんべん）

おん シャ（あやまる）

くん

成り立ち

「言」と、ゆるす意味と音を表す「射」を合わせた字。ゆるしを求めてことわることから、「あやまる」、礼を言う意味に用いる。

書き方

はねる

使い方

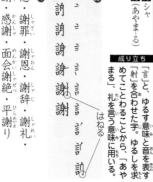

謝意・謝罪・謝恩・謝辞・謝礼・月謝・感謝・面会謝絶・平謝り

授

11画

部首 扌（てへん）

おん ジュ

くん （さず-ける）・（さず-かる）

成り立ち

「受」（うけわたしする）に「扌」（手）を加えて、「受」と区別し、「さずける」意味に用いる。

書き方

はねる　くっつけない

使い方

授業（じゅぎょう）・授賞（じゅしょう）・授賞式（じゅしょうしき）・授受（じゅじゅ）・教授（きょうじゅ）・伝授（でんじゅ）

述

8画

部首 辶（しんにょう・しんにゅう）

おん ジュツ

くん の-べる

注意点

送り（おく）がなに注意（ちゅうい）する。

×述る

○述（の）べる

書き方

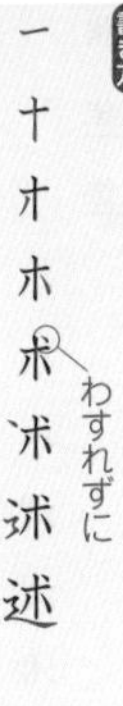

わすれずに

使い方

述語（じゅつご）・記述（きじゅつ）・供述（きょうじゅつ）・著述（ちょじゅつ）・後述（こうじゅつ）・前述（ぜんじゅつ）・口述筆記（こうじゅつひっき）

修

10画

部首 亻（にんべん）

おん シュウ・（シュ）

くん おさ-める・おさ-まる

成り立ち

「攸」（清（きよ）める）に「彡」（ととのえる）を加えて、おもに、「おさめる」意味を表す。

書き方

向（む）きに注意（ちゅうい）

使い方

修学旅行（しゅうがくりょこう）・修行（しゅぎょう）・修正（しゅうせい）・修理（しゅうり）・修業（しゅうぎょう・しゅぎょう）・改修（かいしゅう）・研修（けんしゅう）・修道院（しゅうどういん）

術

11画

部首 行（ゆきがまえ・ぎょうがまえ）

おん ジュツ

くん ――

注意点

「街」「衛」と形（かたち）が似（に）ているので注意（ちゅうい）する。

書き方

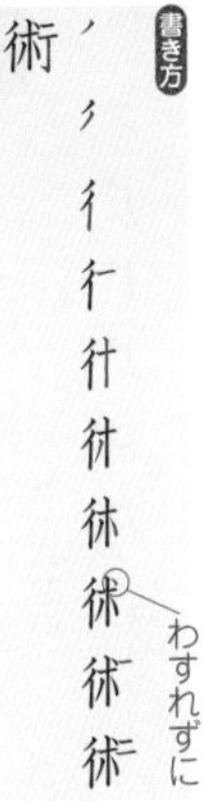

わすれずに

使い方

学術（がくじゅつ）・技術（ぎじゅつ）・芸術（げいじゅつ）・手術（しゅじゅつ）・美術（びじゅつ）・話術（わじゅつ）・医術（いじゅつ）・武術（ぶじゅつ）・馬術（ばじゅつ）・仁術（じんじゅつ）

準

13画

部首 氵（さんずい）

おん ジュン
くん ―

注意点
書くときは、下の「十」の部分を「木」「廾」としないように注意する。

書き方
、 丷 氵 氵 汁 汁 汁 洲 洲 淮 淮 淮 準 ／つき出す

使い方
準備・基準・照準・水準・標準・準決勝・準会員

招

8画

部首 扌（てへん）

おん ショウ
くん まね-く

成り立ち
音を表す 召 ＋ 扌 手 ＝ 招
めす　手まねきで呼ぶ、まねく

書き方
一 十 扌 扣 扣 扣 招 招 ／はねる

使い方
招集・招待・招待客・招待状・手招き

序

7画

部首 广（まだれ）

おん ジョ
くん ―

注意点
書くときは、「予」の部分を「子」としないように注意する。

書き方
、 亠 广 庁 庁 序 序 ／フとしない ／はねる

使い方
序曲・序文・序数・序列・序論・順序・自序

証

12画

部首 言（ごんべん）

おん ショウ
くん ―

注意点
使い方に注意する。
・品質を保証する。
・安全保障条約。

書き方
、 亠 亠 言 言 言 言 訂 訂 訂 証 証 ／「」としない

使い方
証言・証明・証文・証人・検証・確証・保証・卒業証書・学生証

象

12画

部首 豕（いのこ・ぶた）

おん ショウ・ゾウ
くん ―

成り立ち

ぞうを横（よこ）から見（み）た形（かたち）→象

書き方

少（すこ）し丸（まる）みをもたせてはねる

象 象

使い方

象形文字（しょうけいもじ）・対象（たいしょう）・気象（きしょう）・現象（げんしょう）・老化現象（ろうかげんしょう）・印象（いんしょう）・有象無象（うぞうむぞう）

象

成り立ちの補足（ほそく）

ぞうを横（よこ）から見（み）た形（かたち）からできた字（じ）。動物（どうぶつ）のぞうのほかに、借（か）りて、「かたち」という意味（いみ）を表（あらわ）す。

賞

15画

部首 貝（かい）

おん ショウ
くん ―

成り立ち

「貝」と、加（くわ）える意味（いみ）と音（おん）を表（あらわ）す「尚」とで、功労（こうろう）に対（たい）してあたえる物（もの）、「ほめる」意味（いみ）を表（あらわ）す。

書き方

ツとしない

賞 賞 賞 賞

使い方

賞品（しょうひん）・賞金（しょうきん）・賞状（しょうじょう）・賞賛（しょうさん）・賞味（しょうみ）・入賞（にゅうしょう）・受賞（じゅしょう）・副賞（ふくしょう）・一等賞（いっとうしょう）

条

7画

部首 木（き）

おん ジョウ
くん ―

意味
のび出た小枝の意味を表したが、分かれ出ているところから、か条の意味となった。

書き方

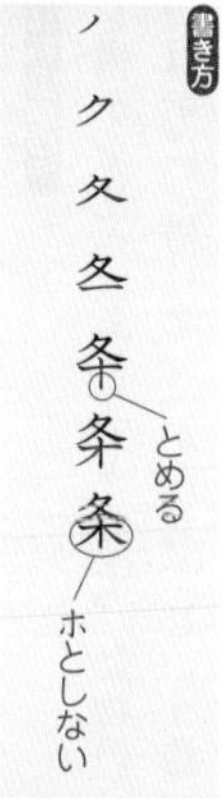

使い方
条件・条文・条約・条令・条例・信条・金科玉条

常

11画

部首 巾（はば）

おん ジョウ
くん つね・（とこ）

注意点
「営」「堂」と形が似ているので注意する。

書き方

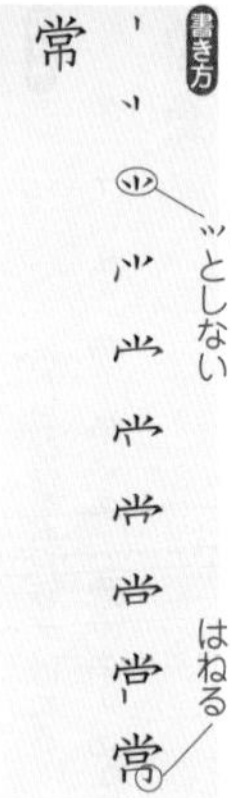

使い方
常識・常緑樹・異常・正常・通常・平常・日常・非常・常日ごろ・常夏

状

7画

部首 犬（いぬ）

おん ジョウ
くん ―

成り立ち
「犬」と、「すがた」の意味と音を表す「爿」を合わせた字。犬のすがたから、「かたち」の意味を表す。

書き方

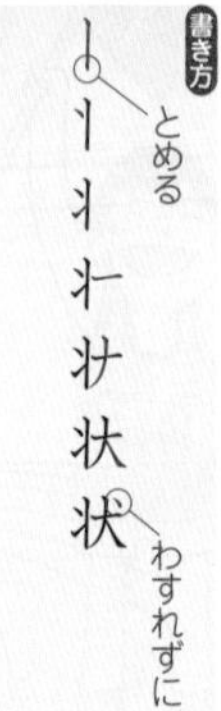

使い方
状勢・状態・異状・現状・賞状・書状・礼状・年賀状・招待状

常

成り立ち
「巾」（きれ）と、「長い」の意味と音を表す「尚」を合わせた字。長い布から転じて、長く変わらない、「つね」の意味を表す。

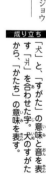

情

11画

部首 忄（りっしんべん）

おん ジョウ・（セイ）
くん なさ-け

成り立ち
もとの字は「情」。「忄」（心）と、生きている意味と音を表す「青」を合わせた字。「なさけ」の意味を表す。

書き方
情
丶 丷 忄 忄 忄 忄 忄 情 情 情 情
はねる

使い方
情景・情熱・情報・愛情・感情・友情・実情・心情・表情・情け深い

織

18画

部首 糸（いとへん）

おん（ショク）・シキ
くん お-る

成り立ち
「糸」と、印をつける意味の「戠」を合わせた字。糸模様をおり出す意味から、機を「おる」意味を表す。

書き方
𠃋 幺 幺 糸 糸 糸 糸 紵 紵 紵 紵 紵 紵 緒 織 織 織 織
はねる
わすれずに

使い方
織女・織機・組織・毛織物・織りひめ・機織り

職

18画

部首 耳（みみへん）

おん ショク
くん ——

注意点
「識」「織」と形が似ているので注意する。

書き方
一 丅 下 F 耳 耳 耳 耳 耳 耳 聀 聀 聀 聀 聀 職 職 職
まっすぐ下につける

使い方
職業・職人・職場・職員室・求職・休職・退職・就職・内職・無職

制

8画

部首 刂（りっとう）

おん セイ
くん ——

注意点
書き順に注意する。「𠂉」のたて棒は、六画目に上下をつらぬいて書く。

書き方
丿 𠂉 𠂉 𠂉 𠂉 制 制 制
はねる
出す

使い方
制限・制作・制度・制服・制定・制約・節制・規制・強制・体制

性

8画　部首 忄（りっしんべん）

おん　セイ・（ショウ）
くん　―

成り立ち

忄　心
＋
生　生まれながらの意味と音を表す
＝
性　生まれながらにして持っている心

書き方

点の打ちかたに注意
とめる

使い方

性格・性能・性質・性別・理性・陽性・特性・異性・個性・性分・気性

政

9画　部首 攵（ぼくにょう・のぶん）

おん　セイ・（ショウ）
くん　（まつりごと）

成り立ち

「正」（ただしい・うつ）に「攵」を加えて、正と区別し、「ただす」意味から、「まつりごと」の意味に用いる。

書き方

なめ右上の方向へ
出す

使い方

政権・政党・政治・政策・政府・善政・行政・財政・国政・民政

勢

13画　部首 力（ちから）

おん　セイ
くん　いきお-い

意味

物事を制ぎょする力を表すことから、「いきおい」の意味を表す。

書き方

点をわすれずに
はねる

使い方

勢力・優勢・形勢・姿勢・運勢・態勢・大勢・情勢・多勢・国勢調査

精

14画　部首 米（こめへん）

おん　セイ・（ショウ）
くん　―

意味

きれいにした米の意味から、「純すい」・「精神」などの意味を表す。

書き方

点の打ちかたに注意
はねる

使い方

精根・精読・精勤・精算・精神・精密・精力的・精進・不精

製

14画

部首 衣（ころも）

おん セイ
くん ―

注意点
部首が「衣（ころも）」であることに注意する。

書き方
はねる
はねる

使い方
製作・製図・製品・製本・製造・製鉄・特製・手製・作製・複製

税

12画

部首 禾（のぎへん）

おん ゼイ
くん ―

成り立ち
「禾」（いね）と、ぬき出す意味と音を表す「兌」を合わせた字。収かくの中から取り立てるいね、人民から取り立てる税金の意味を表す。

書き方
ハとしない
角をつけずにまげて上にはねる

使い方
税金・税関・国税・課税・増税・減税・納税・消費税・住民税

責

11画

部首 貝（かい）

おん セキ
くん せ-める

意味
お金をせめ求める意味から、「せめる」意味に用いる。

書き方
長く

使い方
責任・責任感・責務・重責・職責・自責・責めを負う

績

17画

部首 糸（いとへん）

おん セキ
くん ―

成り立ち
「糸」と、重ねる意味と音を表す「責」を合わせた字。糸を一本一本加えて「つむぐ」、転じて、事業の意味を表す。

使い方
業績・功績・実績・成績・戦績・ぼう績

接

11画

部首 扌（てへん）

おん セツ
くん （つ-ぐ）

注意点
「採」「授」と形が似ているので注意する。

書き方
一 十 扌 扌 扌 扩 护 拦 拦 接 接
①まっすぐ下につける

使い方
接近・接待・接戦・接点・間接・直接・面接・応接室・接ぎ木

絶

12画

部首 糸（いとへん）

おん ゼツ
くん た-える・た-やす・た-つ

意味
もとの字は「絕」。刀で糸を切る、「たつ」意味を表す。

書き方
く 幺 幺 糸 糸 糸 糹 紒 紒 絁 絶 絶
角をつけずにまげて上にはねる

使い方
絶対・絶望・絶賛・絶交・絶景・人気絶頂・気絶・絶体絶命

設

11画

部首 言（ごんべん）

おん セツ
くん もう-ける

注意点
送りがなに注意する。
×設うける　設る
○設ける

書き方
、 亠 亠 亠 言 言 言 言 訁 訟 設
あける。くっつけない

使い方
設計・設定・設備・設立・設問・設置・増設・仮設・建設・新設

設

意味
くさびを打って建設の仕事をする、という意味。ひいて「もうける」意味を表す。

祖

9画

部首　ネ（しめすへん）

おん　ソ

くん　—

注意点

「組」「相」「租」（音読み「ソ」）と形が似ているので注意する。

書き方

、 ラ ネ ネ 礻 初 祁 祖 祖

点の打ちかたに注意

目・旦としない

使い方

祖国・祖先・祖父・祖母・元祖・教祖・先祖

祖　成り立ち

神の意味の「ネ」（示）と、さきの意味と音を表す「且」を合わせた字で、「先祖」の意味を表す。

素

10画

部首　糸（いと）

おん　ソ・（ス）

くん　—

意味

より合わせる前の垂れたままの糸を表した字。加工する前の生地、「もと」「しろい」の意味に用いる。

書き方

一 十 丰 主 丰 圭 圭 素 素 素

長く

とめる

使い方

素質・素行・素材・簡素・酸素・質素・平素・要素・素顔・素性・素人＊

総

14画

部首　糸（いとへん）

おん　ソウ

くん　—

成り立ち

もとの字は「總」。「糸」と、まとめる意味と音を表す「悤」を合わせた字。糸をまとめた「ふさ」の意味から全体をまとめる意味に用いる。

書き方

く 幺 幺 糸 糸 糸 糸 糸 糸 総 総 総 総 総

はねる

使い方

総意・総会・総合・総数・総理・総量・総力・総論・総画数・総選挙

造

10画

部首 辶（しんにょう・しんにゅう）

おん ゾウ
くん つく-る

注意点
「造る」「作る」の使い分けに注意する。「造る」は、「造船」のように「大きく形あるものをつくる」ときに多く用いる。

書き方
上の横棒よりやや長く

使い方
造花・造園・造船・改造・建造・製造・構造・創造・乱造・無造作

像

14画

部首 亻（にんべん）

おん ゾウ
くん ―

成り立ち
動物のぞう・かたちの意味と音を表す
象 ＋ 亻 ＝ 像
人　　人の姿・かたち

書き方
やや丸みをもたせてはねる

使い方
映像・画像・実像・胸像・現像・想像・銅像・仏像・立像・自画像

増

14画

部首 土（つちへん・どへん）

おん ゾウ
くん ま-す・ふ-える・ふ-やす

注意点
送りがなに注意する。
×増る
○増える　増す　増やす

書き方
土・ヒとしない

使い方
増加・増税・増刷・増益・増減・増水・倍増・激増・急増・日増しに

則

9画

部首 刂（りっとう）

おん ソク
くん ―

注意点
使い方に注意する。
・則…きそく
・側…近く、そば
・測…深さや長さをはかる

書き方
はねる

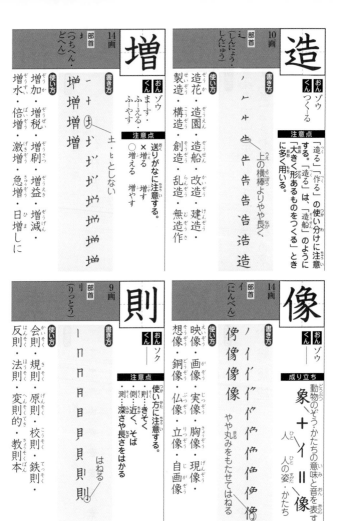

使い方
会則・規則・原則・校則・鉄則・反則・法則・変則的・教則本

測

12画
部首 氵（さんずい）

おん ソク
くん はか-る

成り立ち
氵-水（みず）＋則 のっとる意味（いみ）と音（おん）を表（あらわ）す＝測 水（みず）の深（ふか）さをはかる→はかる

書き方
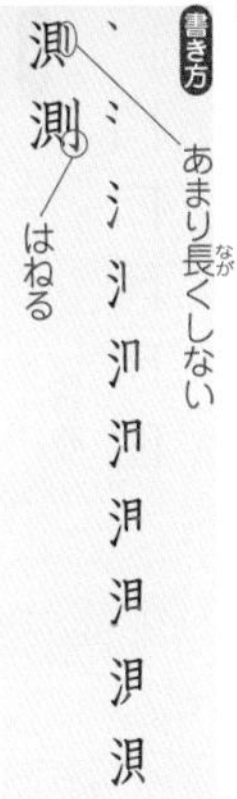

使い方
測定（そくてい）・測量（そくりょう）・測候所（そっこうじょ）・観測（かんそく）・推測（すいそく）・不測（ふそく）・目測（もくそく）・予測（よそく）

属

12画
部首 尸（しかばね・しかばねかんむり）

おん ゾク
くん ――

注意点
書（か）くときは、「禹」の部分（ぶぶん）を「禺」としないように注意（ちゅうい）する。

書き方
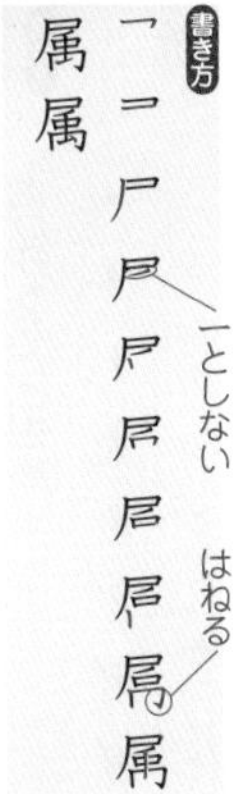

使い方
属国（ぞっこく）・属性（ぞくせい）・金属（きんぞく）・従属（じゅうぞく）・転属（てんぞく）・貴金属（ききんぞく）・所属（しょぞく）・専属（せんぞく）・配属（はいぞく）・付属（ふぞく）

率

11画
部首 玄（げん）

おん （ソツ）・リツ
くん ひき-いる

成り立ち
上（じょうげ）下に張（は）った麻糸（あさいと）をよる様子（ようす）

糸（いと）のけばだつ様子（ようす）
↓
率

書き方
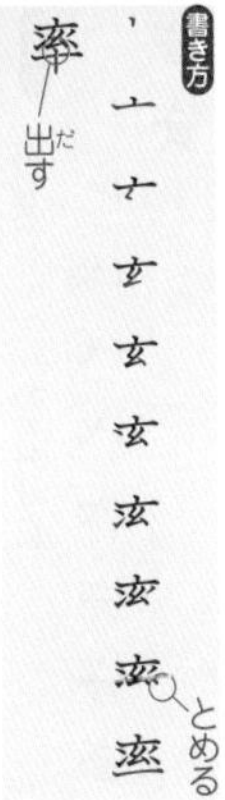

使い方
確率（かくりつ）・効率（こうりつ）・比率（ひりつ）・倍率（ばいりつ）・能率（のうりつ）・円周率（えんしゅうりつ）・百分率（ひゃくぶんりつ）・引率（いんそつ）・軽率（けいそつ）

損

13画
部首 扌（てへん）

おん ソン
くん （そこ-なう）・（そこ-ねる）

注意点
対語（たいご）は「得」。書（か）くときは、「員」の部分（ぶぶん）を「買」としないように注意（ちゅうい）する。

書き方
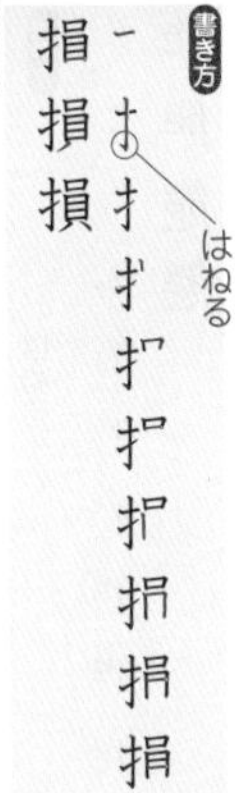

使い方
損害（そんがい）・損失（そんしつ）・損得（そんとく）・損益（そんえき）・損傷（そんしょう）・破損（はそん）・見損（みそこ）なう

貸

12画

部首 貝（かい）

おん （タイ）

くん か-す

成り立ち

貝 貨（か）へい ＋ 代 たてかえる意味（いみ）と音（おん）を表（あらわ）す ＝ 貸 財貨（ざいか）をかしあたえる

書き方

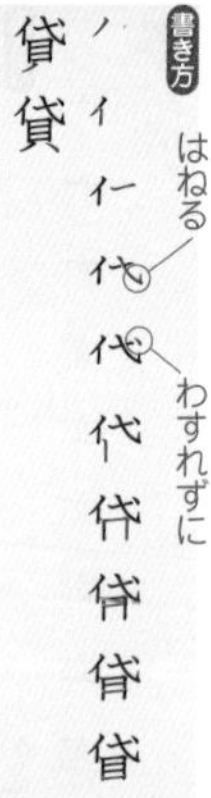

使い方

貸借（たいしゃく）・賃貸（ちんたい）・貸本（かしほん）・貸家（かしや）・前貸（まえが）し・貸（か）し借（か）り・貸（か）し切（き）り

団

6画

部首 囗（くにがまえ）

おん ダン・（トン）

くん ——

意味

まるい、かたまりの意味（いみ）を表（あらわ）す。

書き方

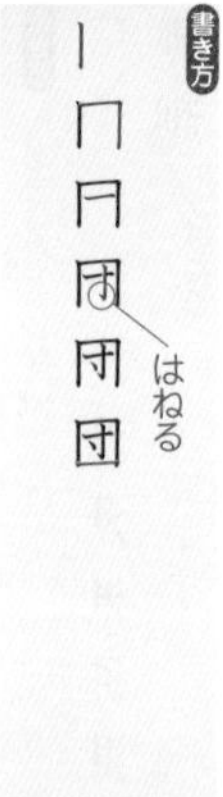

使い方

団体（だんたい）・団地（だんち）・団結（だんけつ）・一団（いちだん）・楽団（がくだん）・集団（しゅうだん）・入団（にゅうだん）・劇団（げきだん）・合唱団（がっしょうだん）・布団（ふとん）

態

14画

部首 心（こころ）

おん タイ

くん ——

注意点

「能」と形（かたち）が似（に）ているので注意（ちゅうい）する。

書き方

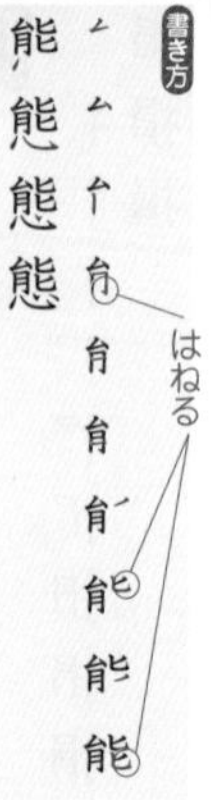

使い方

態度（たいど）・態勢（たいせい）・実態（じったい）・状態（じょうたい）・生態（せいたい）・容態（ようだい・ようたい）・非常事態（ひじょうじたい）

断

11画

部首 斤（おのづくり）

おん ダン

くん （た-つ）・ことわ-る

注意点

送（おく）りがなに注意（ちゅうい）する。

×断わる　断とわる

○断（ことわ）る

書き方

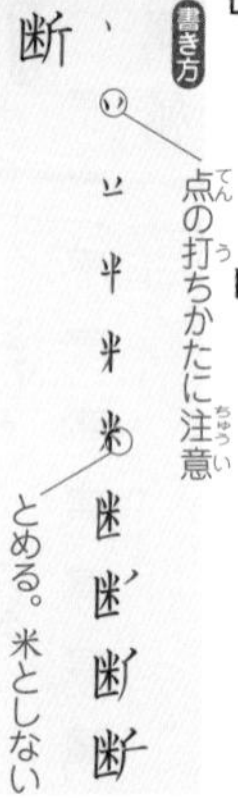

使い方

断固（だんこ）・断絶（だんぜつ）・断定（だんてい）・断言（だんげん）・断面図（だんめんず）・横断（おうだん）・決断（けつだん）・判断（はんだん）・切断（せつだん）・油断（ゆだん）

築

16画

部首 ⺮（たけかんむり）

おん チク
くん きず-く

成り立ち

「木」と、つく意味と音を表す「筑」を合わせた字。土をつき固める「きずく」の意味を表す。

書き方

築

ななめ右上にはねる

この点をわすれずに

使い方

築造・築城・改築・建築・構築・修築・増築・新築

張

11画

部首 弓（ゆみへん）

おん チョウ
くん は-る

成り立ち

「弓」と「長」（ながくのばす）とで、弓のつるをはることから、「はる、ひろげる」意味を表す。

書き方

張

はらう

使い方

拡張・主張・出張・張本人・言い張る・出っ張り・欲張る

貯

12画

部首 貝（かいへん）

おん チョ
くん ―

成り立ち

貝（貨へい）＋宁（音を表す・たくわえる）＝貯

書き方

貯

はねる

使い方

貯金・貯金箱・貯蔵庫・貯水池・預貯金

停

11画

部首 亻（にんべん）

おん テイ
くん ―

成り立ち

人を表す「亻」と、とどまる意味と音を表す「亭」を合わせた字。人が一つの場所に「とどまる」意味を表す。

書き方

停

はねる

とめない

使い方

停止・停電・停車・停車場・停留所・停戦・停学・調停

提

12画

部首 扌（てへん）

おん テイ
くん （さ-げる）

成り立ち

「扌」（手）と、まっすぐのばす意味と音を表す「是」を合わせた字。手に「さげる」意味を表す。

書き方

一 扌 扌 扣 扣 押 担 担 捍 捍 提 提（はねる）

使い方

提案（ていあん）・提起（ていき）・提供（ていきょう）・提言（ていげん）・提示（ていじ）・提出（ていしゅつ）・提唱（ていしょう）・前提（ぜんてい）・手提（てさ）げ

適

14画

部首 辶（しんにょう・しんにゅう）

おん テキ
くん ―

注意点

使い方に注意する。
・適応（てきおう）　快適（かいてき）
・敵対（てきたい）　強敵（きょうてき）

書き方

丶 亠 亠 产 产 产 啇（はねる） 啇 啇 商 啇 適 適 適

使い方

適応（てきおう）・適切（てきせつ）・適当（てきとう）・適度（てきど）・適量（てきりょう）・適否（てきひ）・快適（かいてき）・最適（さいてき）・適材適所（てきざいてきしょ）

程

12画

部首 禾（のぎへん）

おん テイ
くん （ほど）

注意点

書くときは、「口」の部分を「目」「罒」に、「王」の部分を「壬」にしないように注意する。

書き方

丿 二 千（とめる） 禾 禾 禾 和 和 和 秤 秤 程（壬としない）

使い方

程度（ていど）・音程（おんてい）・過程（かてい）・規程（きてい）・工程（こうてい）・行程（こうてい）・日程（にってい）・旅程（りょてい）・程（ほど）よい

統

12画

部首 糸（いとへん）

おん トウ
くん （す-べる）

成り立ち

「糸」と「充」（全体にゆきわたる）とで、大（おお）すじの意味。転（てん）じて、「まとめる」「おさめる」意味に用いる。

書き方

く 幺 幺 糸 糸 糸 糸（まっすぐ下につける） 紵 紵 紵 紵 統（角をつけずにまげて上にはねる）

使い方

統一（とういつ）・統計（とうけい）・統合（とうごう）・統治（とうち）・血統（けっとう）・正統（せいとう）・伝統（でんとう）・系統的（けいとうてき）・大統領（だいとうりょう）

堂

11画　部首　土（つち）

おん　ドウ
くん　―

意味
土（つち）を高（たか）く盛（も）った場所（ばしょ）を表（あらわ）すことから、そこへ建（た）てた大（おお）きな建物（たてもの）の意味（いみ）を表（あらわ）す。

書き方
丨　丨丨　⺌（ッとしない）　⺌冖　尚　尚　尚　尚　尚　尚　堂
堂

使い方
講堂（こうどう）・食堂（しょくどう）・仏堂（ぶつどう）・本堂（ほんどう）・公会堂（こうかいどう）・議事堂（ぎじどう）・正々堂々（せいせいどうどう）

導

15画　部首　寸（すん）

おん　ドウ
くん　みちびーく

成り立ち
手（て）　寸 ＋ 道 ＝ 導
みちびく意味（いみ）と音（おん）を表（あらわ）す
手（て）を引（ひ）いて「みちびく」

書き方
丶　丷　䒑　䒑　䒑　首　首　首　首　首　道
道　道　道　導（はねる）

使い方
導入（どうにゅう）・指導（しどう）・先導（せんどう）・伝導（でんどう）・導火線（どうかせん）・導（みちび）き出（だ）す

銅

14画　部首　釒（かねへん）

おん　ドウ
くん　―

成り立ち
「金」と、赤（あか）い意味（いみ）と音（おん）を表（あらわ）す「同」を合（あ）わせた字（じ）。「あかがね」の意味（いみ）を表（あらわ）す。

書き方
ノ　𠆢（とめる。へとしない）　今　令　伞　余　金　金　金　釒　釦（はねる）
銅　銅　銅　銅

使い方
銅貨（どうか）・銅山（どうざん）・銅像（どうぞう）・銅製（どうせい）・銅線（どうせん）・銅板（どうばん）・分銅（ふんどう）・青銅（せいどう）

得

11画　部首　彳（ぎょうにんべん）

おん　トク
くん　えーる・（うーる）

成り立ち

貝（かい）を手（て）にした様子（ようす）
行（い）く
↓
得

書き方
ノ　彡　彳　彳　彳　彳　彳　得（やや長めに）　得　得（はねる）
得

使い方
得意（とくい）・得点（とくてん）・得策（とくさく）・説得（せっとく）・取得（しゅとく）・会得（えとく）・所得（しょとく）・納得（なっとく）・得手（えて）・心得（こころえ）る

毒

8画

部首 毋（なかれ）

おん ドク
くん ―

注意点
書くときは、「龶」を「土」としないように注意する。

書き方

使い方
毒薬・毒草・毒物・害毒・服毒・有毒・中毒・食中毒・消毒

任

6画

部首 亻（にんべん）

おん ニン
くん まか-せる・まか-す

成り立ち
「人」と、かかえこむ意味と音を表す「壬」を合わせた字。「になう」「まかせる」意味を表す。

書き方

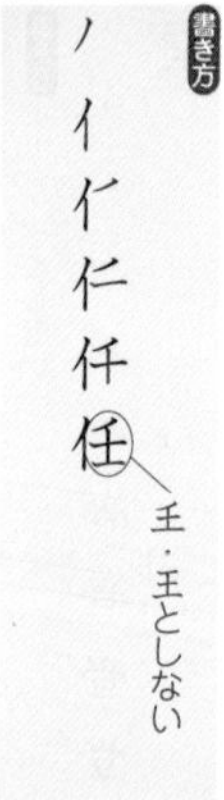

使い方
任期・任務・任命・委任・新任・退任・責任・担任・人任せ

独

9画

部首 犭（けものへん）

おん ドク
くん ひと-り

注意点
送りがなに注意する。
×独とり
○独り

書き方

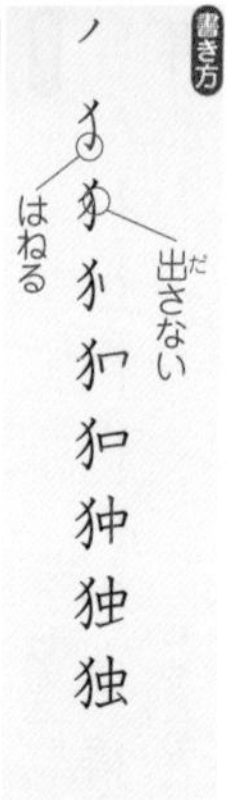

使い方
独学・独裁・独唱・独自・独身・独断・独立・単独・独り言

燃

16画

部首 火（ひへん）

おん ネン
くん も-える・も-やす・も-す

成り立ち
「然」（もえる）が他の意味に転用されたので、「然」に「火」を加えて、「もえる」意味に用いた。

書き方

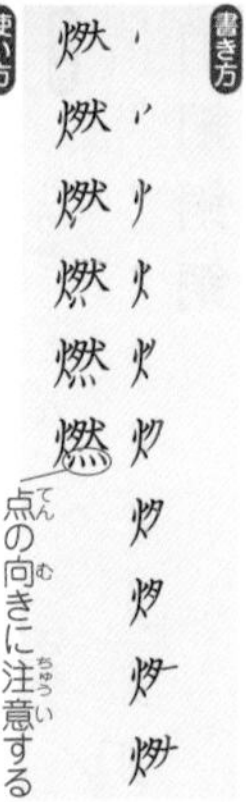

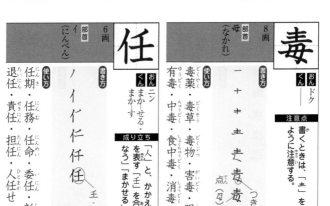

使い方
燃焼・燃料・可燃性・燃え上がる・燃え付く

能

10画

部首 月（にくづき）

おん　ノウ
くん　――

注意点

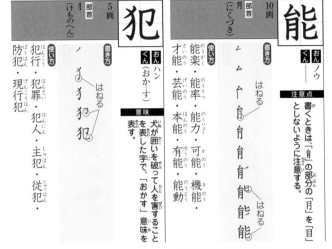

書くときは、「自」の部分の「月」を「目」としないように注意する。

書き方

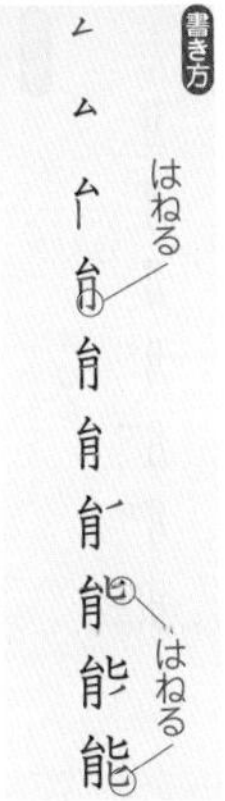

使い方

能楽・能率・能力・可能・機能・才能・芸能・本能・有能・能動

犯

5画

部首 犭（けものへん）

おん　ハン
くん　（おか-す）

意味

犬が囲いを破って人を害することを表した字で、「おかす」意味を表す。

書き方

使い方

犯行・犯罪・犯人・主犯・従犯・防犯・現行犯

破

10画

部首 石（いしへん）

おん　ハ
くん　やぶ-る・やぶ-れる

成り立ち

「石」と、さける意味と音を表す「皮」を合わせた字。石がわれることから、「やぶる」「やぶれる」意味を表す。

書き方

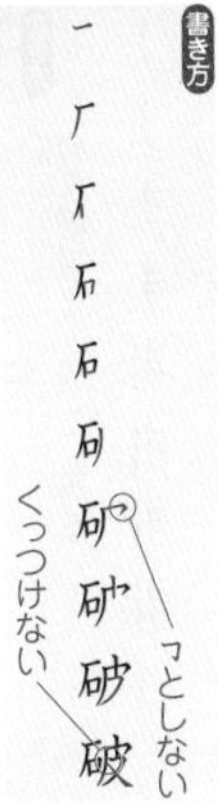

使い方

破格・破産・破損・破片・走破・打破・読破・型破り

判

7画

部首 刂（りっとう）

おん　ハン・バン
くん　――

成り立ち

「刂」（刀）と「半」（二つに分ける）を合わせた字。刀で物を分けることから、けじめをつける、さばく意味に用いる。

書き方

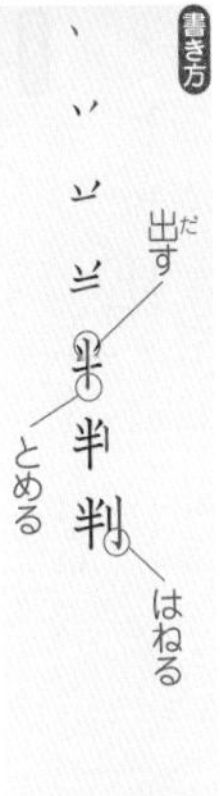

使い方

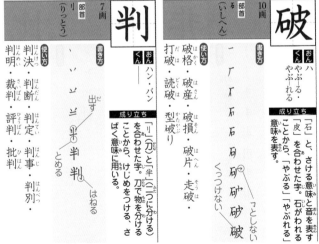

判決・判断・判定・判事・判別・判明・裁判・評判・批判

版

8画

部首 片（かたへん）

おん　ハン

くん　——

成り立ち

「片」（木ぎれ）と、さく意味と音を表す「反」を合わせた字。木を割ったきれ、「いた」の意味を表す。

書き方

出す

とめる・まげない

使い方

版画・版権・活版・旧版・新版・図版・木版・出版・初版・絶版

比

4画

部首 比（ならびひ・くらべる）

おん　ヒ

くん　くら-べる

成り立ち

人がふたりぴったりと並んでいる様子からできた字。

書き方

ヒ・ヒとしない

使い方

比重・比熱・比率・比例・対比・反比例・力比べ・背比べ

肥

8画

部首 月（にくづき）

おん　ヒ

くん　こ-える・こえ・こ-やす・こ-やし

注意点

書くときは、「巴」の部分を「巳」「己」としないように注意する。

書き方

はねる

使い方

肥大・肥満・肥料・たい肥

非

8画

部首 非（あらず）

おん　ヒ

くん　——

成り立ち

鳥の羽が左右にそむき開いた様子からできた字。

書き方

軽くはらう

とめる

使い方

非行・非運・非難・非力・非課税・非常識・非売品

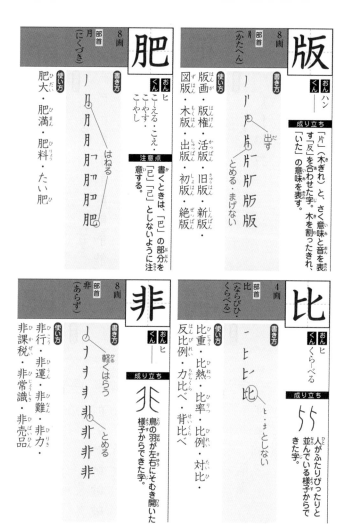

費

12画
部首 貝（かい）

おん ヒ
くん （つい-やす）・（つい-える）

成り立ち
「貝」と、とび散る意味と音を表す「弗」を合わせた字。財貨を散らす、「ついやす」意味を表す。

書き方
はねる　とめる
費

使い方
費用（ひよう）・会費（かいひ）・学費（がくひ）・消費（しょうひ）・旅費（りょひ）・食費（しょくひ）・出費（しゅっぴ）・経費（けいひ）・光熱費（こうねつひ）

備

12画
部首 亻（にんべん）

おん ビ
くん そな-える・そな-わる

注意点
送りがなに注意する。
×備る　備なえる　備なわる
○備える　備わる

書き方
ノ 亻 はねる
備

使い方
備考（びこう）・備品（びひん）・完備（かんび）・準備（じゅんび）・軍備（ぐんび）・設備（せつび）・整備（せいび）・守備（しゅび）・装備（そうび）・予備（よび）

評

12画
部首 言（ごんべん）

おん ヒョウ
くん ——

成り立ち
「言」と「平」とで、公平に議論する意味を表す。

書き方
点の打ちかたに注意。ハとしない
評

使い方
評価（ひょうか）・評判（ひょうばん）・評論（ひょうろん）・悪評（あくひょう）・不評（ふひょう）・定評（ていひょう）・好評（こうひょう）・書評（しょひょう）・批評（ひひょう）・評議会（ひょうぎかい）

貧

11画
部首 貝（かい）

おん （ヒン）・ビン
くん まず-しい

成り立ち
「貝」（財）と「分」（わかれる）とで、財産が分散して「まずしい」意味を表す。

書き方
ノ あける　はねる
貧

使い方
貧血（ひんけつ）・貧困（ひんこん）・貧弱（ひんじゃく）・貧富（ひんぷ）・貧民（ひんみん）・清貧（せいひん）・貧ぼう（びんぼう）・貧しさ（まずしさ）

布

5画

部首　巾（はば）

おん　フ
くん　ぬの

意味

平らな「ぬの」の意味から、「しく」意味に用いる。

書き方

ノ　ナ　𠂇　冇　布

（はねる）

使い方

布教・公布・財布・散布・毛布・綿布・配布・分布・布地・布目

婦

11画

部首　女（おんなへん）

おん　フ
くん　——

注意点

書くときは、「ヨ」の部分の横棒をつき出さないように注意する。

書き方

く　女　女　女゛　妇　妇　妇　婦　婦　婦　婦

（出さない）（はねる）

使い方

婦人・主婦・夫婦・新婦・産婦人科

武

8画

部首　止（とめる）

おん　ブ・ム
くん　——

意味

武器を持って行進することを表した字で、「武力」の意味を表す。

書き方

一　二　千　下　正　正　武　武

（レとしない）（はねる）

使い方

武器・武士・武将・武術・武力・武勇伝・文武両道・武道・武者

復

12画

部首　彳（ぎょうにんべん）

おん　フク
くん　——

注意点

「複」「腹」と形が似ているので注意する。

書き方

ノ　ク　彳　彳　彳　彳　彳　彳　彳　彳　復　復

（又としない）

使い方

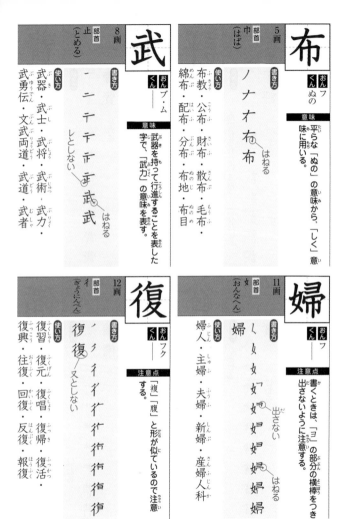

復習・復元・復唱・復帰・復活・復興・往復・回復・反復・報復

複

14画

部首 衤（ころもへん）

おん フク
くん ―――

意味
衣をかさねて着ることを表した字で、「かさなる」意味を表す。

書き方

使い方
複眼・複雑・複写・複製・複線・複数・重複・複合語

粉

10画

部首 米（こめへん）

おん フン
くん こ・こな

成り立ち
「米」に、わける意味と音を表す「分」を合わせて、米をくだいたこなを表し、広く「こな」の意味に用いる。

書き方

使い方
粉末・花粉・製粉・鉄粉・受粉・小麦粉・粉雪・粉薬・火の粉

仏

4画

部首 亻（にんべん）

おん ブツ
くん ほとけ

成り立ち
人と、見分けにくいという意味と音を表す「弗」を合わせた字。「佛」という字が、「仏」となった。

書き方

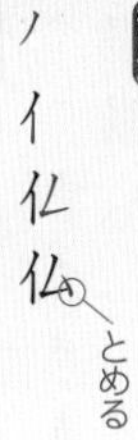

使い方
仏教・仏だん・仏前・仏堂・仏像・大仏・念仏・仏様・のど仏

編

15画

部首 糸（いとへん）

おん ヘン
くん あ-む

意味
文字を書いた竹簡を糸でつづり合わせる意味を表し、「あむ」意味に用いる。

書き方

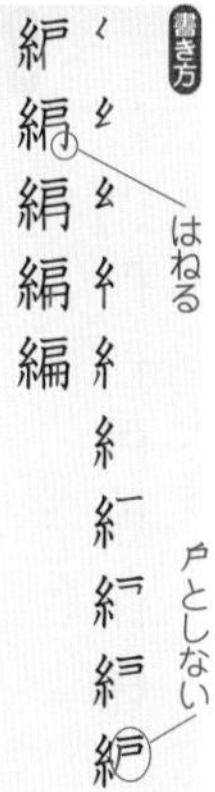

使い方
編曲・編集・編成・編入・長編・後編・続編・編集者・編み物

弁

5画
部首 廾（きょう・こまぬき）

おん ベン
くん ―

注意点
書く(か)ときは、「廾」の部分(ぶぶん)を「廾」としないように注意(ちゅうい)する。

書き方
ム ム 弁 弁 弁
出す(だ)　軽く(かる)はらう

使い方
弁解(べんかい)・弁護(べんご)・弁当(べんとう)・弁明(べんめい)・弁論(べんろん)・答弁(とうべん)・熱弁(ねつべん)・駅弁(えきべん)・花弁(かべん)・安全弁(あんぜんべん)

保

9画
部首 亻（にんべん）

おん ホ
くん たも-つ

成り立ち

人(ひと)が子(こ)どもにおむつを当(あ)てて背負(せお)っている様子(ようす)からできた字(じ)。

書き方
ノ 亻 亻 仴 但 保 保 保 保
とめる　ホとしない

使い方
保温(ほおん)・保育(ほいく)・保険(ほけん)・保護(ほご)・保存(ほぞん)・保管(ほかん)・保持(ほじ)・保留(ほりゅう)・確保(かくほ)・保健室(ほけんしつ)

墓

13画
部首 土（つち）

おん ボ
くん はか

注意点
「暮」と形(かたち)が似(に)ているので注意(ちゅうい)する。

書き方
一 十 艹 艹 艹 苩 苜 苩 莫 莫 莫 墓 墓
やや出す(だ)

使い方
墓参(ぼさん)・墓前(ぼぜん)・墓地(ぼち)・墓標(ぼひょう)・墓石(ぼせき)・墓場(はかば)・墓参り(はかまいり)

報

12画
部首 土（つち）

おん ホウ
くん （むく-いる）

注意点
「服」と形(かたち)が似(に)ているので注意(ちゅうい)する。

書き方
一 十 土 キ 丰 幸 幸 幸 幸 幸 郣 報 報
下(した)の横棒(よこぼう)を長く(なが)　幸ではない　つとしない

使い方
報告(ほうこく)・報道(ほうどう)・報復(ほうふく)・情報(じょうほう)・果報(かほう)・速報(そくほう)・警報(けいほう)・誤報(ごほう)・電報(でんぽう)・予報(よほう)

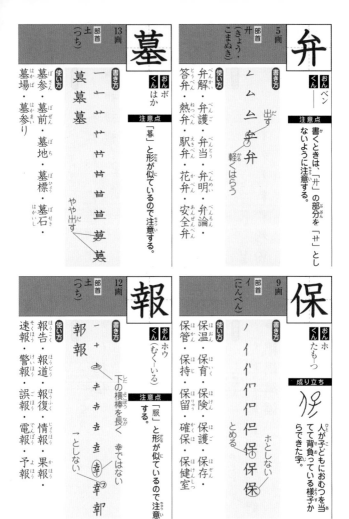

豊

13画　部首　豆（まめ）

おん　ホウ
くん　ゆた-か

意味
食器（しょっき）に食（た）べ物（もの）をいっぱいに盛（も）る意味（いみ）から、「ゆたか」の意味（いみ）に用（もち）いる。

書き方

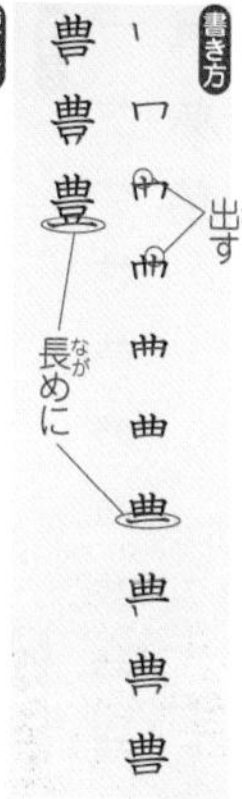

使い方
豊作（ほうさく）・豊年（ほうねん）・豊富（ほうふ）・豊満（ほうまん）・豊漁（ほうりょう）・心豊（こころゆた）か

防

7画　部首　阝（こざとへん）

おん　ボウ
くん　ふせ-ぐ

意味
水（みず）をさえぎる土手（どて）の意味（いみ）を表（あらわ）した字（じ）で、「ふせぐ」意味（いみ）に用（もち）いる。

書き方

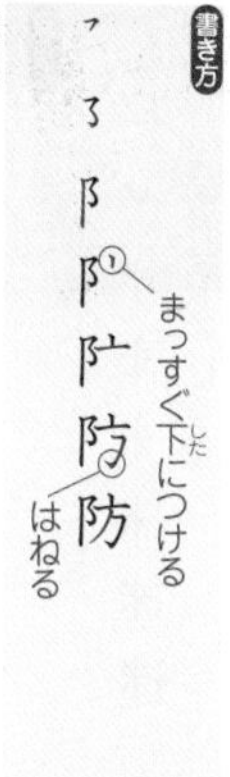

使い方
防衛（ぼうえい）・防水（ぼうすい）・防火（ぼうか）・防災（ぼうさい）・防犯（ぼうはん）・防止（ぼうし）・予防（よぼう）・防風林（ぼうふうりん）・防寒具（ぼうかんぐ）・消防車（しょうぼうしゃ）

貿

12画　部首　貝（かい）

おん　ボウ
くん　――

成り立ち
「貝」（お金（かね））と、ひとしい意味（いみ）と音（おん）を表（あらわ）す「卯」を合（あ）わせた字（じ）。お金（かね）と物（もの）を交（こう）かんする意味（いみ）を表（あらわ）す。

書き方

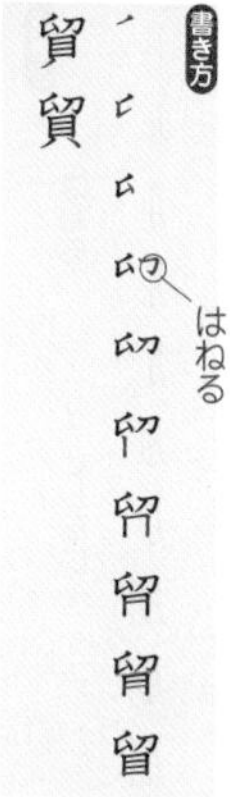

使い方
貿易（ぼうえき）・貿易額（ぼうえきがく）・貿易港（ぼうえきこう）・貿易商（ぼうえきしょう）・貿易風（ぼうえきふう）

暴

15画　部首　日（ひ）

おん　ボウ・（バク）
くん　（あば-く）・あば-れる

注意点
送（おく）りがなに注意（ちゅうい）する。
×暴る　暴ばれる
○暴（あば）れる

書き方

使い方
暴漢（ぼうかん）・暴君（ぼうくん）・暴言（ぼうげん）・暴行（ぼうこう）・暴落（ぼうらく）・暴力（ぼうりょく）・暴走（ぼうそう）・暴風（ぼうふう）・乱暴（らんぼう）・暴飲暴食（ぼういんぼうしょく）

脈

10画

部首 月（にくづき）

おん ミャク

くん ——

成り立ち

「月（にくづき）」（肉）と、川の支流の意味と音を表す「𠂢」を合わせた字。体内を分かれ流れる「血管」を意味する。

書き方

丿 刀 月 月 月' 肜 肵 脈 脈 脈

はねる

イとしない

使い方

脈動・脈々・脈はく・動脈・山脈・鉱脈・文脈・静脈・葉脈

夢

13画

部首 夕（ゆう・ゆうべ）

おん ム

くん ゆめ

注意点

部首が「夕（ゆう・ゆうべ）」であることに注意する。

書き方

一 十 艹 艹 芇 苎 苎 苗 苎 苎 苎 夢 夢

四としない

使い方

夢想・夢中・夢遊病・悪夢・初夢・正夢・夢路・夢見る・夢物語

務

11画

部首 力（ちから）

おん ム

くん つと-める・つと-まる

注意点

使い方に注意する。
・クラス委員を務める。
・勉強に努める。

書き方

マ マ 予 矛 矛 矛 矜 矜 務 務 務

丸みをもたせてはねる

使い方

義務・勤務・事務・任務・公務員・乗務員・税務署・外務大臣

迷

9画

部首 辶（しんにょう・しんにゅう）

おん（メイ）

くん まよ-う

成り立ち

「辶」（道）と、くらい意味と音を表す「米」を合わせた字。行く先がくらく「まよう」意味を表す。

書き方

丶 丷 䒑 半 米 米 米 洣 迷

点の打ちかたに注意

とめる

使い方

迷信・迷路・迷わく・混迷・低迷・血迷う・*迷子

綿

14画
部首 糸（いとへん）

おん メン
くん わた

注意点
「線」と形が似ているので注意する。

書き方
く 幺 幺 糸 糸 糸 糸 糸 糸 約 約 綿 綿 綿 綿（はねる）

使い方
綿花・綿密・綿織物・海綿・綿雲・綿毛・綿入れ・真綿・*木綿

輸

16画
部首 車（くるまへん）

おん ユ
くん ―

注意点
「輪」と形が似ているので注意する。

書き方
一 丅 厅 戸 百 亘 車 車 軟 軩 軩 輸 輸 輸 輸 輸（はねる）（はねる）

使い方
輸血・輸出・輸入・輸送・運輸・空輸・密輸

余

7画
部首 人（ひとがしら）

おん ヨ
くん あま-る・あま-す

成り立ち
木で屋根を支えた建物の形から、ゆったりする家を表す。または、もとの字は「餘」で、「𩙿」（食べ物）と、ゆとりがある意味と音を表す「余」とで、「あまる」意味を表す。

書き方
ノ 人 亼 今 全 余（禾としない）

使い方
余興・余計・余生・余分・余力・余罪・余談・余白・余り物

容

10画
部首 宀（うかんむり）

おん ヨウ
くん ―

注意点
「客」「寄」と形が似ているので注意する。

書き方
丶（まっすぐ下につける） 宀 宀 穴 穴 炊 空 容 容 容

使い方
容易・容器・容姿・容積・容疑者・許容・形容・内容・美容・容態

略

11画

部首 田（たへん）

おん リャク

くん ——

成り立ち

「田」と、区切る意味と音を表す「各」を合わせた字。田を区切り、耕地をおさめる意味を表す。

書き方

丨 冂 冂 田 田 田' 田ク 田攵（夂としない） 畋 略

使い方

略字・略図・略歴・簡略・策略・計略・省略・略す

留

10画

部首 田（た）

おん リュウ・ル

くん と-める・と-まる

成り立ち

「田」と、かこう意味と音を表す「卯」を合わせた字。耕地に作物をかこうことから、「とどめる」意味に用いる。

書き方

ノ ㇄（わすれずに） 𠂎 𠂎ク（はねる） 㴑 㽞 㽞 留 留 留

使い方

留学・留意・留任・残留・保留・蒸留水・停留所・留守・留め金

領

14画

部首 頁（おおがい）

おん リョウ

くん ——

注意点

部首が「頁（おおがい）」であることに注意する。

書き方

ノ 人（とめる。入としない） 今 令 令 令一 令丆 领 領 領 領 領 領 領

使い方

領海・領地・領分・領主・領土・横領・首領・要領・大統領

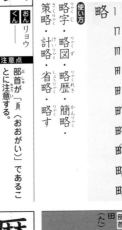

歴

14画

部首 止（とめる）

おん レキ

くん ——

成り立ち

もとの字は「歷」。歩く意味の「止」と、順次に並ぶ意味と音を表す「厤」とで、次々にめぐる、「へる」意味。

書き方

一 厂 厂 厈（とめる） 厈 厈 厈 厤 厤 厤 厤 厤 歴 歴

使い方

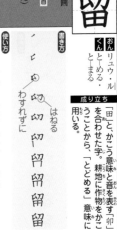

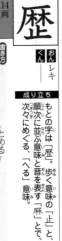

歴史・歴代・歴訪・歴任・経歴・学歴・略歴

6年生でならう漢字

191字

胃

9画

部首 月（にくづき）

おん イ
くん ―

成り立ち

「月（にくづき）」（臓器）と、食物が入ったふくろの形から、「いぶくろ」の意味を表す。

書き方

丨 ⺆ 冂 田 田 田 胃 胃 胃（とめる・はねる）

使い方

胃腸・胃弱・胃病・胃液・胃薬・胃酸・胃ぶくろ

胃

成り立ちの補足

「月」は、「つき」ではなく、「肉」を省略した部首「にくづき」。「胃」のように、体の部分を表す漢字に使われる。

異

11画

部首 田（た）

おん イ
くん こと

成り立ち

人が神の顔の面をかぶり両手をあげた形

書き方

丨 ⺆ 冂 田 田 甲 畀 畁 異 異（出す）
異（とめる）

使い方

異議・異同・異国・異常・異性・異変・異例・差異・異口同音・異なる

遺

15画

部首 辶（しんにょう・しんにゅう）

おん イ・（ユイ）
くん ―

成り立ち

「辶」（道）と、すてる意味と音を表す「貴」を合わせた字。道に物をおとす意味を表し、「わすれる」「のこす」意味に用いる。

書き方

丨 口 中 中 冉 冉 冉 冉 貴 貴 貴 遺 遺（長く）

使い方

遺骨・遺作・遺族・遺体・遺産・遺書・遺伝・遺言・遺留品・遺失物

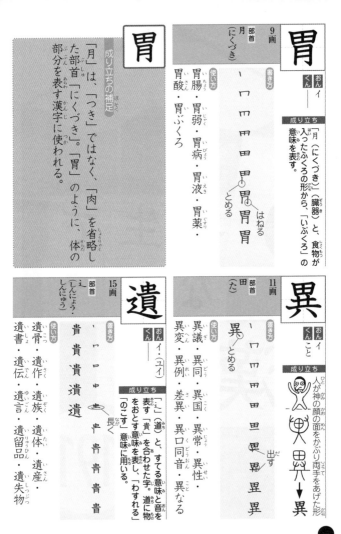

域

11画

部首　土（つちへん・どへん）

おん　イキ
くん　―

成り立ち

或＋土＝域

さかいの意味と音を表す

土地の「さかい」

書き方

わすれずに（域）

ななめ右上の方向に

使い方

区域（くいき）・海域（かいいき）・音域（おんいき）・声域（せいいき）・地域（ちいき）・流域（りゅういき）・領域（りょういき）

映

9画

部首　日（ひへん・にちへん）

おん　エイ
くん　うつ-る・うつ-す・（は-える）

意味

光が「はえる」意味を表す。転じて、「うつす」意味に用いる。

書き方

出す。ロとしない

使い方

映画（えいが）・映像（えいぞう）・上映（じょうえい）・反映（はんえい）・映写機（えいしゃき）・夕映え（ゆうばえ）

宇

6画

部首　宀（うかんむり）

おん　ウ
くん　―

成り立ち

「宀」（やね）と、おおう意味と音を表す「于」を合わせて、「やね」「いえ」を表す。転じて、「天下」を意味する。

書き方

上の横棒より長く

はねる

使い方

宇宙（うちゅう）・宇宙旅行（うちゅうりょこう）・宇宙飛行士（うちゅうひこうし）・宇宙船（うちゅうせん）・気宇（きう）

延

8画

部首　廴（えんにょう・いんにょう）

おん　エン
くん　の-びる・の-べる・の-ばす

注意点

画数に注意する。部首の「廴（えんにょう・いんにょう）」は、三画。「廴」の部分を二画で書く。

書き方

正・壬としない

使い方

延期（えんき）・延焼（えんしょう）・延着（えんちゃく）・延長（えんちょう）・順延（じゅんえん）・日延べ（ひのべ）・延べ人数（のべにんずう）

沿

8画

部首 氵（さんずい）

おん エン
くん そ-う

成り立ち
「氵」(水)と、よる意味と音を表す「㕣」を合わせた字。流れに「そう」意味を表す。

書き方
丶 氵 氵 氵八 氵几 沿 沿 沿
(〃・儿としない)

使い方
沿海・沿岸・沿道・私鉄沿線・海沿い・線路沿い

我

7画

部首 戈（ほこ・ほこづくり）

おん （ガ）
くん われ・（わ）

成り立ち
ぎざぎざの刃先を付けたほこの形

書き方
ノ 𠂉 手 手 我 我 我
(はねる)(わすれずに)

使い方
自我・無我・我を張る・我先・我々・我が国

恩

10画

部首 心（こころ）

おん オン
くん ――

注意点
書くときは、「因」の部分を「田」「内」「図」としないように注意する。

書き方
丨 冂 冃 円 因 因 因 恩 恩 恩
(はねる)

使い方
恩人・恩義・恩情・恩師・恩給・謝恩・恩返し

恩

成り立ち
「心」と、いたむ意味と音を表す「因」を合わせた字。いたみあわれむ意味から、「めぐむ」意味を表す。

灰

6画
部首 火（ひ）

おん （カイ）
くん はい

成り立ち

「火」と「又」（手(て)）とで、かき出(だ)した燃えかすの意味(いみ)。転(てん)じて、「はい」の意味(いみ)を表(あらわ)す。

書き方

一 厂 厂 灰 灰 灰
（点(てん)の打(う)ちかたに注意(ちゅうい)）（そろえる）

使い方

石灰(せっかい)・灰色(はいいろ)・灰皿(はいざら)・火山灰(かざんばい)・死灰(しかい)・死(し)の灰(はい)

拡

8画
部首 扌（てへん）

おん カク
くん ―

注意点

形(かたち)の似(に)ている「広」に注意(ちゅうい)する。「拡」の読(よ)みは「カク」のみで、「ひろ-い」「ひろ-まる」などの読(よ)みはない。

書き方

一 才 扌 扌 扩 扩 拡 拡
（はねる）（まっすぐ下(した)につける）

使い方

拡散(かくさん)・拡張(かくちょう)・拡声器(かくせいき)・拡大(かくだい)・拡大図(かくだいず)

革

9画
部首 革（つくりがわ）

おん カク
くん （かわ）

成り立ち

動物(どうぶつ)の全身(ぜんしん)の皮(かわ)をのばした形(かたち)

↓
革

書き方

一 十 廿 廿 廿 芇 芇 苎 革
（廿・卄としない）（出(だ)す）

使い方

革新(かくしん)・技術革新(ぎじゅつかくしん)・革命(かくめい)・産業革命(さんぎょうかくめい)・改革(かいかく)・皮革(ひかく)・変革(へんかく)・革(かわ)ぐつ

閣

14画
部首 門（もんがまえ・かどがまえ）

おん カク
くん ―

注意点

「関」と形(かたち)が似(に)ているので注意(ちゅうい)する。

書き方

丨 冂 冂 門 門 門 門 門 閂 閃 閃 閣 閣 閣
（とめる）（はねる）

使い方

閣議(かくぎ)・閣下(かっか)・内閣(ないかく)・入閣(にゅうかく)・天守閣(てんしゅかく)・神社仏閣(じんじゃぶっかく)

割

12画

部首 刂（りっとう）

おん （カツ）

くん わ-る・わり・わ-れる・（さ-く）

成り立ち

「刂」（刀）と、切れ目を入れる意味と音を表す「害」を合わせた字。切りさく意味を表す。

書き方

丶 丶丶 宀 宀 宀 宇 宝 害 害 害 害 割 割

はねる

使い方

割愛・分割・役割・割合・割引・割安・割り算・割り当て

干

3画

部首 干（かん・いちじゅう）

おん カン

くん ほ-す・（ひ-る）

成り立ち

先がふたまたの武器の形

書き方

一 二 干

上の横棒より長く

つき出さない

使い方

干潮・干満・干し草・干物・潮干がり・梅干し

株

10画

部首 木（きへん）

おん ―

くん かぶ

成り立ち

「朱」に「木」を加えて、「朱」と区別して、木の「かぶ」の意味に用いる。

書き方

一 十 オ 木 木 术 杵 杵 株 株

とめる

出す

とめる

使い方

株価・株券・株式・株主・切り株・古株・株分け

巻

9画

部首 己（おのれ・き・こ）

おん カン

くん ま-く・まき

成り立ち

まるめる

ひざまずく

「体をまるめる」→「まく」の意味。

書き方

丶 丷 丷 兰 半 关 券 巻 巻

巳・㔾としない

使い方

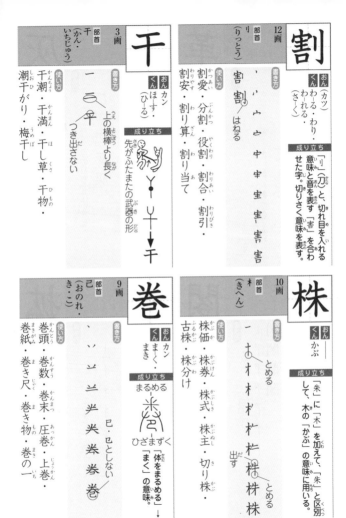

巻頭・巻数・巻末・圧巻・上巻・巻紙・巻き尺・巻き物・巻の一

看

9画　部首 目（め）

おん カン
くん —

成り立ち

「手(て)」と「目(め)」とで、目(め)の上(うえ)に手(て)をかざし遠(とお)くを見(み)るという意味(いみ)を表(あらわ)す。

書き方

一 二 三 手 手 看 看 看 看

（一としない／つき出さない）

使い方

看守(かんしゅ)・看板(かんばん)・看病(かんびょう)・看過(かんか)・看破(かんぱ)・看護(かんご)

簡

18画　部首 ⺮（たけかんむり）

おん カン
くん —

注意点

部首(ぶしゅ)が「⺮（たけかんむり）」であることに注意(ちゅうい)する。

書き方

（はねる／とめる）

使い方

簡易(かんい)・簡潔(かんけつ)・簡素(かんそ)・簡単(かんたん)・簡略(かんりゃく)・書簡(しょかん)・木簡(もっかん)

危

6画　部首 㔾（ふしづくり）

おん キ
くん あぶ-ない・（あや-うい）・（あや-ぶむ）

成り立ち

人(ひと)ががけの上(うえ)にいる様子(ようす)

人(ひと)がひざまずく様子(ようす)

↓

危

書き方

（とめる／はねる／己・巳としない）

使い方

危険(きけん)・危険信号(きけんしんごう)・危難(きなん)・危機(きき)・危害(きがい)・安危(あんき)

机

6画　部首 木（きへん）

おん （キ）
くん つくえ

成り立ち

「木」に、つくえの意味(いみ)と音(おん)を表(あらわ)す「几」を加(くわ)え、木(き)のつくえの意味(いみ)を表(あらわ)す。

書き方

一 十 才 木 机 机

（とめる／上(うえ)にはねる）

使い方

机案(きあん)・机上(きじょう)の空論(くうろん)・文机(ふみづくえ／ふづくえ)・学習机(がくしゅうづくえ)・勉強机(べんきょうづくえ)

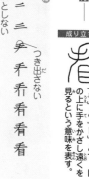

揮

12画

部首 扌（てへん）

おん キ

くん ―

成り立ち

「扌」（手）と、まわす意味と音を表す「軍」を合わせた字。手をふり回す意味から、「指図する」意味を表す。

書き方

揮（長く）

使い方

指揮・指揮者・指揮棒・発揮・揮発油

疑

14画

部首 疋（ひき）

おん ギ

くん うたが-う

注意点

送りがなに注意する。

×疑がう　疑がい　疑がわしい

○疑う　疑い　疑わしい

書き方

疑（つき出さない・とめる）

使い方

疑似・疑問・疑義・容疑・質疑応答・半信半疑

貴

12画

部首 貝（かい）

おん キ

くん （たっと-い）・（とうと-い）・（たっと-ぶ）・（とうと-ぶ）

成り立ち

両手で持ち上げる様子→高く上げる

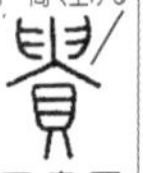

「値の高い」意味を表し、「たっとい」意味に用いる。

書き方

貴（長く・とめる）

使い方

貴族・貴重・貴重品・高貴・貴金属・貴婦人・貴校

吸

6画

部首 口（くちへん）

おん キュウ

くん す-う

成り立ち

「口」と、とりこむ意味と音を表す「及」を合わせた字。口で息をすいこむ意味を表す。

書き方

吸（出す。乃としない・出さない）

使い方

吸引・吸収・吸入・呼吸・深呼吸・吸い取り紙

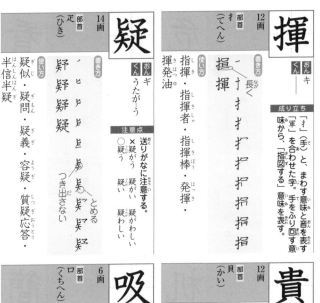

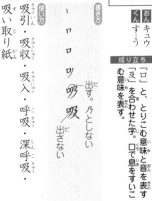

供

8画
部首 亻（にんべん）

おん キョウ・(ク)
くん そな-える・とも

成り立ち
共（音(おん)を表(あらわ)す／そなえる・ともに）＋亻（人(ひと)）＝供（そなえる）

書き方

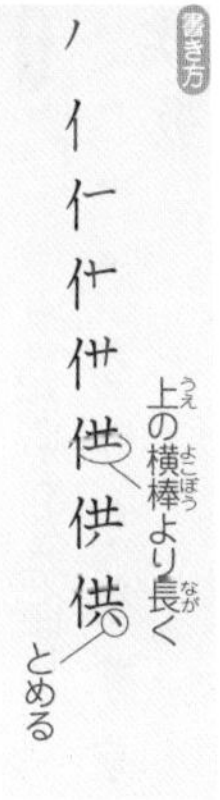

使い方
供給(きょうきゅう)・供述(きょうじゅつ)・提供(ていきょう)・自供(じきょう)・試供品(しきょうひん)・供養(くよう)・供(そな)え物(もの)・子供(こども)

郷

11画
部首 阝（おおざと）

おん キョウ・(ゴウ)
くん ——

注意点
画数(かくすう)に注意(ちゅうい)する。部首(ぶしゅ)の「阝（おおざと）」は、三画(さんかく)で書(か)く。

書き方

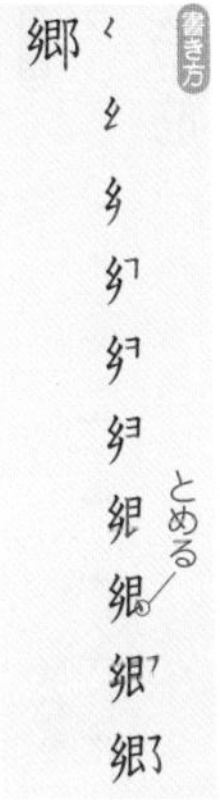

使い方
郷土(きょうど)・郷里(きょうり)・異郷(いきょう)・帰郷(ききょう)・故郷(こきょう)・同郷(どうきょう)・理想郷(りそうきょう)・水郷(すいごう)・近郷近在(きんごうきんざい)

胸

10画
部首 月（にくづき）

おん キョウ
くん むね・(むな)

注意点
書(か)くときは、「凶」の部分(ぶぶん)を「区」や「図」としないように注意(ちゅうい)する。

書き方

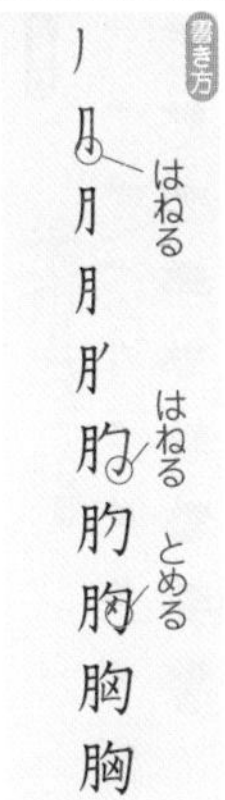

使い方
胸囲(きょうい)・胸像(きょうぞう)・胸中(きょうちゅう)・胸部(きょうぶ)・度胸(どきょう)・胸元(むなもと)・胸(むな)さわぎ・胸(むね)がすく

勤

12画
部首 力（ちから）

おん キン・(ゴン)
くん つと-める・つと-まる

注意点
・勤(つと)める…会社(かいしゃ)に勤(つと)める。
・努(つと)める…解決(かいけつ)に努(つと)める。
・務(つと)める…議長(ぎちょう)を務(つと)める。

書き方

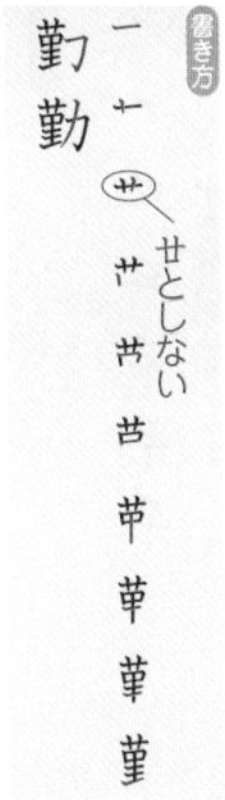

使い方
勤勉(きんべん)・勤続(きんぞく)・勤務(きんむ)・勤労(きんろう)・出勤(しゅっきん)・通勤(つうきん)・転勤(てんきん)・勤(つと)め人(にん)・会社勤(かいしゃつと)め

筋

12画

部首 ⺮（たけかんむり）

おん キン

くん すじ

意味

竹（たけ）のすじの意味（いみ）を表す（あらわす）ことから、広く（ひろく）「すじ」の意味に用いる（もちいる）。

書き方

はねる / はねる

使い方

筋肉（きんにく）・筋力（きんりょく）・鉄筋（てっきん）・背筋力（はいきんりょく）・腹筋（ふっきん）・筋道（すじみち）・筋書き（すじがき）・背筋（せすじ）

敬

12画

部首 攵（ぼくにょう・のぶん）

おん ケイ

くん うやま-う

注意点

送り（おくり）がなに注意（ちゅうい）する。

×敬まう（うやま）
○敬う

書き方

出す（だす） / やや丸み（まるみ）をもたせてはねる

使い方

敬愛（けいあい）・敬意（けいい）・敬遠（けいえん）・敬語（けいご）・敬服（けいふく）・敬礼（けいれい）・尊敬（そんけい）・失敬（しっけい）・敬老の日（けいろうのひ）

系

7画

部首 糸（いと）

おん ケイ

くん ——

成り立ち

糸（いと）と、そのひっかかっている所（ところ）を示した（しめした）字（じ）。

書き方

一としない / 出さない（ださない）

使い方

系図（けいず）・系統（けいとう）・系列（けいれつ）・家系（かけい）・体系（たいけい）・直系（ちょっけい）・父系（ふけい）・母系（ぼけい）・太陽系（たいようけい）

警

19画

部首 言（げん）

おん ケイ

くん ——

成り立ち

「言」に、いましめる意味（いみ）と音（おん）を表す（あらわす）「敬」を合わせた（あわせた）字（じ）で、ことばで「いましめる」意味を表す（あらわす）。

書き方

点（てん）の打ち（うち）かたに注意（ちゅうい） / 長く（ながく）

使い方

警官（けいかん）・警告（けいこく）・警察（けいさつ）・警笛（けいてき）・警報（けいほう）・警備（けいび）・警視庁（けいしちょう）・夜警（やけい）

劇

15画

部首 刂（りっとう）

おん ゲキ
くん ―

注意点
はじめの三画（さんかく）の書き順（かきじゅん）に注意（ちゅうい）する。「丨」→「⺊」→「𠂉」の順（じゅん）に書（か）く。

書き方
はねる
はねる
はねる

使い方
劇画（げきが）・劇場（げきじょう）・劇団（げきだん）・劇薬（げきやく）・演劇（えんげき）・喜劇（きげき）・観劇（かんげき）・悲劇（ひげき）・劇作家（げきさっか）・時代劇（じだいげき）

穴

5画

部首 穴（あな）

おん （ケツ）
くん あな

注意点
部首（ぶしゅ）が「穴（あな）」であることに注意（ちゅうい）する。

書き方
はらう。ハとしない

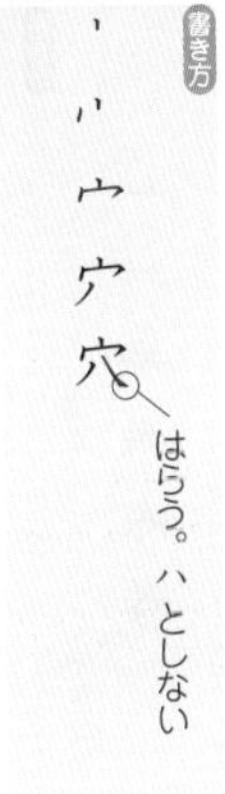

使い方
穴居（けっきょ）・墓穴（ぼけつ）・穴蔵（あなぐら）・大穴（おおあな）・横穴（よこあな）・落（お）とし穴（あな）

激

16画

部首 氵（さんずい）

おん ゲキ
くん はげ―しい

意味
水（みず）がはげしく打（う）ちあたる意味（いみ）から、「はげしい」意味（いみ）を表（あらわ）す。

書き方
はねる
はらう

使い方
激戦（げきせん）・激増（げきぞう）・激痛（げきつう）・激流（げきりゅう）・過激（かげき）・激動（げきどう）・感激（かんげき）・急激（きゅうげき）

穴

成り立ち

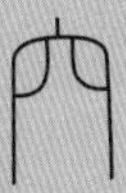

横（よこ）あな住居（じゅうきょ）の入（い）り口（ぐち）の形（かたち）からできた字（じ）で、「あな」の意味（いみ）を表（あらわ）す。

券

8画

部首 刀（かたな）

おん ケン
くん ―

注意点
書くときは、下の「刀」の部分を「力」としないように注意する。

書き方
（出す）（出さない）

使い方
食券・株券・入場券・特急券・招待券・定期券・商品券

券

成り立ち
契約の証拠に目印を刻んで二つに割った札（割り符）を意味する「刀」と、まく意味と音を表す「𢍏」とを合わせた字。「券」は、割り符をひもで巻いて保存したもので、「割り符・手形」の意味を表す。

絹

13画

部首 糸（いとへん）

おん（ケン）
くん きぬ

注意点
書くときは、「肙」の部分を「員」「責」としないように注意する。

書き方
（はねる）

使い方
人絹・正絹・純絹・絹織物・生絹・練り絹・絹糸

絹

成り立ち
「糸」と、まるくまく意味と音を表す「肙」を合わせた字。まるい糸で織った「きぬ」の意味を表す。

権

15画

部首 木（きへん）

おん ケン・（ゴン）

くん ―

注意点

書くときは、「隹」の部分を、「隹」としないように注意する。

書き方

点をわすれずに。向きにも注意

つき出さない

使い方

権限・権利・権力・実権・政権・市民権・人権・特権・選挙権

憲

16画

部首 心（こころ）

おん ケン

くん ―

成り立ち

「心」と、ふさぎ止める意味と音を表す「害」を合わせた字。人をおさえる規則の意味を表す。

書き方

はねる

つき出す

使い方

憲政・憲法・児童憲章・立憲政治・官憲・護憲

源

13画

部首 氵（さんずい）

おん ゲン

くん みなもと

注意点

使い方に注意する。

・源…源流　電源　資源

・原…原因　草原　原野

書き方

はねる

点の向きに注意

使い方

源泉・源流・起源・語源・資源・財源・水源・電源

厳

17画

部首 ⺍（つ）

おん ゲン・（ゴン）

くん （おごそ-か）・きび-しい

注意点

送りがなに注意する。

×厳い

○厳しい

書き方

点の向きに注意

出さない

使い方

厳格・厳禁・厳重・厳正・厳選・厳密・尊厳・時間厳守

己

3画

部首 己（おのれ・き・こ）

おん コ・（キ）
くん （おのれ）

成り立ち

先を引き出した糸の形

書き方

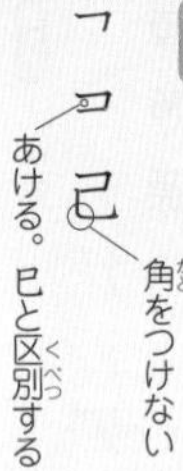

使い方

自己・自己主張・自己満足・自己本位・知己・利己的

呼

8画

部首 口（くちへん）

おん コ
くん よ-ぶ

注意点

「吸」と形が似ているので注意する。

書き方

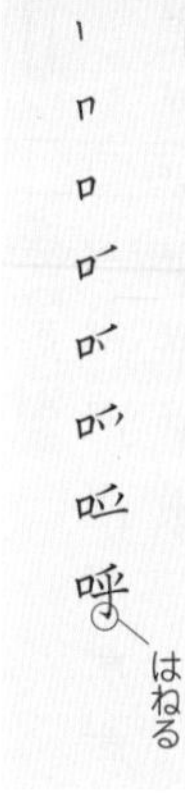

使い方

呼吸・呼気・呼応・点呼・呼び名・呼び捨て

誤

14画

部首 言（ごんべん）

おん ゴ
くん あやま-る

成り立ち

「言」と、くいちがう意味と音を表す「呉」を合わせた字。事実とくいちがった言葉を表す。

書き方

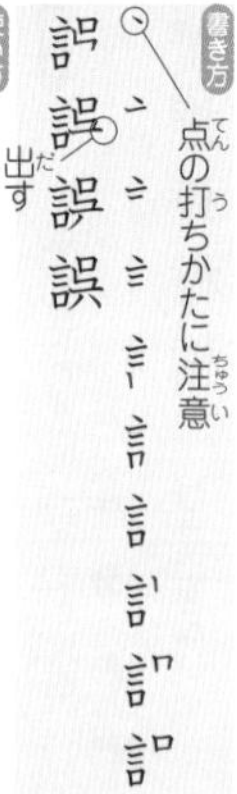

使い方

誤解・誤差・誤算・誤報・誤用・誤字・誤読・正誤・読み誤る

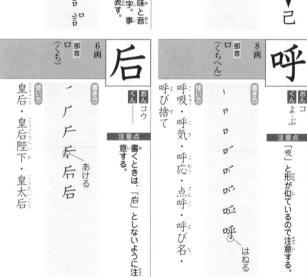

后

6画

部首 口（くち）

おん コウ
くん ―

注意点

書くときは、「后」としないように注意する。

書き方

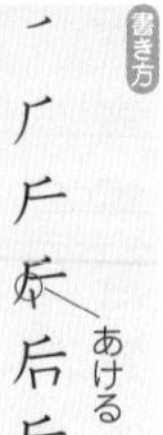

使い方

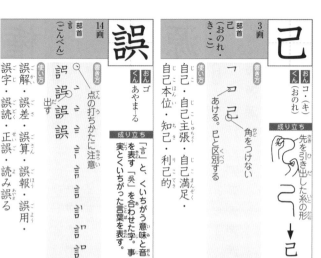

皇后・皇后陛下・皇太后

孝

7画

部首 子（こ）

おん コウ

くん ―

成り立ち

「老」を省略（しょうりゃく）した形（かたち）の「耂」と「子」で、子（こ）が老人（ろうじん）（父母（ふぼ））につくす意味（いみ）を表（あらわ）す。

書き方

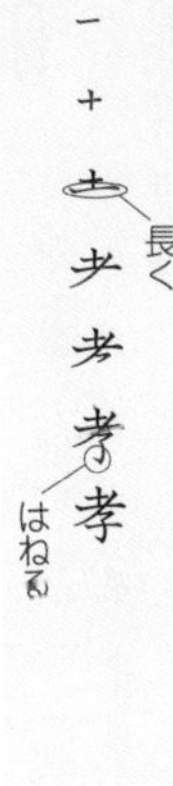

使い方

孝養（こうよう）・孝行（こうこう）・親孝行（おやこうこう）・不孝（ふこう）・親不孝（おやふこう）

紅

9画

部首 糸（いとへん）

おん コウ・(ク)

くん べに・(くれない)

注意点

読（よ）みに注意（ちゅうい）する。「あか」という読（よ）みはない。

書き方

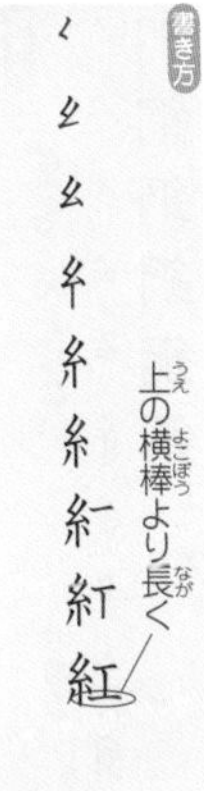

使い方

紅顔（こうがん）・紅茶（こうちゃ）・紅潮（こうちょう）・紅白（こうはく）・紅葉（こうよう）＊もみじ・真紅（しんく）・紅色（べにいろ・くれないいろ）・紅花（べにばな）・口紅（くちべに）

皇

9画

部首 白（しろ）

おん コウ・オウ

くん ―

注意点

読（よ）み方（かた）に注意（ちゅうい）する。上（うえ）に「ン」がくるときは、「ノウ」と読（よ）む。
例（れい）：天（てん）＋皇（のう）　勤（きん）＋皇（のう）

書き方

使い方

皇居（こうきょ）・皇后（こうごう）・皇室（こうしつ）・皇太子（こうたいし）・天皇（てんのう）・勤皇（きんのう）・法皇（ほうおう）・皇子（おうじ）

降

10画

部首 阝（こざとへん）

おん コウ

くん お-りる・お-ろす・ふ-る

成り立ち

階段（かいだん）を両足（りょうあし）が下（した）に向（む）かう様子（ようす）を表（あらわ）した字（じ）。

書き方

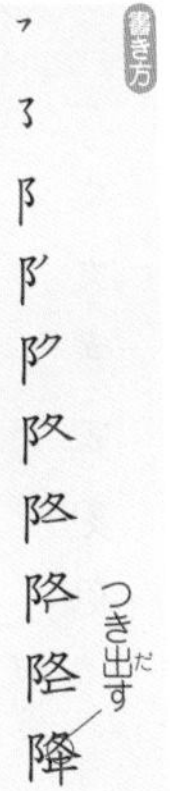

使い方

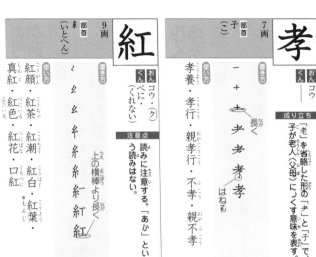

降雨（こうう）・降参（こうさん）・降下（こうか）・降車口（こうしゃぐち）・降水量（こうすいりょう）・以降（いこう）・下降（かこう）・小降（こぶ）り

鋼

16画

部首　金（かねへん）

おん　コウ

くん　（はがね）

成り立ち

「金」と、つよい意味と音を表す「岡」を合わせた字。きたえて強くした鉄の意味を表す。

書き方

ノ 𠂉 𠂇 亽 牟 牟 金 金 釒 釘 釦 鋼 鋼 鋼 鋼 鋼とめる。入としない

はねる

使い方

鋼玉（こうぎょく）・鋼鉄（こうてつ）・鋼材（こうざい）・鉄鋼（てっこう）・鉄鋼業（てっこうぎょう）・製鋼（せいこう）

穀

14画

部首　禾（のぎ）

おん　コク

くん　――

注意点

「殻」（音読み「カク」、訓読み「から」）と形が似ているので注意する。

書き方

上の横棒より短く

くっつけない

使い方

穀倉（こくそう）・穀倉地帯（こくそうちたい）・穀物（こくもつ）・穀類（こくるい）・雑穀（ざっこく）・米穀（べいこく）・五穀（ごこく）

刻

8画

部首　刂（りっとう）

おん　コク

くん　きざ-む

注意点

区別して使う。
・時刻…その時。「約束の時刻」
・時間…時刻と時刻の間。「休み時間」

書き方

丶 亠 十 岁 亥 亥 刻 刻とめる

はねる

使い方

刻印（こくいん）・夕刻（ゆうこく）・時刻（じこく）・深刻（しんこく）・定刻（ていこく）・刻々（こくこく）・小刻み（こきざみ）・刻み付ける（きざみつける）

骨

10画

部首　骨（ほね）

おん　コツ

くん　ほね

成り立ち

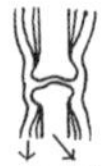

肉のついたほねの意味を表した字。

書き方

フとしない

はねる

使い方

骨格（こっかく）・骨折（こっせつ）・人骨（じんこつ）・白骨（はっこつ）・鉄骨（てっこつ）・反骨精神（はんこつせいしん）・背骨（せぼね）・骨折り（ほねおり）

困

7画

部首 囗（くにがまえ）

おん コン

くん こま-る

成り立ち

「木」が「口」（かこい）に入れられてのびられない様子を表した字。

書き方

丨 冂 冂 用 用 困 困（とめる）

使い方

困難・困苦・貧困・困り者・困り果てる

座

10画

部首 广（まだれ）

おん ザ

くん （すわ-る）

成り立ち

すわる意味と音を表す「坐」に「广」を加えて、おもに、すわる場所の意味を表す。

書き方

丶 亠 广 广 广 広 広 座 座 座（とめる）（書き順に注意）

使い方

座席・座談会・星座・一座・正座・土下座・銀行口座・射手座

砂

9画

部首 石（いしへん）

おん サ・（シャ）

くん すな

注意点

書くときは、「少」を「小」としないように注意する。

書き方

一 ア 不 石 石 石 砂 砂 砂（はねる）

使い方

砂金・砂鉄・砂糖・砂ばく・砂防林・土砂・砂山・*砂利・砂時計*

済

11画

部首 氵（さんずい）

おん サイ

くん す-む・す-ます

注意点

書くときは、「氵」の部分を「冫」としないように注意する。「斉」の下の部分は「月」ではなく、「⺼」。

書き方

丶 丶 氵 氵 汁 汶 泫 済 済 済 済（とめる）（軽くはらう）

使い方

救済・経済・決済・返済・用済み・届け済み

裁

12画

部首 衣（ころも）

おん サイ

くん （た-つ）・さば-く

成り立ち

「衣」と、切断（せつだん）する意味（いみ）と音（おん）を表（あらわ）す「𢦏」とで、布（ぬの）を「たつ」意味（いみ）を表（あらわ）す。

書き方

一 十 土 圭 圭 圭 圭 表 表 裁 裁 裁

わすれずに　とめる。　くとしない

使い方

裁断（さいだん）・裁判（さいばん）・決裁（けっさい）・制裁（せいさい）・仲裁（ちゅうさい）・独裁者（どくさいしゃ）・洋裁（ようさい）・和裁（わさい）・裁（た）ちばさみ

冊

5画

部首 冂（けいがまえ・まきがまえ）

おん サツ・（サク）

くん ――

成り立ち

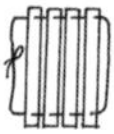

竹（たけ）ふだや木簡（もっかん）などをひもで編（あ）んだ形（かたち）からできた字（じ）。

書き方

丨 冂 冂 冊 冊

はねる　出（だ）す

使い方

冊子（さっし）・小冊子（しょうさっし）・冊数（さっすう）・一冊（いっさつ）・分冊（ぶんさつ）・別冊（べっさつ）・短冊（たんざく）

策

12画

部首 ⺮（たけかんむり）

おん サク

くん ――

注意点

書（か）くときは、「朿」を「束」としないように注意（ちゅうい）する。

書き方

ノ ⺈ ⺮ ⺮ ⺮ ⺮ 笁 笁 笞 笧 策 策

束としない

使い方

策略（さくりゃく）・画策（かくさく）・散策（さんさく）・政策（せいさく）・対策（たいさく）・失策（しっさく）・得策（とくさく）・方策（ほうさく）・善後策（ぜんごさく）

蚕

10画

部首 虫（むし）

おん サン

くん かいこ

注意点

「蛍」（音読（おんよ）み「ケイ」、訓読（くんよ）み「ほたる」）と形（かたち）が似（に）ているので注意（ちゅうい）する。

書き方

一 二 于 天 天 吞 吞 吞 蚕 蚕

上（うえ）の横棒（よこぼう）より短（みじか）く　とめる

使い方

蚕糸（さんし）・蚕食（さんしょく）・養蚕（ようさん）・養蚕農家（ようさんのうか）・蚕（かいこ）を飼（か）う

至

6画
部首 至（いたる）

おん シ
くん いた-る

成り立ち

下向きの矢が目標線にとどいた様子を表した字。

書き方

一 ㄈ 云 𠫔 至 至

長く

使い方

至急（しきゅう）・至難（しなん）・夏至（げし）・冬至（とうじ）・必至（ひっし）・至って（いたって）・至る所（いたるところ）

姿

9画
部首 女（おんな）

おん シ
くん すがた

注意点

「資」「委」と形が似ているので注意する。

書き方

丶 冫 ン 𠇍 次 次 次 姿 姿

はらう　ややつき出す

使い方

姿勢（しせい）・姿態（したい）・容姿（ようし）・姿見（すがたみ）・後ろ姿（うしろすがた）・和服姿（わふくすがた）・立ち姿（たちすがた）

私

7画
部首 禾（のぎへん）

おん シ
くん わたくし・わたし

成り立ち

「禾」と、囲う意味を表す「ム」（□の変化した形）を合わせた字。自分のものとして囲ったいねの意味。公に対する「わたくし」の意味を表す。

書き方

ノ 二 千 禾 禾 私 私

とめる　とめる

使い方

私語（しご）・私鉄（してつ）・私服（しふく）・私物（しぶつ）・私有（しゆう）・私用（しよう）・公私（こうし）・私利私欲（しりしよく）・私事（わたくしごと・しじ）

視

11画
部首 見（みる）

おん シ
くん ―

注意点

部首に注意。目で見ることを表す字なので、部首は「見（みる）」。

書き方

丶 ラ ネ ネ 礻 初 祁 祖 祖 視 視

角をつけずにまげて上にはねる

使い方

視覚（しかく）・視界（しかい）・視察（しさつ）・視点（してん）・視線（しせん）・視野（しや）・近視（きんし）・重視（じゅうし）・直視（ちょくし）・注視（ちゅうし）

詞

12画

部首 言（ごんべん）

おん シ

くん ―

成り立ち

まつる・おさめる・つかさどる意味と音を表す「司」に「言」を加えて、「司」と区別して、物事をおさめる「ことば」の意味を表す。

書き方

丶 亠 亠 亠 言 言 言 訁 訂 詞 詞 詞

点の打ちかたに注意

はねる

使い方

名詞・動詞・歌詞・品詞・祝詞＊のりと・形容詞・作詞

誌

14画

部首 言（ごんべん）

おん シ

くん ―

成り立ち

こころざす・しるす意味と音を表す「志」に「言」を加えて、「志」と区別して、「しるす」意味に用いる。

書き方

丶 亠 亠 亠 言 言 言 計 計 誌 誌 誌 誌 誌

上の横棒より短く

使い方

誌上・誌面・会誌・雑誌・日誌・月刊誌・週刊誌・機関誌

磁

14画

部首 石（いしへん）

おん ジ

くん ―

注意点

書くときは「ッ」の部分を「ッ」と、「幺」の部分を「糸」としないように注意する。

書き方

一 ア 石 石 石 石 石 矿 矿 矿 磁 磁 磁 磁

ッとしない

使い方

磁気・磁器・磁石・磁針・磁場・白磁・磁力・地磁気

射

10画

部首 寸（すん）

おん シャ

くん い-る

成り立ち

手

弓に矢をつがえた形

↓

射

書き方

′ 亻 门 自 自 身 身 身 射 射

はねる

出す

はねる

使い方

射手・射殺・注射・直射・発射・反射・乱射・射手座

捨

11画

部首 扌（てへん）

おん シャ

くん す-てる

注意点

「拾」と形が似ているので注意する。

・ごみ箱に紙くずを捨てる。

・ろう下でハンカチを拾う。

書き方

捨（はねる／士としない）

使い方

取捨・四捨五入・捨て石・捨て身・呼び捨て

若

8画

部首 艹（くさかんむり・そうこう）

おん （ジャク）・（ニャク）

くん わか-い・（も-しくは）

注意点

書くときは、「右」の部分を「石」としないように注意する。

書き方

一 十 艹 艹 若 若 若 若（長く）

使い方

若干・若草・若葉・若者・若返る・老若・*若人

尺

4画

部首 尸（しかばね・しかばねかんむり）

おん シャク

くん ―

成り立ち

指ではばをはかっている形からできた字。

書き方

コ コ 尸 尺（尺としない）

使い方

尺度・尺八・縮尺・縮尺五万分の一・巻き尺

樹

16画

部首 木（きへん）

おん ジュ

くん ―

注意点

書くときは、「寸」の部分を「寸」「才」としないように注意する。

書き方

一 十 木 木 樹 樹 樹 樹 樹 樹 樹（亠としない／はねる）

使い方

樹木・樹立・樹氷・樹林・果樹・大樹・植樹祭・広葉樹・落葉樹

収

4画

部首 又（また）

おん シュウ
くん おさ-める・おさ-まる

注意点

修める…正しくととのえる。
治める…おだやかにする。
納める…先方へ物をおさめ入れる。
収める…とり入れる。

書き方

使い方

収集・収蔵・収入・収納・回収・吸収・買収・収容所

宗

8画

部首 宀（うかんむり）

おん シュウ・（ソウ）
くん ——

成り立ち

家の中に祭だんを置く様子を表した字。

書き方

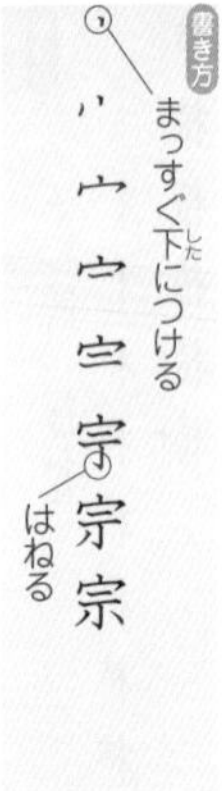

使い方

宗教・宗教家・無宗教・宗派・宗門・改宗・宗家

就

12画

部首 尤（だいのまげあし）

おん シュウ・（ジュ）
くん （つ-く）・（つ-ける）

注意点

部首が「尤（だいのまげあし）」であることに注意する。

書き方

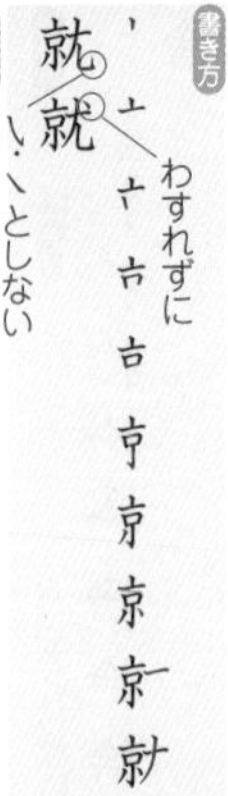

使い方

就学・就航・就職・就任・去就・成就・就業時間

衆

12画

部首 血（ち）

おん シュウ・（シュ）
くん ——

意味

ある所にいっしょにいる多くの人々の意味から、「おおい」意味を表す。

書き方

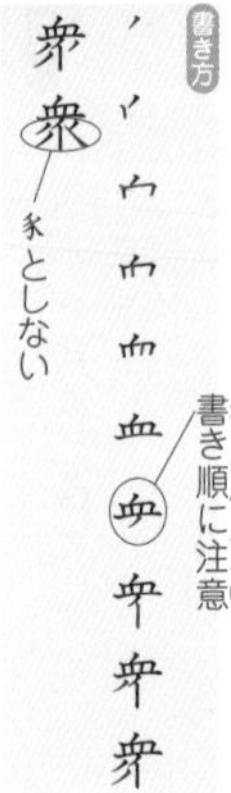

使い方

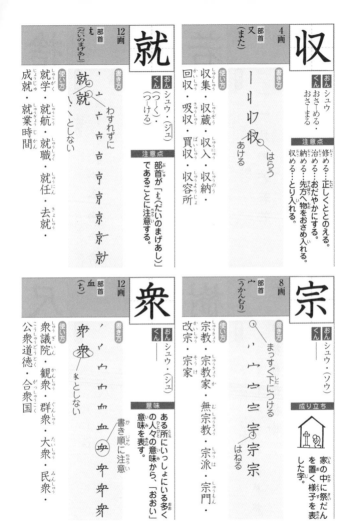

衆議院・観衆・群衆・大衆・民衆・公衆道徳・合衆国

従

10画

部首　彳（ぎょうにんべん）

おん　ジュウ・（ショウ）・（ジュ）
くん　したが-う・したが-える

注意点
「徒」と形が似ているので注意する。

書き方
ノ　ク　彳　彳　彳'　彳' 彳' 彳' 彳' 従
（ツとしない）

使い方
従業員（じゅうぎょういん）・従事（じゅうじ）・従順（じゅうじゅん）・従属（じゅうぞく）・従来（じゅうらい）・主従（しゅじゅう）・追従（ついじゅう／ついしょう）・服従（ふくじゅう）

縦

16画

部首　糸（いとへん）

おん　ジュウ
くん　たて

注意点
「従」と形が似ているので注意する。
・縦…たて
・従…したがう

書き方
く　幺　幺　糸　糸　糸　糸　糸　糸　糸　紒（ツとしない）　紒　紒　緃　緃　縦

使い方
縦走（じゅうそう）・縦断（じゅうだん）・縦列（じゅうれつ）・操縦（そうじゅう）・縦横（じゅうおう）・縦書（たてが）き・縦割（たてわ）り

縮

17画

部首　糸（いとへん）

おん　シュク
くん　ちぢ-む・ちぢ-まる・ちぢ-める・ちぢ-れる・ちぢ-らす

成り立ち
「糸」と、ちぢまる意味と音を表す「宿」を合わせた字。糸や布地が「ちぢむ」意味を表す。

書き方
く　幺　幺　糸　糸　糸　糸　紒　紒　紒　紒　紒　紒　縮　縮　縮　縮（百としない）

使い方
縮尺（しゅくしゃく）・縮小（しゅくしょう）・縮図（しゅくず）・圧縮（あっしゅく）・軍縮（ぐんしゅく）・短縮（たんしゅく）・縮（ちぢ）れ毛（げ）

熟

15画

部首　灬（れっか・れんが）

おん　ジュク
くん　（う-れる）

注意点
同じ音で形の似ている「塾」（音読み「ジュク」）に注意する。
・熟語（じゅくご）　半熟（はんじゅく）
・学習塾（がくしゅうじゅく）

書き方
丶　亠　亠　亡　亨　享　享　享　孰　孰　孰　孰　孰　孰　熟（点の向きに注意する）

使い方
熟語（じゅくご）・熟知（じゅくち）・熟読（じゅくどく）・熟練（じゅくれん）・円熟（えんじゅく）・習熟（しゅうじゅく）・早熟（そうじゅく）・未熟（みじゅく）・成熟（せいじゅく）・熟（じゅく）す

純

10画

部首 糸（いとへん）

おん ジュン

くん ―

注意点

書く(か)ときは、「屯」の部分(ぶぶん)を「乇」「毛」「毛」としないように注意(ちゅうい)する。

書き方

く 幺 幺 糸 糸 糸 紅 紅 紀 純

乇・毛・毛としない

使い方

純愛(じゅんあい)・純金(じゅんきん)・純情(じゅんじょう)・純真(じゅんしん)・純綿(じゅんめん)・純毛(じゅんもう)・清純(せいじゅん)・単純(たんじゅん)・不純物(ふじゅんぶつ)

処

5画

部首 几（つくえ・きにょう）

おん ショ

くん ―

注意点

「拠」（音読(おんよ)み「キョ」「コ」）と形(かたち)が似(に)ているので注意(ちゅうい)する。

書き方

ノ ク 夂 夂 処

はねる

使い方

処置(しょち)・処分(しょぶん)・処断(しょだん)・処方(しょほう)・処理(しょり)・善処(ぜんしょ)・対処(たいしょ)

署

13画

部首 罒（あみがしら・あみめ）

おん ショ

くん ―

注意点

形(かたち)の似(に)た字(じ)に注意(ちゅうい)する。
- 署(しょ)…やくわり、役所(やくしょ)。「警察署(けいさつしょ)」
- 暑(しょ)…気温(きおん)が高(たか)い。「暑中(しょちゅう)」

書き方

丶 冖 冖 罒 罒 罒 罒 罡 罢 罢 署 署 署

はっきり出(だ)す

目としない

使い方

署長(しょちょう)・署員(しょいん)・署名(しょめい)・部署(ぶしょ)・警察署(けいさつしょ)・消防署(しょうぼうしょ)・税務署(ぜいむしょ)

諸

15画

部首 言（ごんべん）

おん ショ

くん ―

成り立ち

「言」と、多(おお)い意味(いみ)と音(おん)を表(あらわ)す「者」を合(あ)わせた字(じ)。口数(くちかず)が多(おお)い意味(いみ)を表(あらわ)し、「多(おお)い、もろもろ」の意味(いみ)に用(もち)いる。

書き方

丶 亠 亠 亠 言 言 言 言 言 計 訃 諸 諸 諸 諸

はっきり出(だ)す

使い方

諸君(しょくん)・諸国(しょこく)・諸説(しょせつ)・諸島(しょとう)・諸問題(しょもんだい)

除

10画

部首 阝（こざとへん）

おん ジョ・（ジ）
くん のぞ-く

注意点

書くときは、「余」の部分を「余」としないように注意する。

書き方

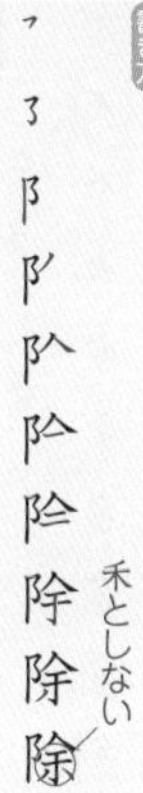

使い方

除外（じょがい）・除去（じょきょ）・除名（じょめい）・除雪車（じょせつしゃ）・解除（かいじょ）・除夜（じょや）のかね・取（と）り除（のぞ）く

将

10画

部首 寸（すん）

おん ショウ
くん ――

注意点

書くときは、「爫」の部分を「爫」としないように注意する。

書き方

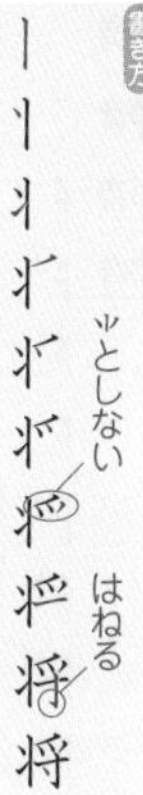

使い方

将軍（しょうぐん）・将校（しょうこう）・将兵（しょうへい）・将来（しょうらい）・主将（しゅしょう）・大将（たいしょう）・武将（ぶしょう）・名将（めいしょう）

承

8画

部首 手（て）

おん ショウ
くん （うけたまわ-る）

意味

ささげ持つ意味が転じて、「うける」意味を表す。

書き方

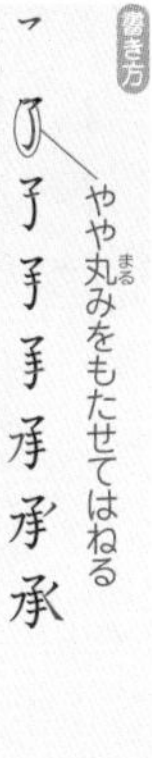

使い方

承知（しょうち）・承認（しょうにん）・承服（しょうふく）・伝承（でんしょう）・不承不承（ふしょうぶしょう）

傷

13画

部首 亻（にんべん）

おん ショウ
くん きず・（いた-む）・（いた-める）

意味

「きず」「きずつける」意味から、「やぶる」「いたむ」意味も表す。

書き方

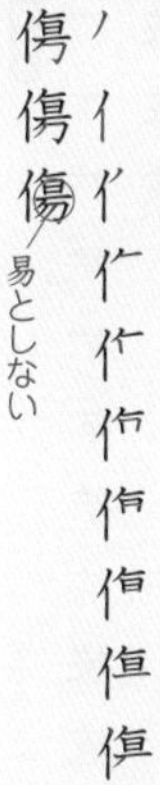

使い方

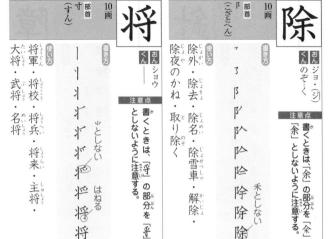

傷害（しょうがい）・傷心（しょうしん）・感傷（かんしょう）・軽傷（けいしょう）・重傷（じゅうしょう）・外傷（がいしょう）・負傷（ふしょう）・古傷（ふるきず）・切り傷（きりきず）・傷口（きずぐち）

障

14画

部首 阝（こざとへん）

おん ショウ
くん （さわ-る）

意味
敵をさえぎる土かべの意味から、「へだてる」意味を表す。転じて、「さわる」意味に用いる。

書き方
㇇ 了 阝 阝 阝 阝 阝 阝 阝 陪 陪 陪 障 障

まっすぐ下につける

使い方
障害・障子・故障・支障・保障・差し障り

蒸

13画

部首 艹（くさかんむり・そうこう）

おん ジョウ
くん （む-す）・（む-れる）・（む-らす）

成り立ち
「艹」（草）と、火気がのぼる意味と音を表す「烝」とで、たき木に用いる草を表し、「むす」意味に用いる。

書き方
一 十 艹 艹 艹 芓 芓 茅 莁 蒸 蒸 蒸 蒸

はらう

わすれずに

使い方
蒸気・蒸発・水蒸気・蒸気船・蒸留水・蒸し暑い

針

10画

部首 釒（かねへん）

おん シン
くん はり

注意点
書くときは、「十」を「寸」「刂」としないように注意する。

書き方
ノ 𠆢 今 今 伞 伞 余 金 金 針

とめる。へとしない

使い方
針路・指針・運針・短針・長針・秒針・方針・針金

仁

4画

部首 亻（にんべん）

おん ジン・（ニ）
くん ——

意味
人と人が親しむ意味から、いつくしみ・人間性の意味を表す。

書き方
ノ 亻 仁 仁

上の横棒より長く

使い方
仁愛・仁義・仁術・仁政・仁王

垂

8画　部首 土（つち）

おん スイ
くん た-れる・た-らす

成り立ち

いねや葉(は)のたれる様子(ようす)

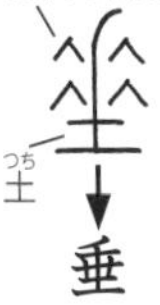

書き方

一 二 三 千 乖 垂 垂 垂（一としない／出(だ)す）

使い方

垂線(すいせん)・垂直(すいちょく)・胃下垂(いかすい)・垂木(たるき)・垂れ幕(たれまく)・雨垂れ(あまだれ)

推

11画　部首 扌（てへん）

おん スイ
くん （お-す）

成り立ち

「扌」(手(て))と、おいやる意味(いみ)と音(おん)を表(あらわ)す「隹」を合(あ)わせた字(じ)。おしやる意味(いみ)から、移(うつ)り変(か)わる、おしはかるという意味(いみ)に用(もち)いる。

書き方

一 十 扌 扌 扌 扌 扌 推 推 推 推（はねる／打(う)ちかたに注意(ちゅうい)）

使い方

推移(すいい)・推挙(すいきょ)・推進(すいしん)・推測(すいそく)・推定(すいてい)・推量(すいりょう)・推理(すいり)・推論(すいろん)・類推(るいすい)

寸

3画　部首 寸（すん）

おん スン
くん ―

成り立ち

手(て)の形(かたち)に印(しるし)をつけた字(じ)で、長(なが)さを示(しめ)す。

書き方

一 寸 寸（はねる）

使い方

寸劇(すんげき)・寸志(すんし)・寸前(すんぜん)・寸評(すんぴょう)・寸法(すんぽう)・一寸法師(いっすんぼうし)

盛

11画　部首 皿（さら）

おん （セイ）・（ジョウ）
くん も-る・（さか-る）・（さか-ん）

意味

うつわにもり上(あ)げた供え物(そなえもの)を表(あらわ)したことから、「もる」「さかん」の意味(いみ)を表(あらわ)す。

書き方

丿 厂 万 成 成 成 成 成 成 盛 盛（上(うえ)にはねる）

使い方

盛装(せいそう)・盛大(せいだい)・全盛(ぜんせい)・山盛り(やまもり)・目盛り(めもり)・盛り上がる(もりあがる)・花盛り(はなざかり)

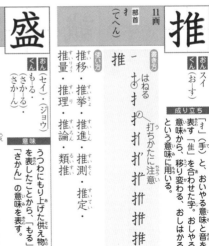

聖

おん セイ
くん ―

成り立ち
「耳」と、まっすぐ通る意味と音を表す「呈」を合わせた字。耳が通って神の声を聞くことのできる人、「聖人」の意味を表す。

13画
部首 耳（みみ）

書き方
一 丅 下 下 耳 耳 耳 耳 耵 耵 聖 聖 聖
長く。壬としない

使い方
聖火・聖歌・聖者・聖書・聖人・聖母・楽聖・神聖

舌

おん （ゼツ）
くん した

成り立ち

口から舌を出した様子からできた字。

6画
部首 舌（した）

書き方
一 二 千 千 舌 舌
千・チとしない

使い方
弁舌・毒舌・舌先・舌打ち・二枚舌・舌足らず

誠

おん セイ
くん （まこと）

注意点
「試」と形が似ているので注意する。右がわの「成」は音の「セイ」を表す。

13画
部首 言（ごんべん）

書き方
点の打ちかたに注意
丶 亠 亠 言 言 言 言 訁 訂 訢 誠 誠 誠
はねる

使い方
誠意・忠誠・誠実・誠心誠意・至誠・誠に

誠

成り立ち
「言」と、一つにまとまるという意味の「成」を合わせた字。ことばが真実である、「まこと」の意味を表す。

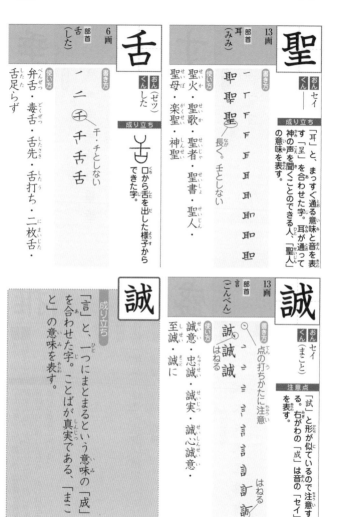

宣

9画

部首 宀（うかんむり）

おん セン
くん ―

注意点
書くときは、「亘」の部分を「且」としないように注意する。

書き方

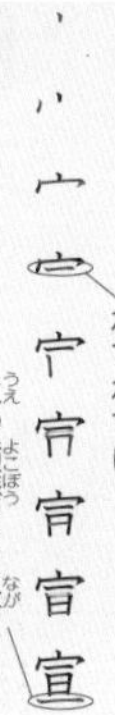

使い方
宣言・宣告・宣伝・宣教師・宣戦布告

泉

9画

部首 水（みず）

おん セン
くん いずみ

成り立ち
岩石の間から水がしたたり落ちる様子

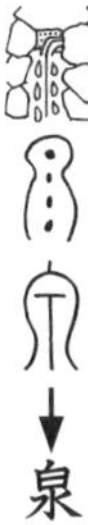

書き方

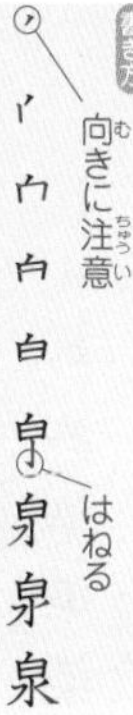

使い方
泉質・温泉・源泉・鉱泉・冷泉・知識の泉

専

9画

部首 寸（すん）

おん セン
くん （もっぱ-ら）

注意点
書くときは、「専」と、右上に「、」をつけないように注意する。

書き方

使い方
専業・専属・専念・専務・専門・専有・専用・専制政治

洗

9画

部首 氵（さんずい）

おん セン
くん あら-う

成り立ち
「氵」（水）と、素足の意味と音を表す「先」を合わせた字。水で足を洗う意味から、「あらう」意味を表す。

書き方

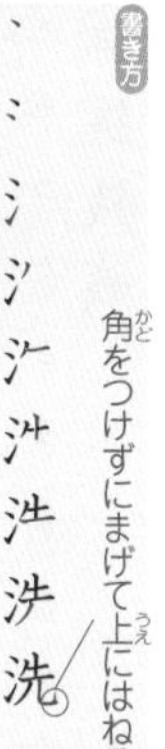

使い方
洗顔・洗たく物・洗礼・洗練・洗面所・水洗・洗い出す

染

9画
部首 木（き）

おん （セン）
くん そ-める・そ-まる・（し-みる）・（し-み）

成り立ち
「木」と、しるがしみ出る意味の「氿」を合わせた字。草木からとる染料の意味から、「そめる」意味に用いる。

書き方
丶 冫 氵 氿 氿 染 染 染 染
（丸ではない）（とめる）

使い方
染色・染料・感染・伝染・染め糸・染め物・すみ染め

善

12画
部首 口（くち）

おん ゼン
くん よ-い

注意点
「善」「良」の使い分けに注意する。
・善…道徳的に正しい。「善い行い」
・良…すぐれている。「品質が良い」

書き方
丶 丷 䒑 兰 兰 羊 羊 羊 善 善 善 善
（書き順に注意）（つき出さない）

使い方
善悪・善意・善行・善人・善良・改善・最善・親善・善後策・善男善女

銭

14画
部首 釒（かねへん）

おん セン
くん （ぜに）

注意点
「浅」と形が似ているので注意する。もともと金属をけずった農具の意味なので、「釒（かねへん）」。

書き方
ノ 人 亼 今 全 余 金 金 金 釒 釒 銭 銭 銭
（とめる。人としない）（はねる）

使い方
銭湯・一銭・悪銭・金銭・古銭・つり銭・小銭入れ

銭

成り立ち
「金」と、うすくけずる意味と音を表す「戔」を合わせた字。金属の「けずって先をうすくしたすき」の意味を表す。すき型の貨へいがあったことから転じて「貨へい」の意味を表す。

奏

9画

部首 大（だい）

おん ソウ
くん （かな-でる）

注意点
「奉」（音読み「ホウ」「ブ」、訓読み「たてまつ-る」）と形が似ているので注意する。

書き方
一 二 三 夫 夫 夫 奏 奏 奏
上の横棒より長く
とめる。天としない

使い方
演奏・演奏会・合奏・前奏・独奏

創

12画

部首 刂（りっとう）

おん ソウ
くん つく-る

注意点
使い方に注意する。
・創造…はじめてつくりだす。
・想像…心の中に思いうかべる。

書き方
ノ 𠆢 今 今 今 倉 倉 倉 倉 倉 創 創
とめる。へとしない
はねる

使い方
創刊・創業・創作・創始・創造・独創・創立者・創意工夫

窓

11画

部首 穴（あなかんむり）

おん ソウ
くん まど

注意点
部首が「穴（あなかんむり）」であることに注意する。

書き方
丶 丷 宀 宀 穴 空 空 空 窓 窓 窓
ハとしない

使い方
学窓・車窓・同窓会・窓口・出窓・天窓・窓ガラス

装

12画

部首 衣（ころも）

おん ソウ・（ショウ）
くん （よそお-う）

成り立ち
「衣」と、しまいこむ意味と音を表す「壮」とで、衣服でつつむ意味を表し、「よそおう」意味に用いる。

書き方
丨 丬 丬 丬 壮 壮 壮 壮 装 装 装 装
土としない
ｊとしない

使い方
装置・装備・装束・衣装・軽装・服装・変装・包装紙・仮装行列

層

14画

部首 尸（しかばね・しかばねかんむり）

おん ソウ
くん ―

成り立ち

「尸」はやね、「曽」は重なる様子。何階にも重なった家を表したことから、かさなる意味を表す。

書き方

軽くはらう　ハとしない

使い方

層雲・階層・客層・断層・地層・読者層・高層建築

蔵

15画

部首 艹（くさかんむり・そうこう）

おん ゾウ
くん （くら）

意味

草でおおいかくす意味から、「かくす」「おさめる」「くら」の意味を表す。

書き方

軽くはらう　わすれずに

使い方

蔵書・収蔵・土蔵・秘蔵・地蔵・貯蔵・冷蔵庫・酒蔵

操

16画

部首 扌（てへん）

おん ソウ
くん （みさお）・（あやつ-る）

成り立ち

「扌」(手)と、たぐる意味と音を表す「喿」を合わせた字。自由に「あやつる」意味を表す。

書き方

はねる

使い方

操業・操作・操縦・操車場・節操・体操・操り人形

臓

19画

部首 月（にくづき）

おん ゾウ
くん ―

注意点

「蔵」と形が似ているので注意する。からだの中におさめられている器官の意味だから、部首は「月（にくづき）」。

書き方

はねる　はねる　わすれずに

使い方

臓器・臓器移植・心臓・内臓・肺臓

存

6画

部首　子（こ）

おん　ソン・ゾン

くん　——

意味

子をいたわり養う意味を表したことから、「たもつ」「ある」意味に用いる。

書き方

一　ナ　…　存（やや出す／はねる）

使い方

存在（そんざい）・存続（そんぞく）・存分（ぞんぶん）・存亡（そんぼう）・存立（そんりつ）・異存（いぞん）・生存（せいぞん）・保存（ほぞん）・存（ぞん）じます

退

9画

部首　辶（しんにょう・しんにゅう）

おん　タイ

くん　しりぞ-く・しりぞ-ける

意味

日がしずむことを表した字で、「しりぞく」意味を表す。

書き方

…　退（とめる）

使い方

退院（たいいん）・退去（たいきょ）・退治（たいじ）・退化（たいか）・退学（たいがく）・退場（たいじょう）・引退（いんたい）・後退（こうたい）・進退（しんたい）・早退（そうたい）・辞退（じたい）

尊

12画

部首　寸（すん）

おん　ソン

くん　たっと-い・とうと-い・たっと-ぶ・とうと-ぶ

成り立ち

両手で酒つぼを神にささげる様子を表した字。

書き方

…　尊　尊（酉・西としない）

使い方

尊敬（そんけい）・尊厳（そんげん）・尊大（そんだい）・尊重（そんちょう）・尊父（そんぷ）・本尊（ほんぞん）

退

成り立ち

「日」（ひ）と、あとずさりで行く意味を表す「夂・辵」を合わせた字。「日がしずむ」意味から、「しりぞく」意味を表す。

宅

6画

部首 宀（うかんむり）

おん タク
くん ―

成り立ち

「宀」（家）と、身をよせる意味と音を表す「乇」を合わせた字。「すまい」の意味を表す。

書き方

一としない
上にはねる

使い方

宅地・帰宅・在宅・自宅・社宅・住宅・別宅・宅配便

宅

成り立ちの補足

「宀」（うかんむり）は、家の屋根の形からできた部首。「宅」のように、屋根や家に関係のある字に使われている。

担

8画

部首 扌（てへん）

おん タン
くん（かつ－ぐ）・（にな－う）

注意点

書くときは、「旦」の部分を「亘」「且」としないように注意する。

書き方

亘・且としない

使い方

担当・担任・加担・負担・分担・担い手

担

成り立ち

もとの字は「擔」で、「扌」（手）と、定まる意味と音を表す「詹」とを合わせた字。「になう」という意味を表す。

探

11画

部首 扌（てへん）

おん タン

くん （さぐ-る）・さが-す

注意点 「深」と形が似ているので注意する。

書き方

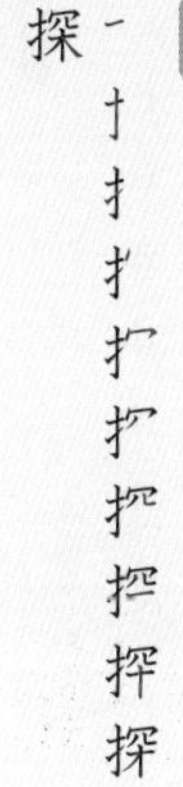

使い方 探究・探検・探訪・探てい・手探り・宝探し・探し・探し物

段

9画

部首 殳（ほこづくり・るまた）

おん ダン

くん ――

注意点 書くときは、「𠂤」の部分の横棒の数に注意する。いちばん下の横棒のみ左がわに出す。

書き方

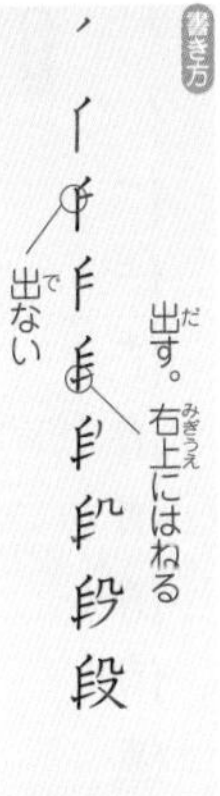

使い方 段階・段落・下段・階段・三段構え・手段・初段・値段

誕

15画

部首 言（ごんべん）

おん タン

くん ――

注意点 書くときは、「延」の部分を「廷」としないように注意する。

書き方

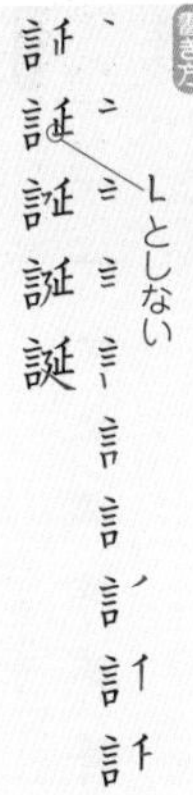

使い方 誕生・誕生日・生誕

暖

13画

部首 日（ひへん・にちへん）

おん ダン

くん あたた-か・あたた-かい・あたた-まる・あたた-める

注意点 送りがなに注意する。
×暖い　暖る　暖ためる
○暖かい　暖まる　暖める

書き方

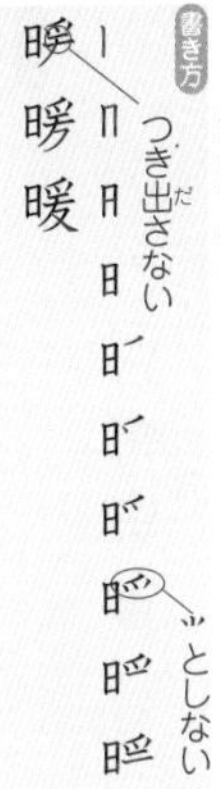

使い方 暖冬・暖色・暖流・温暖・寒暖・寒暖計

値

10画

部首 亻（にんべん）

おん チ
くん ね・（あたい）

意味

おもに、人が出あう、人物が相当する意味を表すことから、相当する「あたい」の意味に用いる。

書き方

ノ　亻　仁　什　什　佶　佶　佶　値　値

（ナとしない）（おさえてから右へ）

使い方

価値・平均値・数値・値段・値上げ・値打ち・値下げ・値引き

宙

8画

部首 宀（うかんむり）

おん チュウ
くん ——

成り立ち

「宀」（やね）と、ゆきわたる意味と音を表す「由」を合わせた字。大空・空間の意味を表す。

書き方

丶　丷　宀　宀　宀　宙　宙　宙

（出す）

使い方

宇宙・宇宙飛行士・宇宙旅行・宙返り・宙づり

忠

8画

部首 心（こころ）

おん チュウ
くん ——

成り立ち

「心」と、中身が満ちている意味と音を表す「中」を合わせた字。心をこめてする、まごころの意味を表す。

書き方

丨　口　口　中　中　忠　忠　忠

（とめる）（はねる）

使い方

忠義・忠犬・忠告・忠実・忠臣・忠誠・不忠

著

11画

部首 艹（くさかんむり・そうこう）

おん チョ
くん （あらわ-す）・（いちじる-しい）

注意点

「箸」（訓読み「はし」）と形が似ているので注意する。

書き方

一　十　艹　艹　芏　芏　芏　著　著　著　著

（つき出す）（目としない）

使い方

著作・著者・著述・著書・著名・共著・名著・編著者

庁

5画

部首 广（まだれ）

おん チョウ
くん ―

注意点

「序」と形が似ているので注意する。

書き方

丶 亠 广 庀 庁

つき出さない
はねる

使い方

庁舎・官庁・県庁・都庁・検察庁・気象庁

腸

13画

部首 月（にくづき）

おん チョウ
くん ―

成り立ち

臓器を表す「月（にくづき）」と、長くのびる意味と音を表す「昜」を合わせた字。「長くのびた臓器」を表す。

書き方

丿 刀 月 月 肌 肥 胆 腭 腭 腭 腸 腸 腸

はねる

使い方

大腸・大腸きん・小腸・直腸・胃腸・十二指腸

頂

11画

部首 頁（おおがい）

おん チョウ
くん いただ-く・いただき

意味

頭のてっぺん、「いただき」の意味を表す。

書き方

一 丁 丁 丁 丌 丌 頂 頂 頂 頂 頂

まっすぐ引いてはねる

使い方

頂角・頂上・頂点・山頂・登頂・人気絶頂

潮

15画

部首 氵（さんずい）

おん チョウ
くん しお

注意点

使い方に注意する。
・潮風　満潮
・塩水　食塩

書き方

丶 氵 氵 汁 汁 沽 沽 浩 淖 淖 淖 潮 潮 潮 潮

はねる

使い方

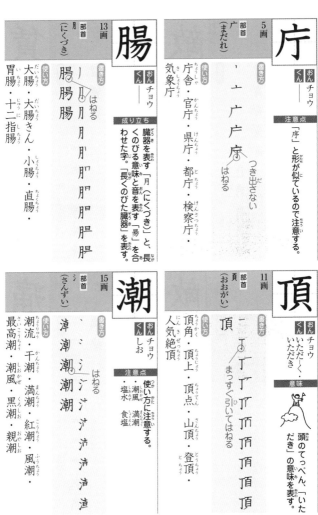

潮流・干潮・満潮・紅潮・風潮・最高潮・潮風・黒潮・親潮

賃

13画

部首 貝（かい）

おん チン
くん ―

成り立ち
お金を表す「貝」と、まかせる意味と音を表す「任」とで、まかせた仕事に対して支はらうお金の意味を表す。

書き方
ノ イ 仁 仟 任 任 侍 賃 賃 賃 賃 賃 賃
（任）壬・王としない

使い方
賃金・賃貸・運賃・家賃・手間賃・船賃・宿賃・電車賃・賃上げ

痛

12画

部首 疒（やまいだれ）

おん ツウ
くん いた-い・いた-む・いた-める

成り立ち
「疒」と、つき通す意味と音を表す「甬」を合わせた字。つき通されるような「いたみ」の意味を表す。

書き方
、 亠 广 广 疒 疒 疔 疔 疔 痛 痛 痛
わすれずに　はねる

使い方
痛快・痛切・痛感・苦痛・激（劇）痛・悲痛・腹痛・痛手・痛ましい

敵

15画

部首 攵（ぼくにょう・のぶん）

おん テキ
くん （かたき）

注意点
部首が「攵（ぼくにょう・のぶん）」であることに注意する。

書き方
、 亠 亠 亠 产 产 产 商 商 商 商 商 啇 敵 敵
（啇）商としない

使い方
敵意・敵軍・敵国・敵対・敵味方・強敵・宿敵・好敵手・敵役

敵

成り立ち
もとの字は「敵」で、「攴」（攵）と、あたる意味と音を表す「啻」とを合わせた字。ぶつかるということから、「かたき」の意味を表す。

展

10画

部首 尸（しかばね・しかばねかんむり）

おん テン
くん ―

注意点
書くときは、「衣」の部分を「衣」としないように注意する。

書き方
衣としない

使い方
展開・展示・展望・展望台・進展・親展・発展・展覧会

討

10画

部首 言（ごんべん）

おん トウ
くん （う-つ）

注意点
書くときは、「寸」の部分を「寸」「才」としないように注意する。

書き方
点の打ちかたに注意
はねる

使い方
討議・討論・討論会・検討・敵討ち・討ち入り

党

10画

部首 ⺌（つ）

おん トウ
くん ―

注意点
書くときは、「⺌」の部分を「⺍」としないように注意する。

書き方
⺍としない
上にはねる

使い方
党員・党首・党派・悪党・結党・残党・政党・徒党・入党・野党

党

成り立ち
もとの字は「黨」。「黒」（黒）と、さえぎる意味と音を表す「尚」とで、さえぎられて明らかでない意味を表す。借りて、「仲間」という意味で用いる。

糖

16画

部首 米（こめへん）

おん トウ

くん ——

成り立ち

「米」と、のびる意味と音を表す「唐」を合わせた字。あめの意味。転じて、あまい味、さとうの意味に用いる。

書き方

点の打ちかたに注意。ハとしない

出さない

使い方

糖分・果糖・砂糖・麦芽糖・ぶどう糖・製糖工場

届

8画

部首 尸（しかばね・しかばねかんむり）

おん ——

くん とど-ける・とど-く

注意点

読みに注意する。「届」には、「とど-ける」「とど-く」という訓読みしかない。

書き方

はらう

つき出す

使い方

届け先・届け出・無届け・欠席届け

難

18画

部首 隹（ふるとり）

おん ナン

くん （かた-い）・むずか-しい

注意点

送りがなに注意する。

×難ずかしい・難かしい・難い

○難しい

書き方

廿としない

書き順に注意

使い方

難易・難病・難民・難関・難問・苦難・非難・困難・災難・有り難い

乳

8画

部首 乚（つりばり）

おん ニュウ

くん ちち・（ち）

注意点

書くときは、「子」の部分を「子」としないように注意する。

書き方

一としない。右上の方向に

上にはねる

使い方

乳牛・乳歯・乳児・乳製品・乳液・乳白色・牛乳・母乳・*乳母

認

14画
部首 言（ごんべん）

おん （ニン）
くん みと-める

成り立ち
「言」と、まかせる意味と音を表す「忍」とで、相手の言い分にまかせ「みとめる」という意味を表す。

書き方
丶 亠 亖 言 言 言 言 訁 訒 訒 認 認 認 認
わすれずに。 刀ではない

使い方
認可・認識・確認・承認・否認・認め印

納

10画
部首 糸（いとへん）

おん ノウ・（ナッ）・（ナ）・（ナン）・（トウ）
くん おさ-める・おさ-まる

意味
糸や織物をおさめいれる意味から、「いれる」「おさめる」意味を表す。

書き方
〈 幺 幺 糸 糸 糸 糹 納 納 納
とめる。 人としない

使い方
納税・納豆・納入・納品・収納・納得・出納・料金別納・聞き納め

脳

11画
部首 月（にくづき）

おん ノウ
くん ―

注意点
「悩」（音読み「ノウ」、訓読み「なや-む」「なや-ます」）と形が似ているので注意する。

書き方
丿 刀 月 月 月 月' 月ツ 月ツ 脳 脳 脳
⺍としない

使い方
脳卒中・脳天・脳波・首脳・頭脳・大脳・小脳

派

9画
部首 氵（さんずい）

おん ハ
くん ―

成り立ち

↓ 派

書き方

丶 冫 氵 汀 汇 沠 泒 派 派
イとしない
はらう

使い方

派生・派兵・派手・派出所・一派・学派・党派・流派・分派・特派員

背

9画
部首 月（にくづき）

おん ハイ
くん せ・せい・（そむ-く）・（そむ-ける）

成り立ち

人が背中あわせに立つ形

↓ 背

書き方

一 ㇐
とししない
はねる

使い方

背泳・背筋力・背景・背後・背広・背筋・背中・背負う・上背・背比べ

拝

8画
部首 扌（てへん）

おん ハイ
くん おが-む

意味

供え物をささげて神を「おがむ」意味を表した字で、おじぎをするという意味を表す。

書き方

一 十 才 扌 扌 扌 扌 拝
線の長さと数に注意する
つき出さない

使い方

拝見・拝借・拝読・拝礼・参拝・礼拝・拝みたおす

肺

9画
部首 月（にくづき）

おん ハイ
くん ―

注意点

書くときは、「亠」を「亡」「亡」としないように注意する。

書き方

丿 月 月 月 月 肝 肸 肺 肺
はねる

使い方

肺えん・肺臓・肺病・肺活量・人工心肺・片肺飛行

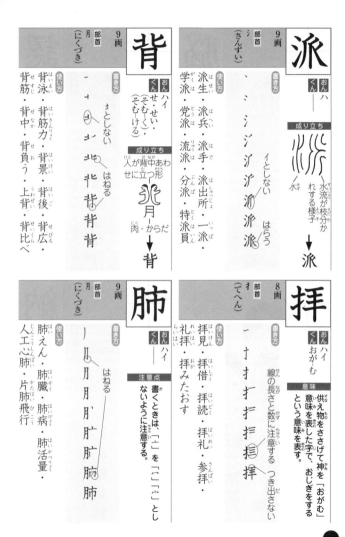

俳

10画

部首 亻（にんべん）

おん ハイ
くん ―

注意点
形の似ている「拝」に注意する。
・俳優　俳句
・拝見　拝む

書き方
ノ　亻　亻　付　付　侍　併　俳　俳　俳
（やや右上に）

使い方
俳句・俳号・俳人・俳優・俳画・俳文・俳聖

班

10画

部首 王（たまへん・おうへん）

おん ハン
くん ―

成り立ち
もとの字は「班」。「刀」（刂）は変化した形）を入れて玉を二つに分けた様子から、玉を分ける意味を表し、「わける」意味に用いる。

書き方
一　丁　干　王　王　玎　玑　玒　班　班
（右上の方向に）（、としない）

使い方
第一班・班長・救護班・研究班・作業班・通信班

晩

12画

部首 日（ひへん・にちへん）

おん バン
くん ―

成り立ち
「日」と、かくれる意味と音を表す「免」を合わせた字。日がかくれる意味から、「おそい」意味を表す。

書き方
丨　П　月　日　日′　日ｸ　日ｸ　晗　晗　晗　晩　晩
（⺈としない）

使い方
晩春・晩秋・晩年・晩飯・今晩・早晩・朝晩・昨晩・一晩・毎晩

否

7画

部首 口（くち）

おん ヒ
くん （いな）

成り立ち
「口」と、打ち消しの語で音を表す「不」とで、口ではっきり打ち消す、否定する意味を表す。

書き方
一　ア　不　不　不　否　否
（はねない）（とめる）

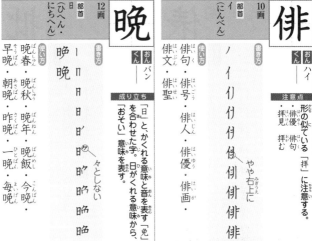

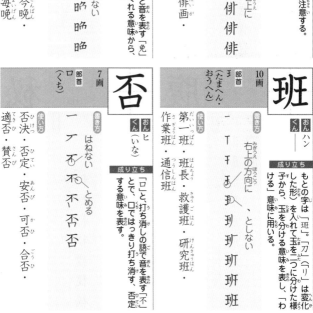

使い方
否決・否定・安否・可否・合否・適否・賛否

批

7画

部首 扌（てへん）

おん ヒ

くん ―

注意点

「批」「比」の意味(いみ)のちがいに注意(ちゅうい)する。
・批…よい悪(わる)いをきめる意味(いみ)。
・比…ならべる、くらべる意味(いみ)。

書き方

一 十 扌 扌 扌 扌 批

（はねる）（七・ヒとしない）（はねる）

使い方

批正(ひせい)・批判(ひはん)・批評(ひひょう)・批評家(ひひょうか)

俵

10画

部首 亻（にんべん）

おん ヒョウ

くん たわら

成り立ち

「人」と、音(おん)を表(あらわ)す「表」を合(あ)わせた字(じ)。

書き方

ノ 亻 仁 什 仹 佳 俵 俵 俵 俵

（はらう）

使い方

米一俵(こめいっぴょう)・土俵(どひょう)・俵型(たわらがた)・米俵(こめだわら)・炭俵(すみだわら)

秘

10画

部首 禾（のぎへん）

おん ヒ

くん （ひ-める）

注意点

「必」の部分(ぶぶん)の書き順(じゅん)に注意(ちゅうい)する。
「丶」→「ソ」→「义」→「必」→「必」

書き方

一 二 千 千 禾 禾 利 秘 秘 秘

（とめる）

使い方

秘境(ひきょう)・秘策(ひさく)・秘書(ひしょ)・秘蔵(ひぞう)・秘伝(ひでん)・秘宝(ひほう)・秘密(ひみつ)・極秘(ごくひ)・神秘(しんぴ)・秘め事(ひめごと)

腹

13画

部首 月（にくづき）

おん フク

くん はら

成り立ち

「月」（肉(にく)）と、おおう意味(いみ)と音(おん)を表(あらわ)す「复」を合(あ)わせた字(じ)。臓器(ぞうき)をおおい包(つつ)むところという意味(いみ)を表(あらわ)す。

書き方

丿 月 月 月 月 肝 肟 胙 胙 腹 腹 腹 腹

（はねる）（目としない）

使い方

腹案(ふくあん)・腹痛(ふくつう)・腹部(ふくぶ)・腹筋(ふっきん)・空腹(くうふく)・山腹(さんぷく)・中腹(ちゅうふく)・腹黒(はらぐろ)い・片腹痛(かたはらいた)い

奮

16画

部首 大（だいかんむり・だいがしら）

おん フン
くん ふる-う

意味
鳥が田から飛びたつ意味から、「ふるう」意味を表す。

書き方
一 ナ 大 … 奮
ややひらべったく

使い方
奮起・奮戦・奮発・興奮・発奮・奮い立つ

陛

10画

部首 阝（こざとへん）

おん ヘイ
くん ——

注意点
書くときは、「坒」の「十」の部分を「王」としないように注意する。

書き方
フ 阝 … 陛
七・ヒとしない
上の横棒より長く

使い方
天皇陛下・皇后陛下

並

8画

部首 丷（そいち）

おん （ヘイ）
くん なみ・なら-べる・なら-ぶ・なら-びに

成り立ち

人が立った様子を二つならべて、ならんで立つ意味を表す。

書き方
丶 丷 … 並
上の横棒より長く

使い方
並行・並列・並木・並製・歯並び・並びない・家並み・山並み

閉

11画

部首 門（もんがまえ・かどがまえ）

おん ヘイ

くん と-じる・（と-ざす）・し-める・し-まる

成り立ち

「門」と「才」（川をせきとめる木材）とで、木材で門をとざす意味を表し、「とじる」意味に用いる。

書き方

丨 𠃌 𠃍 门 門 門 門 門 門 閉 閉

閉 やや出す　はねる　はねる

使い方

閉館・閉会・閉口・閉店・閉幕・閉門・開閉

補

12画

部首 ネ（ころもへん）

おん ホ

くん おぎな-う

成り立ち

「衣」と、しきあてる意味と音を表す「甫」とで、やぶれた所に布をあててつくろう意味を表す。

書き方

点の打ちかたに注意

丶 ラ ネ ネ ネ ネ 衤 衤 衤 衤 補 補

とめる。　ネとしない

使い方

補給・補欠・補習・補助・補足・補導・候補

片

4画

部首 片（かた）

おん （ヘン）

くん かた

成り立ち

木を二つ割りにした右半分の形から、「かた」の意味を表した字。

書き方

ノ 丿 片 片

出す　はねない

使い方

紙片・断片・破片・片一方・片仮名・片側・片手間・片道・片面・片方

暮

14画

部首 日（ひ）

おん （ボ）

くん く-れる・く-らす

注意点

送りがなに注意する。

×暮る　暮す

○暮れる　暮らす

書き方

一 十 廾 廾 廾 艹 苩 苩 莫 莫 莫 莫 暮 暮

はらう

使い方

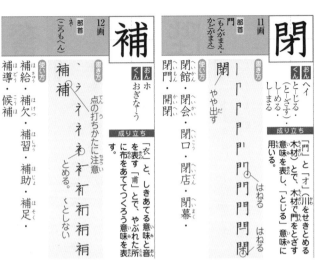

暮春・暮色・暮景・暮らし・明け暮れ・日暮れ・夕暮れ

宝

8画

部首 宀（うかんむり）

おん ホウ

くん たから

意味

家に財宝などを大切に保存しておくことを表した字で、「たから」の意味を表す。

書き方

点の位置に注意

使い方

宝玉・宝庫・宝石・家宝・国宝・財宝・宝船・宝物・子宝・宝探し

亡

3画

部首 亠（なべぶた・けいさんかんむり）

おん ボウ・（モウ）

くん （な-い）

注意点

書くときは、一画目を下に向けて引くこと。「亡」としないように注意する。

書き方

とめる

角をつけない

使い方

亡命・死亡・興亡・存亡・亡者・亡き人

訪

11画

部首 言（ごんべん）

おん ホウ

くん （おとず-れる）・たず-ねる

成り立ち

「言」と、広い意味と音を表す「方」を合わせた字。広く人に「たずねる」意味を表す。

書き方

まっすぐ下につける

使い方

訪問・家庭訪問・探訪・来訪・歴訪・春の訪れ

亡

成り立ち

もとの字は「亾」。人がものかげ（「乚」）にかくれる様子から、にげかくれる意味を表す。「うしなう」「ほろびる」「なくなる」意味に用いる。

忘

おん （ボウ）
くん わす-れる

7画
部首 心（こころ）

成り立ち
「亡」なくなる意味と音を表す ＋ 心 ＝ 忘
心からなくなってしまう、「わすれる」

書き方
（はねる）（まげてとめる）

使い方
忘恩・忘年会・備忘録・忘れ物・度忘れ・忘れっぽい・言い忘れる

枚

おん マイ
くん ―

8画
部首 木（きへん）

成り立ち
「木」と、打つ意味と音を表す「攴」を合わせた字。木のむちを表したが、物を数える言葉に用いる。

書き方
（とめる）

使い方
枚数・一枚・大枚・二枚舌・枚挙にいとまがない

棒

おん ボウ
くん ―

12画
部首 木（きへん）

成り立ち
「木」と、打つ意味と音を表す「奉」を合わせた字。物をたたくための木の意味を表す。

書き方
（上の横棒より長く）

使い方
相棒・鉄棒・金棒・用心棒・平行棒・棒暗記・棒線・棒立ち・棒読み・棒切れ

幕

おん マク・バク
くん ―

13画
部首 巾（はば）

成り立ち
ひぐれ・ない意味と音を表す「莫」に「巾」（きれ）を加えて、物にかけて見えなくするおおいの布、「まく」の意味を表す。

書き方
（はねる）（出す）

使い方
幕内・幕下・暗幕・閉幕・開幕・幕府・幕末・討幕

密

11画

部首 宀（うかんむり）

おん ミツ
くん ―

意味
木のしげった山のおく深いところを表した字で、すきまがない意味に用いる。

書き方
密（はねる）

使い方
密室・密接・密度・密着・密談・密輸・厳密・親密・精密・秘密

模

14画

部首 木（きへん）

おん モ・ボ
くん ―

意味
同じ形のものをつくるための木型の意味から、まねる、手本の意味を表す。

書き方
模（目としない）

使い方
模型・模写・模造品・模造紙・模様・規模

盟

13画

部首 皿（さら）

おん メイ
くん ―

注意点
書くときは、「皿」の部分を「血」としないように注意する。

書き方
盟（出す。血・皿としない）

使い方
盟約・盟友・加盟・同盟・連盟

訳

11画

部首 言（ごんべん）

おん ヤク
くん わけ

意味
ある国のことばを他の国のことばにかえる意味を表す。

書き方
訳（点の打ちかたに注意）

使い方
訳者・英訳・通訳・点訳・名訳・直訳・訳語・訳文・言い訳

郵

11画
部首 阝(おおざと)

おん ユウ
くん ―

注意点
書くときは、「阝」の部分を「卩」としないように注意する。

書き方
右上にはねる
郵 卩としない

使い方
郵券(ゆうけん)・郵送(ゆうそう)・郵政(ゆうせい)・郵便(ゆうびん)・郵便局(ゆうびんきょく)・郵便切手(ゆうびんきって)

優

17画
部首 亻(にんべん)

おん ユウ
くん (やさ-しい)・(すぐ-れる)

注意点
書くときは、「亘」の部分を、「亘」、「亘」としないように注意する。

書き方
亻 仁 仃 伒 佰 佰 優
百としない

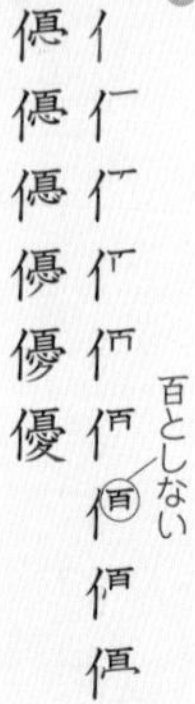

使い方
優位(ゆうい)・優勢(ゆうせい)・優美(ゆうび)・優勝(ゆうしょう)・優待券(ゆうたいけん)・優先順位(ゆうせんじゅんい)・俳優(はいゆう)

預

13画
部首 頁(おおがい)

おん ヨ
くん あず-ける・あず-かる

注意点
形が似ている「領」に注意する。「ヨ」という音読みがあるので、左の部分は「予」。

書き方
マ 予 預

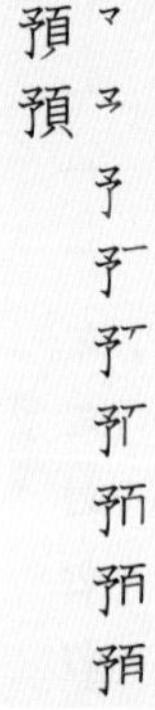

使い方
預金(よきん)・預金通帳(よきんつうちょう)・預貯金(よちょきん)・預言(よげん)・お預け(おあずけ)

幼

5画
部首 幺(よう・いとがしら)

おん ヨウ
くん おさな-い

成り立ち
ちいさい意味と音を表す
幺＋力＝幼
力が弱い→おさない

書き方
く 幺 幺 幻 幼
はねる

使い方
幼少(ようしょう)・幼虫(ようちゅう)・幼児(ようじ)・幼女(ようじょ)・幼年時代(ようねんじだい)・幼子(おさなご)・幼心(おさなごころ)・幼なじみ(おさななじみ)

欲

11画

部首　欠（あくび・けんづくり）

おん　ヨク

くん　（ほっ-する）・（ほ-しい）

注意点

「浴」と形が似ているので注意する。

・欲望　食欲

・浴室　入浴

書き方

ノ　ハ　ク　グ　谷　谷　谷　谷　谷　欲

（とめる。へとしない）

欲

使い方

欲望・欲求・意欲・食欲・無欲・欲張る・私利私欲・欲しがる

欲

成り立ち

口をあけた意味の「欠」と、中がからという意味と音を表す「谷」を合わせた字。空腹を満たそうとする意味を表し、「ほっする」、欲望の意味に用いる。

翌

11画

部首　羽（はね）

おん　ヨク

くん　——

注意点

「習」と形が似ているので注意する。

書き方

𠃌　𠃌　习　习　羽　羽　羽　翌　翌　翌　翌

（はねる）

翌

使い方

翌日・翌週・翌春・翌朝・翌年・翌晩・翌々日

乱

7画

部首　乚（つりばり）

おん　ラン

くん　みだ-れる・みだ-す

注意点

「乳」と形が似ているので注意する。

書き方

ノ　二　千　千　舌　舌　乱

（ナとしない）（上にはねる）

使い方

乱雑・乱戦・乱暴・乱立・乱読・混乱・反乱・一心不乱・乱れ雲

卵

7画

部首 卩（ふしづくり）

おん （ラン）
くん たまご

成り立ち

虫や魚のたまごの形

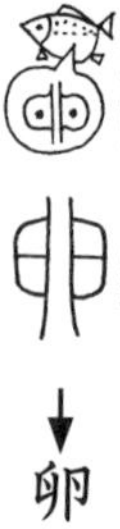

書き方

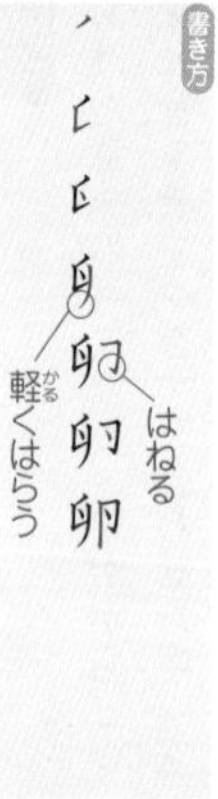

使い方

卵黄・卵白・産卵・卵焼き・生卵・半熟卵

裏

13画

部首 衣（ころも）

おん （リ）
くん うら

成り立ち

「衣」と、音を表す「里」とで、衣のうら地、「うら」を表す。

書き方

使い方

表裏・脳裏・裏表・裏側・裏口・裏地・裏声・裏通り・裏切る

覧

17画

部首 見（みる）

おん ラン
くん ―

注意点

書くときは、「臣」の部分を「巨」と、「見」の部分を「貝」としないように注意する。

書き方

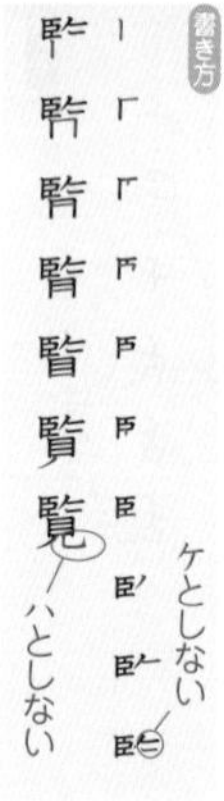

使い方

一覧・一覧表・回覧・観覧車・展覧会・博覧会・遊覧船

律

9画

部首 彳（ぎょうにんべん）

おん リツ・（リチ）
くん ―

注意点

書くときは、「彳」の部分を「イ」としないように注意する。また、横棒の数と、つき出るところに注意する。

書き方

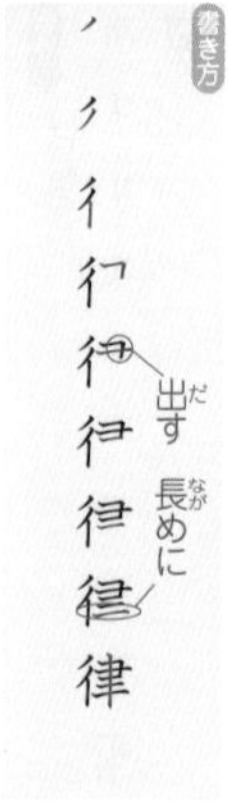

使い方

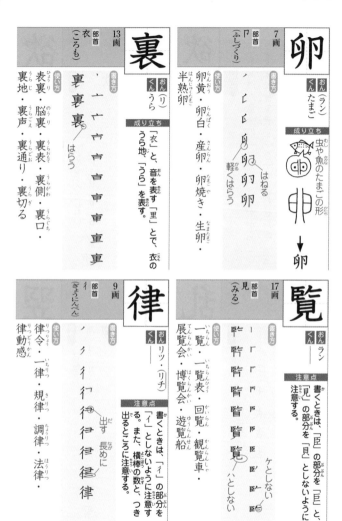

律令・一律・規律・調律・法律・律動感

臨

18画
部首 臣（しん）

おん リン
くん （のぞ-む）

注意点
書くときは、「臣」の部分を「巨」としないように注意する。

書き方
書き順に注意
巨としない
臨

使い方
臨海・臨時・臨時停車・臨終・君臨・臨機応変

朗

10画
部首 月（つき）

おん ロウ
くん （ほが-らか）

注意点
部首が「月（つき）」であることに注意する。月の光があきらかという意味なので、部首は「月」（つき）。

書き方
まっすぐ下につける
とめる。くとしない
朗

使い方
朗唱・朗読・朗報・朗々・明朗

論

15画
部首 言（ごんべん）

おん ロン
くん ―

成り立ち
「言」と、順序だてる意味と音を表す「侖」とで、すじみちを立てて述べる意味を表す。

書き方
はねる
つき出さない
論

使い方
論争・論文・論理・議論・結論・口論・持論・正論・反論・討論

部首のなまえ

部首は、辞書によって名前がちがっている場合があります。

かたち	なまえ	例
一	いち	七・上
丨	たてぼう・ぼう	中
丶	てん	丸・主
丿	の	久・乗
乙（乚）	おつ・おつにょう（つりばり）	九・乱
亅	はねぼう	事
二	に	二・五
亠	なべぶた・けいさんかんむり	亡・交
人（亻・𠆢）	ひと（にんべん・ひとがしら）	他・今
儿	にんにょう・ひとあし	元・光
入	いる・いりがしら・いりやね	入
八	はち・はちがしら	公・典
冂	けいがまえ・まきがまえ	円・再
冖	わかんむり	写
冫	にすい	冷・冬

かたち	なまえ	例
几	つくえ・きにょう	処
凵	かんにょう・うけばこ	出・画
刀（刂）	かたな（りっとう）	分・列
力	ちから	加・努
勹	つつみがまえ	包
匕	ひ	北
匚	はこがまえ	区・医
十	じゅう	千・半
卩（㔾）	ふしづくり	印・危
厂	がんだれ	厚・原
厶	む	去・参
又	また	友・収
⺈	く	争
口（口）	くち（くちへん）	右・呼
囗	くにがまえ	回・国
土（土）	つち（つちへん・どへん）	圧・地

かたち	なまえ	例
士（士）	さむらい（さむらいかんむり）	声 売
夂	すいにょう	変 夏
夕	ゆう・ゆうべ	外 夜
大（大）	だい（だいかんむり・だいがしら）	天 奮
女（女）	おんな（おんなへん）	委 始
子（子）	こ（こへん）	学 孫
宀	うかんむり	守 家
寸	すん	寺 将
小	ちいさい	小 少
尢	だいのまげあし	就
尸	しかばね・しかばねかんむり	局 展
山	やま・やまへん	岩 島
川	かわ	川 州
工	こう・たくみへん	左 差
己	おのれ・き・こ	己 巻
巾（巾）	はば（はばへん・きんべん）	市 希
干	かん・いちじゅう	平 年
幺	よう・いとがしら	幼
广	まだれ	広 座

かたち	なまえ	例
廴	えんにょう・いんにょう	延 建
廾	きょう・こまぬき	弁
弋	よく・しきがまえ・いぐるみ	式
弓（弓）	ゆみ（ゆみへん）	弟 強
彡	さんづくり・けかざり	形
彳	ぎょうにんべん	後 得
业	そいち	並
⺍（⺍）	つ	単 当
艹	くさかんむり・そうこう	花 茶
辶	しんにょう・しんにゅう	返 遠
阝	(左)こざとへん	限 陽
阝	(右)おおざと	部 郷
耂	おいかんむり	考 者
心（忄）	こころ（りっしんべん）	必 情
戈	ほこ・ほこづくり	成 戦
戸	と・とだれ	戸 所
手（扌）	て（てへん）	才 探
支	しにょう・えだにょう	支
攵	ぼくにょう・のぶん	改 故

かたち	なまえ	例
文	ぶん	文
斗	と・とます	料
斤	おの・おのづくり	断 新
方（方）	ほう（ほうへん・かたへん）	旅 族
日（日）	ひ（ひへん・にちへん）	早 暗
曰	いわく・ひらび	曲 書
月（月）	つき（つきへん）	有 服
木（木）	き（きへん）	本 板
欠	あくび・けんづくり	次 歌
止	とめる・とめへん	正 歩
歹	がつへん・かばねへん	死 残
殳	ほこづくり・るまた	段 殺
犬	いぬ	状
犭	けものへん	独
比	ならびひ・くらべる	比
毛	け	毛
氏	うじ	氏 民
气	きがまえ	気

かたち	なまえ	例
水（氵・氺）	みず（さんずい・したみず）	永 決
火（火）	ひ（ひへん）	灯 燃
灬	れっか・れんが	点 照
父	ちち	父
片（片）	かた（かたへん）	片 版
牛（牛）	うし（うしへん）	物 特
母（母）	なかれ（はは）	毎 毒
玄	げん	率
玉（王）	たま（たまへん・おうへん）	王 現
生	うまれる	生 産
用	もちいる	用
田（田）	た（たへん）	由 略
疋	ひき	疑
疒	やまいだれ	病 痛
癶	はつがしら	発 登
白	しろ	百 的
皮	けがわ・ひのかわ	皮
皿	さら	益 盟

かたち	なまえ	例(れい)
目（目）	め（めへん）	県 眼
矢（矢）	や（やへん）	知 短
石（石）	いし（いしへん）	砂 確
示（ネ）	しめす（しめすへん）	祭 神
禾（禾）	のぎ（のぎへん）	秋 穀
穴（穴）	あな（あなかんむり）	空 窓
立	たつ・たつへん	章 競
罒	あみがしら・あみめ	置 罪
竹（⺮）	たけ（たけかんむり）	笑 算
米（米）	こめ（こめへん）	粉 精
糸（糸）	いと（いとへん）	系 紙
羊（⺶・⺷）	ひつじ（ひつじへん）	美 群
羽	はね	習 翌
耒	すきへん・らいすき	耕
耳（耳）	みみ（みみへん）	聖 職
肉（月）	にく（にくづき）	育 腹
西（覀）	にし（おおいかんむり・かなめがしら）	西 要
自	みずから	自

かたち	なまえ	例(れい)
至	いたる・いたるへん	至
舌	した・したへん	舌
舟（舟）	ふね（ふねへん）	航 船
良	こん・こんづくり・ねづくり	良
色	いろ	色
虫	むし・むしへん	虫 蚕
血	ち	血 衆
行	ゆきがまえ・ぎょうがまえ	術 衛
衣（衤）	ころも（ころもへん）	表 補
臣	しん	臣 臨
見	みる	覚 親
角（角）	つの（つのへん）	角 解
言（言）	げん（ごんべん）	警 設
谷	たに	谷
豆	まめ・まめへん	豆 豊
豕	いのこ・ぶた・いのこへん	象
貝（貝）	かい（かいへん・こがい）	貨 財
赤	あか	赤
走（走）	はしる（そうにょう）	走 起

かたち	なまえ	例
足(⻊)	あし(あしへん)	足 路
身	み・みへん	身
車(車)	くるま(くるまへん)	軍 軽
辛	しん・からい	辞
辰	しんのたつ	農
酉(酉)	ひよみのとり(とりへん)	酒 配
里(里)	さと(さとへん)	重 野
臼	きょく	興
麦	むぎ・ばくにょう	麦
金(釒)	かね(かねへん)	鉄 鏡
長	ながい	長
門	もん・もんがまえ・かどがまえ	間 開
隹	ふるとり	集 雑
雨(⻗)	あめ(あめかんむり)	雪 電
青	あお	青 静
非	あらず	非
面	めん	面
革	かわへん・つくりがわ	革
音	おと	音

かたち	なまえ	例
頁	おおがい	順 頭
風	かぜ	風
飛	とぶ	飛
食(飠)	しょく(しょくへん)	養 飯
首	くび	首
馬(馬)	うま(うまへん)	駅 験
骨	ほね・ほねへん	骨
高	たかい	高
魚	うお・うおへん	魚
鳥	とり・とりへん	鳥 鳴
黄	き	黄
黒	くろ	黒
歯	は・はへん	歯
鼻	はな・はなへん	鼻

書き順のきまり

正しい字を形よく書くために、正しい書き順を覚えましょう。つぎに示したのは、正しい書き順の大きなきまりです。このきまりを覚えておくと、とても便利です。

①上から下へ書く。

工　一　丅　工

②左から右へ書く。

言　丶　亠　亖　言　言　言　言

州　丶　丿　少　州　州　州

例　丿　亻　仃　㐰　伢　例　例　例

③横の線と縦の線が交わるときは、横の線を先に書く。

十　一　十

共　一　十　卄　廾　共　共

▼ただし、「田」および「田」の変わった形は、縦の線から書く。

田　丨　冂　田　田　田

由　丨　冂　巾　由　由

▼「王」および「王」の変わった形も、縦の線から書く。

王　一　丅　干　王

生　丿　𠂉　牛　牛　生

④中と左右があり、左右が一・二画のときは、中を先に書く。

小　亅　➡　小

赤　土　➡　赤　➡　赤

▼ただし、「火」は左→右→中の順で書く。

火　丶　丷　⺌　火

⑤外側の囲みから書く。

国　冂 ➡ 国 ➡ 国

内　冂 ➡ 内

▼ただし、「区」と「医」はつぎのように書く。

区　一　フ　ヌ　区

医　一　ア　ア　ア　矢　医

⑥左はらい→右はらいの順で書く。

人　ノ ➡ 人

交　六 ➡ 亣 ➡ 交

⑦つきぬける線はさいごに書く。

中　口 ➡ 中

母　⺟ ➡ 母 ➡ 母

▼ただし、「世」はつぎのように書く。

世　一　十　廾　卄　世

⑧横線が長く、左はらいが短い字は、左はらいを先に書く。

右　ノ ➡ ナ ➡ 右

有　ノ ➡ ナ ➡ 有

⑨横線が短く、左はらいが長い字は、横線を先に書く。

左　一 ➡ ナ ➡ 左

友　一 ➡ ナ ➡ 友

⑩にょうのつく字は、にょうを後に書く。

道　首 ➡ 道

建　聿 ➡ 建

▼ただし、「起・勉・処」は、にょうから書く。

起　走 ➡ 起

勉　免 ➡ 勉

処　夂 ➡ 処

おもな同訓異字

あう
- **合** 計算が合う
- **会** 先生に会う

あからむ
- **赤** 顔が赤らむ
- **明** 東の空が明らむ

あける
- **明** 夜が明ける
- **空** 席を空ける
- **開** 窓を開ける

あげる
- **上** 頭を上げる
- **挙** 手を挙げる

あたい
- **価** 価が高い
- **値** xの値を求める

あたたかい
- **暖** 暖かい気候
- **温** 温かい家庭

あつい
- **暑** 暑い夏
- **熱** 熱いスープ

あやまる
- **誤** 運転を誤る
- **謝** すなおに謝る

あらわす
- **表** 喜びを表す
- **現** すがたを現す
- **著** ゲーテの伝記を著す

ある
- **有** 教養が有る
- **在** 日本はアジアに在る

いたむ
- **痛** 体が痛む
- **傷** 道路が傷む

うつ
- **打** くぎを打つ
- **討** あだを討つ

うつす
- **写** ノートに書き写す
- **映** 水面にかげを映す

うむ
- **生** よい結果を生む
- **産** 卵を産む

おこす
- **起** 大事件を起こす
- **興** 会社を興す

おさめる
- **収** 成功を収める
- **治** 国を治める
- **修** 学問を修める
- **納** 給食費を納める

おす
- **押** とびらを押す
- **推** 委員長に推す

おもて
表　裏(うら)と表(おもて)
面　水(みず)の面(おもて)

おる
折　枝(えだ)を折(お)る
織　布(ぬの)を織(お)る

おろす
下　荷物(にもつ)を下(お)ろす
降　役(やく)を降(お)ろす

かえす
返　本(ほん)を返(かえ)す
帰　小鳥(ことり)を巣(す)に帰(かえ)す

かえる
代　命(いのち)には代(か)えられない
変　方針(ほうしん)を変(か)える

かた
形　自由形(じゆうがた)
型　新型(しんがた)のテレビ

きく
利　右手(みぎて)が利(き)く
効　薬(くすり)が効(き)く

さげる
下　頭(あたま)を下(さ)げる
提　かばんを提(さ)げる

さす
指　北(きた)を指(さ)す
差　日(ひ)が差(さ)す

さます
冷　湯(ゆ)を冷(さ)ます
覚　目(め)を覚(さ)ます

そなえる
備　台風(たいふう)に備(そな)える
供　花(はな)を供(そな)える

たつ
断　退路(たいろ)を断(た)つ
絶　命(いのち)を絶(た)つ
裁　布(ぬの)を裁(た)つ

たてる
立　柱(はしら)を立(た)てる
建　家(いえ)を建(た)てる

たま
玉　しゃぼん玉(だま)
球　電球(でんきゅう)の球(たま)

つく
就　職(しょく)に就(つ)く
着　席(せき)に着(つ)く

つぐ
次　富士山(ふじさん)に次(つ)ぐ山(やま)
接　木(き)に竹(たけ)を接(つ)ぐ

つくる
作　文(ぶん)を作(つく)る
造　ビルを造(つく)る

つとめる
努　勉学(べんがく)に努(つと)める
務　議長(ぎちょう)を務(つと)める
勤　会社(かいしゃ)に勤(つと)める

とく
説　理由(りゆう)を説(と)く
解　疑問(ぎもん)を解(と)く

ととのえる
調 費用を**調**える
整 部屋を**整**える

とめる
止 ラジオを**止**める
留 ボタンを**留**める

なおす
治 病気を**治**す
直 誤りを**直**す

ながい
永 **永**い眠りにつく
長 **長**いひも

のぞむ
望 幸福を**望**む
臨 式に**臨**む

のぼる
上 坂を**上**る
登 山に**登**る

はかる
図 解決を**図**る
計 時間を**計**る
測 面積を**測**る
量 目方を**量**る

はじめ・はじめて
初 **初**めての経験
始 **始**めと終わり

はやい
早 時間が**早**い
速 流れが**速**い

ひ
火 **火**が燃える
灯 **灯**がともる

まじる
交 かなが**交**じる
混 雑音が**混**じる

まるい
丸 **丸**い球
円 **円**い窓

まわり
回 ひと**回**りする
周 池の**周**りを歩く

もと
下 法の**下**の平等
元 **元**にもどる
本 **本**をただす
基 資料を**基**にする

やぶれる
破 紙が**破**れる
敗 勝負に**敗**れる

よい
良 品質が**良**い
善 **善**いおこない

わかれる
分 道が**分**かれる
別 友だちと**別**れる

おもな同音異義語

- **以外**　小学生以外
- **意外**　意外に難しい

- **意義**　意義のある仕事
- **異議**　異議なし！

- **意向**　相手の意向を聞く
- **以降**　冬休み以降の予定
- **移行**　データを移行する

- **意志**　自由意志
- **意思**　意思表示

- **異常**　異常な天候
- **異状**　体に異状はない
- **以上**　二人以上六人未満

- **異動**　人事異動
- **移動**　場所を移動する

- **衛生**　衛生に気を配る
- **衛星**　人工衛星

- **会心**　会心の作が完成する
- **改心**　悪者が改心する

- **回送**　回送電車を見送る
- **回想**　昔を回想する
- **改装**　店の改装セール

- **回答**　質問に回答する
- **解答**　クイズの解答

- **街灯**　街灯が明るい
- **街頭**　街頭演説

- **解放**　解放感にひたる
- **開放**　校庭を開放する
- **解法**　足し算の解法

- **過程**　思考過程
- **課程**　教育課程
- **家庭**　家庭科の授業

- **加熱**　加熱処理
- **過熱**　過熱気味の景気

- **慣行**　慣行に従う
- **観光**　観光客でにぎわう
- **刊行**　本を刊行する

- **完勝**　試合に完勝する
- **観賞**　美しい花を観賞する
- **感傷**　感傷にひたる

- **感心**　あまり感心できない
- **関心**　関心がない
- **歓心**　歓心をかう

機会 ちょうどよい機会
機械 工作機械

気管 気管をいためる
器官 消化器官
期間 期間を決める

帰省 いなかに帰省する
規制 交通規制
寄生 虫が寄生する

競争 競争心
競走 百メートル競走

共同 共同生活
協同 協同組合

局限 地域を局限する
極限 極限に達する

減少 体重が減少する
現象 社会現象

検討 代案を検討する
見当 見当がつかない

好意 好意を寄せる
厚意 厚意にあまえる

公演 バレエの東京公演
講演 文化講演会

後記 編集後記
後期 前期・後期

古人 古人の心を知る
個人 個人の自由
故人 故人をしのぶ

最後 最後をかざる
最期 最期をとげる

細心 細心の注意をはらう
最新 最新の話題

私案 私案を提出する
試案 試案を検討する
思案 思案に暮れる

時期 花のさく時期
時機 時機をうかがう

志向 ふるさと志向
思考 思考をめぐらす
試行 新しいわざを試行する

支持 あの人を支持する
指示 先生が指示する
師事 父は祖父に師事する

実体 実体がない
実態 実態調査

事典 百科事典
辞典 国語辞典

週刊（しゅうかん）　週刊誌を読む
週間（しゅうかん）　一週間は長い
習慣（しゅうかん）　習慣を守る

収拾（しゅうしゅう）　事態を収拾する
収集（しゅうしゅう）　資料を収集する

周知（しゅうち）　周知の事実
衆知（しゅうち）　衆知を集める

習性（しゅうせい）　ねこの習性
修正（しゅうせい）　誤りを修正する

修行（しゅぎょう）　諸国を修行する
修業（しゅぎょう）　語学を修業する

受検（じゅけん）　身体検査の受検
受験（じゅけん）　入学試験の受験

傷害（しょうがい）　傷害を加える
障害（しょうがい）　障害をのりこえる

小数（しょうすう）　小数点
少数（しょうすう）　少数意見

照明（しょうめい）　照明器具
証明（しょうめい）　身分証明

所用（しょよう）　所用で外出する
所要（しょよう）　所要時間

人口（じんこう）　人口が増加する
人工（じんこう）　人工知能

身長（しんちょう）　身長がのびる
新調（しんちょう）　ドレスを新調する

進路（しんろ）　将来の進路を考える
針路（しんろ）　北西に針路をとる

制作（せいさく）　絵の制作
製作（せいさく）　器具の製作
政策（せいさく）　政策を考える

清算（せいさん）　過去を清算する
精算（せいさん）　運賃を精算する

正装（せいそう）　正装で出席する
盛装（せいそう）　盛装の婦人

生長（せいちょう）　植物が生長する
成長（せいちょう）　子供が成長する

正当（せいとう）　正当な理由
正統（せいとう）　正統派

青年（せいねん）　活発な青年
成年（せいねん）　成年に達する

絶体（ぜったい）　絶体絶命
絶対（ぜったい）　絶対安静

選考（せんこう）　書類選考
先行（せんこう）　時代に先行する

創造　神が天地を創造した
想像　想像を絶する世界

対照　二つを対照させる
対象　小学生を対象にする

大勢　世界の大勢
態勢　態勢をととのえる
体制　経営の体制
体勢　体勢がくずれる

追求　幸福を追求する
追究　真理を追究する

適正　適正価格
適性　適性検査

展開　好ゲームを展開する
転回　空中転回

同士　他人同士
同志　同志をつのる

特異　特異な才能
得意　得意科目

発行　本を発行する
発効　条約が発効する

反面　反面教師
半面　半面の真理

必死　必死にがんばる
必至　解散は必至だ

不孝　親不孝
不幸　不幸な一生

平行　平行線を引く
並行　並行して行う

保険　生命保険
保健　保健所

保証　保証つきの品物
保障　生活を保障する

無情　無情なあつかい
無常　諸行無常

名案　名案がうかぶ
明暗　明暗が分かれる

野生　野生の動物
野性　野性的な人

用意　道具を用意する
容易　容易にできる

用紙　コピー用紙を買う
養子　養子をむかえる
容姿　整った容姿

両親　両親を大切にする
良心　良心にうったえる

特別な読み方

「常用漢字表　付表」から、小学校で習う漢字を用いたことばを選んでのせました。
（赤字は小学校で習うことばです。）

あす	明日
あずき	小豆
あま	海女・海士
いくじ	意気地
いなか	田舎
うなばら	海原
うば	乳母
えがお	笑顔
おとな	大人
おみき	お神酒
おもや	母屋・母家
かあさん	母さん
かぐら	神楽
かし	河岸
かな	仮名
かわら	河原・川原
きのう	昨日
きょう	今日
くだもの	果物
けさ	今朝
けしき	景色
ここち	心地
こじ	居士
ことし	今年
ざこ	雑魚
さしつかえる	差し支える
さつき	五月
さみだれ	五月雨
しぐれ	時雨
しない	竹刀
しみず	清水
しゃみせん	三味線
じゃり	砂利
じょうず	上手
しろうと	素人
しわす	師走
※「しはす」ともいう。	
すきや	数寄屋・数奇屋
だし	山車
たち	太刀
たちのく	立ち退く
たなばた	七夕

ついたち　一日
つきやま　築山
つゆ　梅雨
てつだう　手伝う
てんません　伝馬船
とうさん　父さん
とえはたえ　十重二十重
どきょう　読経
とけい　時計
ともだち　友達
なこうど　仲人
なごり　名残
にいさん　兄さん
ねえさん　姉さん
のら　野良

のりと　祝詞
はかせ　博士
はたち　二十・二十歳
はつか　二十日
はとば　波止場
ひとり　一人
ひより　日和
ふたり　二人
ふつか　二日
へた　下手
へや　部屋
まいご　迷子
まじめ　真面目
まっか　真っ赤
まっさお　真っ青

みやげ　土産
むすこ　息子
めがね　眼鏡
もみじ　紅葉
もめん　木綿
もより　最寄り
やおちょう　八百長
やおや　八百屋
やまと　大和
(大和絵など)
ゆかた　浴衣
ゆくえ　行方
よせ　寄席
わこうど　若人

日本地図・都道府県名

＊は都道府県名の一部としての読みを習う漢字です。

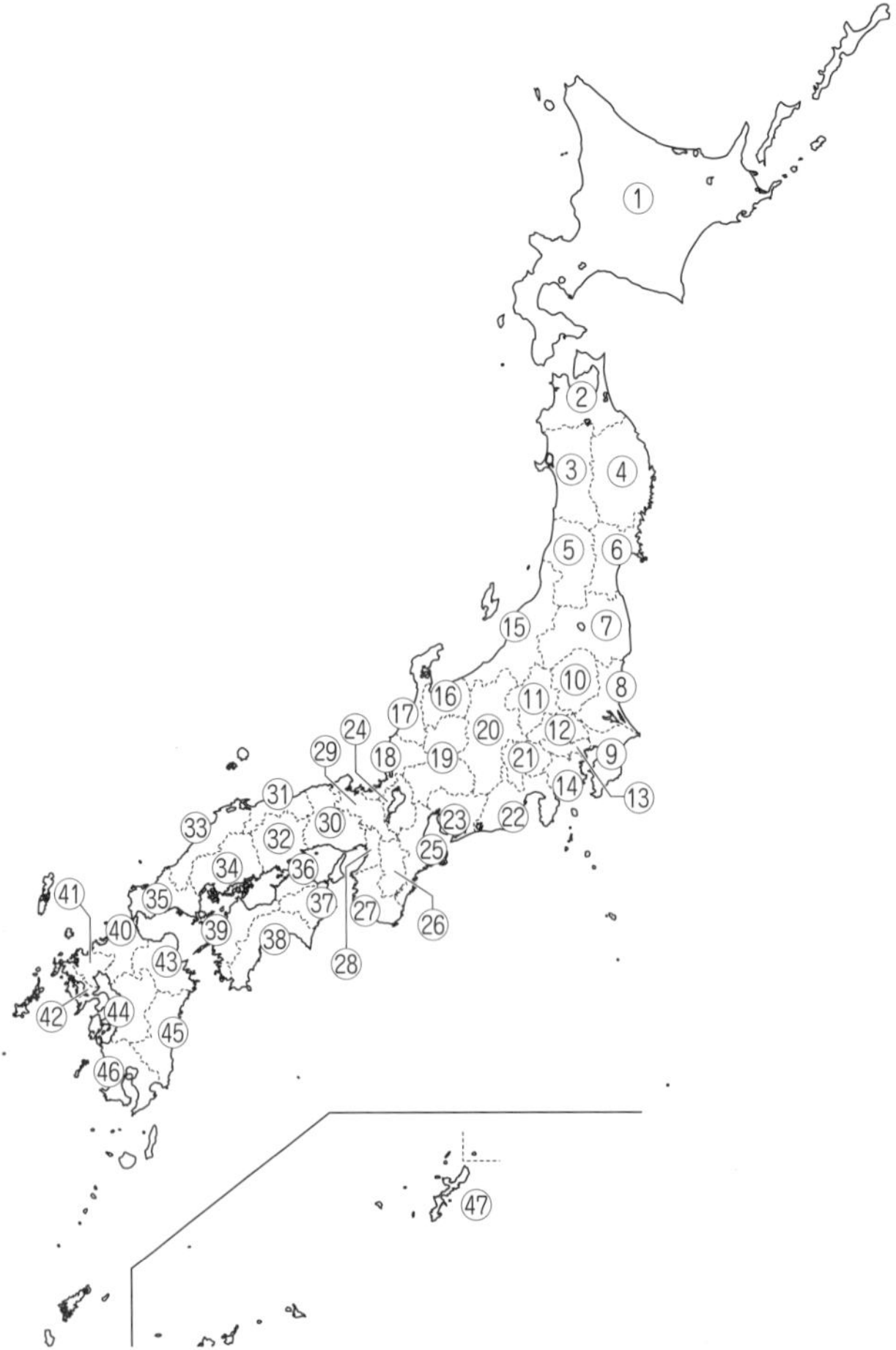

①北海道（ほっかいどう）
②青森県（あおもりけん）
③秋田県（あきたけん）
④岩手県（いわてけん）
⑤山形県（やまがたけん）
⑥*宮城県（みやぎけん）
⑦福島県（ふくしまけん）
⑧*茨城県（いばらきけん）
⑨千葉県（ちばけん）
⑩栃木県（とちぎけん）
⑪群馬県（ぐんまけん）
⑫埼玉県（さいたまけん）

⑬東京都（とうきょうと）
⑭*神奈川県（かながわけん）
⑮新潟県（にいがたけん）
⑯*富山県（とやまけん）
⑰石川県（いしかわけん）
⑱福井県（ふくいけん）
⑲*岐阜県（ぎふけん）
⑳長野県（ながのけん）
㉑山梨県（やまなしけん）
㉒静岡県（しずおかけん）
㉓愛知県（あいちけん）
㉔*滋賀県（しがけん）

㉕三重県（みえけん）
㉖*奈良県（ならけん）
㉗和歌山県（わかやまけん）
㉘*大阪府（おおさかふ）
㉙京都府（きょうとふ）
㉚兵庫県（ひょうごけん）
㉛*鳥取県（とっとりけん）
㉜岡山県（おかやまけん）
㉝島根県（しまねけん）
㉞広島県（ひろしまけん）
㉟山口県（やまぐちけん）
㊱香川県（かがわけん）

㊲徳島県（とくしまけん）
㊳高知県（こうちけん）
㊴*愛媛県（えひめけん）
㊵福岡県（ふくおかけん）
㊶佐賀県（さがけん）
㊷長崎県（ながさきけん）
㊸*大分県（おおいたけん）
㊹熊本県（くまもとけん）
㊺宮崎県（みやざきけん）
㊻*鹿児島県（かごしまけん）
㊼沖縄県（おきなわけん）

※2018年4月に5年生・6年生になるお子様
2019年4月に6年生になるお子様へ

学習指導要領改訂に伴う対照表

この本は新しい学習指導要領に対応しています。
上記のお子様は掲載している漢字の学年が異なります。

○本書の5・6年生に掲載されているが、4年生ですでに学習している漢字
（5・6年生で学習しなくてもよい漢字）

囲、紀、喜、救、型、航、告、殺、士、史、象、賞、貯、停、堂、得、毒、費、粉、脈、歴、胃、腸

○本書の5・6年生の漢字に掲載されていないが、学習するべき漢字
（本書では新しい指導要領に沿って、別の学年に掲載されています。）

2018年4月に5年生になる方 学習する学年が変更になりました。	
賀	p.186（5年 ➡ 4年）
群	p.195（5年 ➡ 4年）
徳	p.221（5年 ➡ 4年）
富	p.226（5年 ➡ 4年）
恩	p.292（5年 ➡ 6年）
券	p.300（5年 ➡ 6年）
承	p.313（5年 ➡ 6年）
舌	p.316（5年 ➡ 6年）
銭	p.318（5年 ➡ 6年）
退	p.321（5年 ➡ 6年）
敵	p.326（5年 ➡ 6年）
俵	p.332（5年 ➡ 6年）
預	p.338（5年 ➡ 6年）

2018年4月、2019年4月に6年生になる方 学習する学年が変更になりました。	
城	p.208（6年 ➡ 4年）